LE MOULIN ROUGE

PAR

XAVIER DE MONTÉPIN

PARIS
E. DENTU, LIBRAIRE-ÉDITEUR
PALAIS-ROYAL, 17 ET 19, GALERIE D'ORLÉANS

LE MOULIN

ROUGE

OUVRAGES DU MÊME AUTEUR.

Les Pirates de la Seine.
La Maison maudite.
Le Drame de Maisons-Laffitte.
La Ferme des Oliviers.
L'Héritage d'un Millionnaire.
Bob le Pendu.
Les Métamorphoses du Crime.
Les Chasseurs de Forçats.
Le Trésor de Famille.
Les Compagnons de la Torche.
La Reine de la Nuit.
L'Hôtel du Diable.
Le Parc aux Biches.
Un Amour maudit.
Les Marionnettes du Diable.
Mademoiselle de Kerven.
Les Viveurs de Province.
Diane et Blanche.
L'Auberge du Soleil-d'Or.
La Reine de Saba.
L'Epée du Commandeur.
Mademoiselle Lucifer.
Les Amours de Vénus.
Le Château des Fantômes.

LE MOULIN
ROUGE

PAR

XAVIER DE MONTÉPIN

PARIS
E. DENTU, LIBRAIRE-ÉDITEUR
PALAIS-ROYAL, 17 ET 19, GALERIE D'ORLÉANS.

LE FERMIER REBER

PAR

ÉLIE BERTHET

Parmi les romanciers les plus estimés de notre époque, M. Elie Berthet a su conquerir une place a part. Ses ouvrages, pleins de naturel, de verité, de bon sens, paraissent être plutôt des histoires que des romans. Sa manière est celle du grand romancier anglais Walter Scott, tous ses ouvrages sont frappés au coin d'une moralité rigoureuse. Aussi l'appelle-t-on le *romancier des familles*, et, en effet, tout le monde peut lire ses ouvrages, sans crainte de se souiller l'imagination, d'altérer son sens moral ou de s'endurcir le cœur.

Ces qualités de M. Elie Berthet sont surtout apparentes dans le beau roman *Le Fermier Reber*, que nous publions aujourd'hui. L'histoire est si simple, si vraie, si touchante, qu'elle semble réelle, et l'on croirait que le romancier a reçu les confidences de quelqu'unes de ces pauvres familles qui abandonnent leur sol natal pour aller chercher au loin une vie plus douce et plus prospère. Aussi ne doutons-nous pas que le nouvel ouvrage de l'auteur des *Catacombes de Paris*, des *Chauffeurs*, du *Garde-Chasse* et de tant d'autres romans qui ont merité la faveur du public, n'obtienne un immense succès.

LES PRINCES DE MAQUENOISE

PAR

H. DE SAINT-GEORGES

Les Princes de Maquenoise ont produit une grande impression a leur apparition.

Cette impression est dûe non-seulement au mérite de ce livre et au nom de l'auteur, mais a ce qu'on y retrouve les brillantes qualités des meilleures productions de M. de Balzac.

Originalité puissante du sujet, observation merveilleuse du cœur humain et de la vie sociale, de la vie de Paris, surtout; cette tendre et religieuse philosophie de l'âme qui touche parfois aux idées les plus élevées, et explique la popularité si générale, si européenne des romans de Balzac, voilà ce qui existe a un degré très-eminent dans *Les Princes de Maquenoise*.

Quant a la partie théâtrale et saisissante du drame, on peut s'en rapporter a M. de Saint-Georges, l'auteur de tant d'ouvrages dramatiques qui depuis quinze années font la fortune de tous les théâtres de notre capitale et des pays étrangers.

Wassy. — Imp. Mougin-Dallemagne.

LE MOULIN ROUGE

PROLOGUE

LE MARIAGE DE LASCARS

I

LA SOIRÉE DU 29 MAI 1770.

Pendant la soirée du 29 au 30 mai 1770, entre onze heures et minuit, une foule compacte encombrait les abords de la place Louis XV, menaçant à chaque minute de déborder sur cette place et de la couvrir toute entière, comme une marée humaine, malgré les efforts combinés de nombreux piquets, des gardes-suisses et des gardes-françaises qu'on voyait mettre en œuvre tous les moyens, depuis les supplications jusqu'aux coups de crosse de fusil, pour contenir et faire reculer le flot toujours montant des envahisseurs.

L'affluence et l'obstination de ces curieux étaient justifiées d'ailleurs par l'étrangeté des apprêts auxquels d'innombrables travailleurs se livraient dans le large espace, déblayé tout nouvellement, que la force armée, fidèle à sa consigne, maintenait libre avec énergie.

Le spectacle nocturne, entrevu par les parisiens entassés sur tous les points, offrait aux regards quelque chose de quasi-fantastique, dont il était difficile de se rendre compte tout d'abord.

Les clartés des torches, tantôt vives, tantôt tremblantes, selon que la brise de la Seine soufflait avec plus ou moins de vivacité, éclairaient d'immenses échafaudages, affectant des formes bizarres.

Par instants, de grêles colonnades, des *squelettes* de temples et de palais, se détachaient en noir sur un fond faiblement lumineux, puis tout retombait dans une demi-obscurité où se noyaient à la fois l'ensemble et les détails de l'œuvre commencée.

Parmi ces portiques, ces piédestaux, ces pyramides, semblables à l'ébauche monumentale d'une ville mythologique, et vaguement indiqués, tantôt par un trait d'ombre, tantôt par un trait de feu, passaient et repassaient les ouvriers actifs, sans cesse en mouvement, comme des fourmis dans une fourmilière.

Les feux des torches se croisaient et décrivaient des zigzags imprévus, pareils à ces étincelles qui courent sur la cendre noircie d'un papier mal éteint. — Parfois leurs flammes disparaissaient tout à coup pour reparaître une minute après, au sommet des échafaudages, au faîte des pyramides ou sur le couronnement des temples.

Les voies aigres de la scie, le bruit strident et cadencé des marteaux, se faisaient entendre sans relâche et formaient un ensemble tapageur que l'oreille la plus paresseuse aurait saisi facilement depuis les collines de Chaillot ou depuis ces hauteurs que couronne aujourd'hui l'arc de triomphe de l'Etoile.

Joignez à ce bruyant concert la rumeur monotone et continuelle formée par les conversations de trois ou quatre mille curieux, par les jurons des soldats débordés, par les cris de colère et de désappointement des bourgeois forcés de battre en retraite, sous peine de sentir sur leurs pieds meurtris le poids des lourdes crosses garnies de cuivre, et vous aurez une idée à peu près exacte de ce qui se passait aux alentours de la place Louis XV, à la date et à l'heure indiquées par nous un peu plus haut.

Nous devons à nos lecteurs une explication, et pour la donner, nous allons pénétrer en leur compagnie dans l'espace interdit au public.

Toutes ces escouades d'ouvriers et de porteurs de torches se hâtaient avec une agitation fiévreuse, de mettre la dernière main aux énormes préparatifs du feu d'artifice promis par la ville de Paris, à l'occasion du mariage de monsieur le Dauphin, (depuis Louis XVI), avec Marie-Antoinette, archiduchesse d'Autriche, — feu d'artifice qui devait être tiré le lendemain, 30 mai 1770.

Des fêtes magnifiques venaient d'avoir lieu à Versailles pendant toute la seconde quinzaine d'avril ; — ces fêtes, disent les chroniques du temps, avaient offert une magie continuelle, un spectacle sans précédents, où les parures somptueuses et changeantes, l'éclat des diamants et des pierres précieuses, la richesse des équipages, les illuminations aux mille couleurs, les feux d'artifices renouvelés chaque soir, s'étaient disputés l'admiration d'une foule immense, accourue de toutes les provinces pour jouir de ces solennités vraiment royales.

Quatre millions de lampions semés dans les jardins et dans le parc, comme les étoiles sur le ciel d'une belle nuit, avaient ébloui le public ; — *trente mille* fusées, à un écu la pièce, réunies en un seul bouquet dont la durée n'excéda pas deux minutes, avaient achevé son enivrement.

Bref, la réalisation du programme des fêtes de Versailles, s'était soldée par un chiffre rond de *vingt millions de livres* (1).

La ville de Paris n'avait pas voulu se montrer moins magnifique que sa rivale, et elle prétendait, par son feu d'ar-

---

(1) Historique.

tifice du lendemain, atteindre et dépasser le niveau de toutes ces somptuosités.

Jamais, en effet, depuis l'invention de la poudre, les merveilles de la pyrotechnie n'avaient offert des proportions si grandioses. Des chefs-d'œuvre de décor et d'architecture, dignes de faire l'admiration des siècles à venir, venaient d'improviser pour briller une heure, disparaître et s'anéantir à jamais.

Les moindres dispositions de ce feu d'artifice mémorable et funeste nous ont été transmises. — La décoration principale représentait le temple de l'hymen, précédé d'une immense et magnifique colonnade.

Ce temple adossé à la statue de Louis XV, s'entourait d'une haute et large terrasse, aux nombreux escaliers, aux rampes découpées, aux balustrades élégantes. Des dauphins allégoriques, prêts à vomir des tourbillons de feu, occupaient les quatre angles supérieurs de la terrasse.

Des fleuves, s'appuyant comme des cariatides aux quatre faces principales, avaient mission de répandre des nappes et des cascades d'étincelles multicolores.

Une pyramide, d'une incroyable hauteur, surmontée elle-même par un globe, dominait le fronton du temple. — Les armes de France et d'Autriche, timbrées de la couronne royale, devaient se dessiner sur ce globe en traits de flammes.

Un nombre incalculable de pièces d'artifice, fusées, chandelles romaines, feux de bengale, etc., s'étalaient en bon ordre autour de la décoration principale.

Derrière la statue de Louis XV, les artificiers disposaient le corps de réserve pyrotechnique, c'est-à-dire, le bouquet dont l'effet prodigieux était destiné à faire pâlir dans toutes les mémoires, prétendait-on, le flamboyant bouquet de Versailles.

Les bons bourgeois de Paris ne se dissimulaient pas que tout cela leur coûterait très-cher, et, sans doute en raison de cette certitude, ils venaient assister dès la veille aux préparatifs, et prendre du plaisir pour leur argent.

La nuit était singulièrement sombre. — De grands nuages, courant sur la surface du ciel, ne permettaient point aux clartés de la lune d'arriver jusqu'à la terre. — La Seine, dont les eaux calmes devaient refléter de si ardentes lueurs le lendemain, coulait, noire comme un fleuve d'encre, entre ses rives presque partout gazonnées, et que des quais de pierre de taille n'enfermaient pas encore.

Un observateur penché vers la rivière, aurait pu voir cependant une petite lueur courir sur les eaux.

Cette lueur était celle d'une lanterne, attachée à la pointe d'un bateau plat, pareil à ceux dont se servent les pêcheurs, et descendant le courant avec rapidité.

Arrivé presque en face de l'endroit où se trouve aujourd'hui l'hôtel du ministre des affaires étrangères, ce bateau quitta le milieu de la Seine et prit la direction de la rive gauche où il aborda au bout d'une ou deux minutes.

On entendit un bruit de chaînes ; — un homme s'élança sur la berge et amarra solidement l'esquif à un pieu destiné à cet usage, puis, cette besogne faite, il dit d'une voix étouffée à dessein :

— Maintenant, monsieur, vous pouvez descendre...

Un personnage assis à l'arrière de l'embarcation, et que les ténèbres rendaient invisibles, se leva aussitôt et mit pied à terre.

— Tu es sûr que c'est bien ici qu'il faut descendre ? demanda ce personnage.

— Oui, monsieur, parfaitement sûr, — répondit le premier interlocuteur, — et la preuve, c'est que voilà le poteau où Sauvageon attache son bachot... — il n'y a pas à se tromper à ça, voyez-vous...

— Où se trouve le cabaret de Sauvageon ?

— Oh ! pas loin d'ici... — à cinquante pas de nous, tout au plus... — En regardant bien, là, à main droite, vous pouvez voir un peu de lumière qui filtre à travers les fentes de la porte et des volets.

— Oui... oui... je vois...

— Si, toutefois et quantes, monsieur, vous allez jusque-là, — reprit le conducteur du bateau, — méfiez-vous... il y a, tout le long de la berge, des trous dans le gazon qui ne sont pas commodes du tout... On met le pied dedans, on tombe, on roule à la Seine, et, comme il fait nuit noire, on se *neye*...

— Je n'irai probablement pas jusqu'au cabaret ; répondit à ces recommandations prudentes le personnage invisible.

Et il s'engagea, sans hésiter, sur la berge dangereuse, sillonnée de crevasses et d'excavations.

Après avoir fait quelques pas, il s'arrêta et prêta l'oreille. — Le bruit d'une marche lourde attira son attention. — A coup sûr, quelqu'un se dirigeait de son côté.

Il resta immobile et il attendit. — Le bruit des souliers pesants se faisait entendre de plus en plus distinctement. — Une rencontre devenait imminente entre les deux inconnus cachés l'un à l'autre par l'obscurité.

L'homme du bateau prit le parti d'avertir de sa présence le nouveau venu qui déjà le touchait presque.

— Qui êtes-vous et que cherchez-vous ? demanda-t-il tout à coup.

— Qui êtes-vous vous-même, et que venez-vous faire ici ?... — répondit une voix enrouée, une de ces voix rauques et traînantes, particulières aux gosiers ravagés par l'usage où plutôt par l'abus des alcools.

Un court silence suivit le choc de la double interrogation que nous venons de reproduire, puis l'homme du bateau murmura cette phrase, ou plutôt ce membre de phrase, qui sans doute constituait la première partie d'un mot de passe compliqué :

— *Je viens du Nord...*

— *Et j'arrive à Versailles...* — continua le nouveau venu.

— *Je suis de noce...* — reprit le premier interlocuteur.

— *Et je vais au feu...* — acheva la voix rauque. — Nous sommes en règle. — Vous êtes bien celui que j'attends...

— Et vous celui que je cherche...

— En personne naturelle et véritable pour vous servir si la chose est possible... Onze heures et demie viennent de sonner aux Invalides... — J'étais tout debout sur le pas de la porte de Sauvageon, j'ai vu le fallot du bateau mettre le cap sur l'embarcadère... — Je me suis dit : *Voilà mon particulier qni vient... — Ne le faisons pas attendre... En avant, marche !...* — et me voilà... — donc, présent, et tout à fait à vos ordres, moyennant, bien entendu, qu'il y aura bénéfice honnête... — entrons-nous au cabaret ?...

— Non.

— Tant pis... parce que, voyez-vous, en buvant on cause mieux... — Mais enfin la chose vous regarde... — Vous voulez rester ici, restons-y, et apprenez-moi de quoi il retourne...

II

ENTREVUE NOCTURNE.

— Oui, — répéta l'homme à la voix rauque — apprenez-moi de quoi il retourne...

— Ne le savez-vous pas déjà ?... — lui demanda son interlocuteur...

— Je ne sais que ce qu'on m'a dit, et c'est fort peu de chose...

— Que vous a-t-on dit ?

— Que beaucoup de seigneurs de la Cour, et des plus huppés, avaient usé vainement de leur influence sur le roi pour empêcher le mariage du Dauphin avec l'autrichienne Marie-Antoinette... que ces seigneurs, furieux de leur déconvenue, voulaient se venger par quelque moyen hardi, et protester du moins d'une façon terrible contre une alliance qui portera malheur au royaume.

— C'est la vérité... — murmura le personnage mystérieux — et celui qui vous a parlé ainsi était bien instruit... — qu'a-t-il ajouté ?

— Rien... — répliqua l'homme à la voix rauque, — il m'a seulement dit de me trouver ce soir au cabaret de Sauvageon avec une dizaine de mes gens... qu'un seigneur viendrait m'y chercher et me proposerait une affaire dans laquelle il y aurait beaucoup à gagner... — je demandai comment je reconnaitrais ce seigneur... il me fut répondu qu'il arriverait entre onze heures et demie et minuit, dans un bateau qui aurait une lanterne attachée à sa pointe, et qu'il m'aborderait en disant : *Je viens du Nord*, ce à quoi je répliquerais : *et j'arrive a Versailles*, enfin il m'apprit le mot d'ordre au grand complet... — Vous êtes venu — nous avons échangé le mot — il ne vous reste plus qu'à me mettre au courant de ce que vous souhaitez de moi, et j'attends vos communications... — soyez tranquille, d'ailleurs, si vous êtes raisonnable, je le serai pareillement et nous nous entendrons sans peine...

— Vous vous nommez Huber, n'est-ce pas ? — reprit le personnage mystérieux.

— Oui, je me nomme Huber — répondit l'homme à la voix rauque avec une sorte de farouche orgueil — oh ! vous pouvez parler de moi à monsieur de Sartines, il me connaît bien, allez ! et ses agents aussi me connaissent !... Ils ont tout fait pour m'avoir... ils portent de mes marques ! et ils ne m'ont pas eu cependant !... et ils ne m'auront jamais !.. celui qui mettra la main sur Huber n'est pas encore au monde, je vous en réponds, sans vanité...

— Je vois que vous êtes un intrépide.

— Je m'en pique ! j'ai fait mes preuves, rien ne m'effraye et il y a deux choses qui m'attirent, l'argent et le danger.

— Je vois que vous êtes l'homme qu'il me faut.

— C'est fort problable, mais pour s'entendre, il faut s'expliquer... — Expliquez-vous.

— Je vais le faire... Combien de braves gens avez-vous en ce moment dans le cabaret de Sauvageon ?

— Une dizaine.

— Et vous répondez d'eux ?

— Autant que de moi-même. Ce sont des bons ! ce sont des solides ! une vraie crème, quoi ! mes lieutenants, enfin, car nous sommes organisés comme un régiment. Chacun commande une petite bande, et moi je suis le maître à tous... ces bons garçons m'obéissent au doigt et à l'œil...
— Ah ! dam ! c'est naturel, ils se sentent bien commandés et ça leur donne confiance...

— Vous et vos lieutenants, quel nombre de gaillards déterminés pouvez-vous réunir d'ici à la soirée de demain ?

— De deux cent soixante-quinze à trois cents.

— C'est peu.

— C'est beaucoup, au contraire !... ces trois cents-là en valent mille !... Je ne vous parle point là de coquins vulgaires... C'est la fleur... la fine fleur des bandits de Paris ! Ah çà ! mais, mon digne seigneur, auriez-vous par hasard l'intention de nous envoyer attaquer Sa Majesté le roi dans son palais de Versailles et de nous faire enlever la Dauphine ?

— Il ne s'agit de rien de pareil.

— Alors, de quoi s'agit-il donc ?

— Vous savez que demain soir on tire le feu d'artifice en l'honneur du mariage de l'autrichienne.

— Certainement, tout Paris s'entassera sur la place Louis XV. Ce sera une foule, une cohue, comme on n'en aura jamais vu...

— Les poches des hommes seront bien garnies, reprit le personnage mystérieux, les femmes, en toilette de gala, porteront des colliers, des boucles d'oreilles et des bagues d'une grande valeur.

— Je me suis déjà préoccupé de tout cela, les bons coups ne manqueront pas, et mes lapins (je les appelle *mes lapins*) se promettent une ample récolte.

— Que diriez-vous donc si une circonstance imprévue, un incident inouï, se produisant soudain, jetaient au milieu de cette foule immense le désordre et la terreur, épouvantaient les plus braves, faisaient perdre la tête aux plus résolus?... — qu'arriverait-il, si cette multitude entassée, saisie d'un vertige subit, s'efforçait de fuir par les issues trop étroites, se bousculant, se renversant, s'étouffant, se foulant aux pieds, pendant des heures entières?

— Ah! s'écria Huber d'une voix plus rauque que de coutume, et qu'une féroce avidité rendait tremblante — ah! si pareille chose arrivait, ce serait un spectacle à ravir la pensée! — Je crois me voir d'ici, mes braves lapins et moi, nous frayant un chemin à coups de couteau, au milieu de cette cohue affolée, redoublant partout sur notre passage la confusion et la terreur, arrachant les colliers des femmes, et dévalisant les hommes comme en pleine forêt de Bondy!

— Tudieu! quelle curée magnifique! J'aimerais autant cela, savez-vous, que mettre à sac une ville conquise! mais c'est un rêve! ce serait trop beau! ça ne peut pas se réaliser.

— C'est là qu'est votre erreur, répliqua le personnage mystérieux... — ce que vous appelez un rêve se réalisera demain...

— Vrai?...

— Je vous le jure.

— Mais cette circonstance imprévue, cet incident inouï, dont vous avez parlé, quels seront-ils?... — qui donc les produira?

— A ces questions, je ne puis répondre, il doit vous suffire de savoir qu'ils se produiront dix minutes à peine après le commencement du feu d'artifice, et que le désordre et l'épouvante atteindront des proportions telles, que votre imagination elle-même ne saurait les concevoir.

— J'en accepte l'augure... est-ce pour m'annoncer cela que vous m'avez fait venir ici?

— C'est pour vous donner des instructions, ou plutôt des ordres.

— Vous ordonnez... donc, vous payez?

— Je paye, et largement!... — tendez la main et prenez cette bourse.

Hubert obéit et reçut un petit sac de peau dont le poids lui sembla de bon augure.

— Qu'y a-t-il là-dedans? demanda-t-il.

— Trois mille livres en or.

— Commandez, monseigneur... le chef et les lapins sont à vous...

— Vous disposez de trois cents gaillards résolus et prêts à tout... faites à chacun d'eux, demain, une distribution d'argent, de vin et d'eau-de-vie... qu'ils soient, quand viendra le soir, non pas ivres, mais dans cet état d'excitation qui double la force et l'audace...

— Soyez paisible... c'est compris et ce sera littéralement exécuté...

— Placez vos hommes, de bonne heure, par petits groupes de trois ou quatre, armés de couteaux et de pistolets, sur tous les points de la place Louis XV... — donnez-leur la consigne de ne pas bouger jusqu'au moment où le désordre éclatera comme un coup de foudre... — qu'ils se précipitent alors au plus épais de la foule effarée... — qu'ils dominent par leurs cris sauvages les cris de terreur et de désespoir... — qu'ils frappent, qu'ils violentent, qu'ils pillent, et surtout qu'ils tuent! En échange de cette curée immense à laquelle nous les convions, qu'ils nous donnent des monceaux de cadavres!... Nous voulons que le deuil et les pleurs de Paris servent d'épithalame aux noces de l'autrichienne!... — Nous voulons que la date du 30 mai 1770 mette une tache de sang ineffaçable sur la couche nuptiale du roi futur!.... — Nous voulons enfin que le peuple décimé maudisse à tout jamais celui qui s'appellera Louis XVI...

— Ah! sacrebleu! murmura le bandit auquel s'adressait l'homme mystérieux, voilà de la belle et bonne haine, ou je ne m'y connais pas!... mais ceci n'est point mon affaire... — moi, je me moque de la politique, l'essentiel est que vous soyez obéi... et vous le serez ponctuellement.

— J'y compte! répliqua le mystérieux personnage — je viens de me laisser entraîner par l'impétuosité des sentiments qui m'animent... C'est un tort, j'ai dit ce que je devais taire, vous avez entendu ce que vous ne deviez point entendre. Soyez discret! votre silence sera payé!...

— Je serai muet comme la tombe!... dormez en paix et ne craignez rien.

— Que pas un de vos hommes ne soupçonne les motifs véritables de ce qui se passera demain soir.

— Ah! monsieur, interrompit fièrement Huber, quelle pauvre idée vous faites-vous de moi! Jamais, au grand jamais, je ne rends de comptes à mes lapins!.. la bonne aubaine du pillage est pour eux chose très-suffisante, et prétexte tout naturel, ils n'ont pas besoin d'en savoir plus long.

— C'est bien. Dites-leur en outre d'obéir, comme à vous-même, à quiconque prononcera devant eux le mot d'ordre : — *Je viens du Nord et j'arrive à Versailles.*

— La consigne sera donnée, et mes lapins connaissent la subordination, je m'en pique... c'est moi qui les ai formés, ils feront tout ce qu'on voudra, j'en réponds, excepté cependant des actes de vertu!... Avez-vous d'autres recommandations à me faire?

— Non.

— Alors, suffit... ce qui est convenu est convenu... Au plaisir de vous revoir, monseigneur... et toujours, comme bien vous pensez, tout à votre service...

Huber, pirouettant lourdement sur ses talons ferrés, reprit le chemin du cabaret de Sauvageon, et le mystérieux personnage se dirigea vers le bateau qui l'avait amené, et dont le fanal brillait à travers les ténèbres comme une luciole dans une touffe d'herbe.

Il escalada le plat bord et reprit sa place à l'arrière.

— Où faut-il vous conduire présentement, monsieur, s'il vous plaît ? demanda le rameur en détachant la chaîne et en saisissant ses avirons.

— Où tu m'as pris... — répondit l'inconnu.

Aussitôt l'esquif s'éloigna de la berge et remonta la Seine dans la direction du Pont-Royal, mais avec lenteur, car il lui fallait lutter et non pas sans peine, contre le courant, assez rapide en cet endroit.

III

LE CABARET DU BORD DE L'EAU.

Le cabaret de Sauvageon était une bicoque de l'aspect le plus misérable, construite sur la berge avec des planches pourries provenant, pour la plupart, de bateaux démolis. — Un toit de chaume, en mauvais état, recouvrait ce grossier assemblage de débris.

Cette bicoque n'avait qu'un rez-de-chaussée percé d'une porte et de deux fenêtres. — Trois ou quatre saules rabougris, plantés sur le revers du talus, presqu'à la hauteur du toit, lui jetaient leur ombre maigre. — La Seine, lorsqu'elle élevait de quelques pieds son niveau, arrivait jusqu'à la porte. — Quelque crue d'eau un peu forte devait infailliblement emporter, un jour ou l'autre, une si fragile masure, dont l'intérieur ne comportait qu'une seule pièce, garnie de banquettes de bois brut et de petites tables, et pourvue d'une soupente dans laquelle le propriétaire couchait sur des bottes de paille rarement renouvelées.

En l'absence de toute cave et de tout cellier, un *chantier*, disposé près de la soupente, supportait deux ou trois barriques de vin et un petit tonneau d'eau-de-vie.

Aucune auberge, aucun cabaret — la chose est évidente — ne pouvaient offrir une installation plus simple et plus chétive que celle du bouge en question. — Ce bouge possédait cependant une clientelle, sinon choisie, du moins nombreuse... — Nos lecteurs en auront bientôt la preuve.

Nous avons laissé Huber, le chef des *lapins*, se dirigeant vers la masure, après avoir quitté son interlocuteur mystérieux.

Au moment d'atteindre le seuil, il s'arrêta, et, tirant de sa poche le petit sac de peau donné par l'inconnu, il l'ouvrit et il glissa dans l'un des goussets de sa veste une cinquantaine de pièces d'or ; — ensuite le sac, soigneusement refermé, disparut sous les vêtements du bandit.

Ceci fait, Huber poussa la porte et entra.

Une dizaine de gaillards, jeunes et vieux, de mines hétéroclites ou sinistres, les uns vêtus de haillons pittoresques, comme de véritables Guzmans d'Alfarache, les autres harnachés de costumes prétentieux et flétris, aux galons noircis et aux déchirures béantes, fumaient, jouaient aux cartes et buvaient, le tout sans bruit, sans querelles, et d'une façon vraiment fort discrète.

Sauvageon allait de l'un à l'autre, s'arrêtant à droite et à gauche, versant à celui-ci une rasade de vin bleu, donnant à celui-là un conseil sur la carte à jouer — tout à tous, en un mot, et tout à chacun.

Sauvageon, devant remplir dans ce récit autre chose qu'un rôle de comparse, il nous paraît utile de dessiner rapidement, et en quelques traits de plume, son portrait physique et moral.

C'était un petit homme d'une trentaine d'années, chétif et d'apparence souffreteuse. Sa figure pointue et blafarde, piquetée de taches de rousseur, couronnée d'une chevelure rousse et ornée de petits yeux gris à paupières rouges, offrait une frappante analogie avec le museau du furet.

Sorti on ne savait d'où, venu à Paris très-jeune et sans un sou vaillant, il avait fait, pour vivre, tous les métiers, et il n'en avait pas mieux vécu.

A l'heure où nous le présentons à nos lecteurs, il cumulait la double industrie de pêcheur et de cabaretier. — Propriétaire d'un vieux bateau, volé par lui deux ou trois ans auparavant à l'île Saint-Denis, et qu'il s'était empressé de repeindre pour le déguiser, il tendait des nasses le soir, il prenait des goujons et parfois une anguille, et il allait vendre, chaque matin, sa pêche de la nuit précédente.

Pilleur d'épaves dans toute la force du terme, il s'était emparé, peu à peu, des planches flottantes que charriait la Seine lorsque quelque *chaland*, conduit par une main maladroite, s'était brisé contre les piles dangereuses du Pont-au-Change ou du Pont-Notre-Dame.

Avec ces planches, et sans l'aide de personne, il avait construit sa bicoque, bien décidé à faire, de cette bicoque, un cabaret, et plein de confiance en sa bonne étoile qui lui permettait de l'achalander.

La maison bâtie, il n'y manqua plus que du vin et des pratiques.

— Quand j'aurai le vin, les buveurs viendront, se dit Sauvageon, mais comment faire ?

Il était sans argent, et il nous paraît presque superflu d'ajouter qu'il ne possédait pas le plus petit crédit.

Sauvageon, dont les principes offraient une élasticité prodigieuse, songea d'abord à sortir, la nuit, armé d'un gourdin de forte taille, à s'en aller attendre quelque passant attardé dans les terrains déserts qui formaient alors une vaste ceinture boueuse à l'hôtel des Invalides, et à dévaliser le passant, mais une réflexion l'arrêta :

— Je suis chétif et sans grande vigueur ; pensa-t-il — or, pour peu que je m'adresse à plus fort que moi — (et j'ai toutes les chances du monde pour cela) — je reviendrai de mon expédition nocturne, moulu de coups et tout fracassé...
— Décidément, cherchons autre chose....

Tandis qu'il cherchait et ne trouvait rien, il aperçut, un soir, avec ravissement, un gros bateau chargé d'un nombre infini de barriques et de tonneaux, qui s'amarrait juste en face de sa bicoque, afin d'y passer la nuit et de continuer son chemin, le lendemain, vers Bercy ou la Rapée.

L'œil de Sauvageon étincela, ses lèvres murmurèrent :

— La fortune me sourit ! — voilà précisément ce qu'il me fallait !...

Quand l'obscurité fut profonde et quand l'heure avancée permit de croire que le patron du bateau et ses aides dormaient d'un lourd sommeil au fond de leur cabine, Sauvageon détacha son esquif, traversa la Seine, accosta le bateau dont la cargaison le fascinait, se hissa comme un singe jusque sur le pont, détacha deux tonneaux de belle taille, les fit rouler l'un après l'autre dans la Seine, et se mit en devoir de les remorquer jusqu'à sa demeure.

Il arriva sans encombre à son débarcadère, mais, une fois là, il se trouva en présence de la partie la plus difficile de sa besogne. — Il fallait faire franchir aux lourdes barriques le talus, fortement incliné, qui s'étendait depuis le bord de l'eau jusqu'à la porte de la bicoque.

C'était une entreprise herculéenne !...

Si chétif et si faible que fut Sauvageon, il ne recula point devant cette entreprise, il improvisa des leviers et des rouleaux, et, lorsqu'enfin, après de longues heures d'un travail acharné, l'épuisement le renversa presque sans connaissance sur le sol, il avait triomphé de l'impossible et les deux tonneaux reposaient fraternellement sous le toit de la bicoque.

Dès le lendemain, Sauvageon, triomphant, fit savoir à la population altérée des marins d'eau douce qu'il ouvrait un cabaret, dans lequel on trouverait de bon vin, à bon marché.

Les buveurs furent rares d'abord, puis plus nombreux, puis ils affluèrent, et le bouge, que nous connaissons, devint le rendez-vous de tous les *rats de Seine*, c'est-à-dire de tous ces bandits qui vivaient du fleuve et autour du fleuve, sinistre et étrange population, disparue aujourd'hui, mais dont les souvenirs existent encore, et au milieu de laquelle il nous faudra conduire plus d'une fois nos lecteurs dans la suite de ce récit.

Huber, le maître suprême des *lapins*, appartenait, quoique d'une manière indirecte, ainsi que nous le verrons plus tard, à cette population, et, comme il avait les meilleures raisons du monde pour voir, en Sauvageon, un homme sûr et discret, il faisait souvent, du cabaret du bord de l'eau, le lieu de réunion des chefs de sa bande, lorsqu'il se proposait de les entretenir de quelque expédition prochaine.

Ce personnage, dont nous avons entendu la voix, mais dont nous ignorons encore la personne, était un homme d'une quarantaine d'années, court et trapu, à figure de boule-dogue, et dont les formes massives annonçaient une vigueur extraordinaire.

Pour nous éviter de tracer un portrait plus détaillé, il nous suffira de dire qu'Huber offrait la réalisation la mieux réussie du type de *geôlier* qu'on voit apparaître dans tous les mélodrames, à l'acte de la prison, portant un colossal et bruyant trousseau de clefs, et coiffé d'un bonnet de peau de renard enfoncé sur les yeux...

Nos lecteurs connaissent maintenant le chef des lapins, aussi bien et aussi complétement que si sa photographie venait de passer sous leurs yeux.

Le costume de ce misérable était des plus simple. Il consistait en un habit de drap gris à boutons d'acier, une veste pareille et une culotte couleur poivre et sel, — des bas bleus à côte dessinaient ses mollets énormes, — un petit chapeau lampion reposait carrément sur la chevelure crépue et d'un noir bleuâtre, qui couronnait sa tête ronde et grosse comme un boulet de quarante-huit livres.

Au moment où Huber franchit le seuil du cabaret, il se fit un silence parmi les buveurs.

Evidemment les *lapins* professaient à l'endroit de leur chef une déférence pleine de respect et de soumission.

En outre, ils semblaient se trouver dans l'attente de quelque communication importante.

Huber se tourna vers le maître du logis.

— Ecoute un peu ici, toi; lui dit-il avec un geste impérieux.

— Présent, répondit Sauvageon qui s'approcha vivement.

— Tu vas monter la garde auprès de la porte, — reprit Huber, — et tu ne laisseras approcher personne. — J'ai à causer avec mes lapins... — est-ce compris ?

— C'est compris — murmura le cabaretier — je vas me mettre en faction dehors, et, si quelque curieux venait par ici, je ferais le signal ordinaire.

Huber hocha la tête affirmativement.

Sauvageon sortit aussitôt.

— Attention, mes bons garçons, commença le bandit, — je vous apporte des nouvelles...

Tous les yeux et toutes les oreilles se tournèrent vers lui.

— J'ai besoin, pour demain soir, reprit-il, — de notre monde au grand complet, et j'ai besoin de savoir à l'instant même, sur combien de braves gens je puis compter — faites donc votre calcul sur vos doigts, et, quand viendra votre tour, répondez-moi catégoriquement, y sommes-nous, mes lapins ?

— Nous y sommes, capitaine, répondirent toutes les voix avec un ensemble parfait.

— Silence dans les rangs ! *Macaroni*, parle le premier, de combien d'hommes disposes-tu ?

— Je suis en état d'en amener à mon chef ni plus ni moins de vingt-cinq, répliqua Macaroni avec un fort accent italien que nous nous abstenons de reproduire, et ce sont tous des gaillards incomparables, des braves à trois poils comme on en voit peu...

Huber ramassa par terre un morceau de charbon, à l'endroit où se voyait le foyer éteint, et, sur une table de bois blanc, il traça le chiffre 25.

Ensuite il reprit l'interrogatoire, de la façon la plus laconique, se contentant de prononcer un nom pour obtenir un chiffre :

— *Rissolé*, combien ?
— Trente.
— *Laudrinet ?*
— Vingt-huit.
— *Patte-Poule ?*
— Seize.
— *Subtil ?*
— Trente-deux.
— *Bergamotte ?*
— Quarante.
— *Liseron ?*
— Vingt-six.
— *Casque-à-mèche ?*
— Vingt-cinq.
— *Jarret-d'or ?*
— Trente-quatre.
— *Cerf-volant ?*
— Vingt-neuf...

A mesure qu'un des lapins répondait, Huber traçait un nouveau chiffre sur la table, au-dessous des chiffres précédents.

Lorsque tous les bandits eurent déclaré le contingent qu'ils se trouvaient en mesure de fournir à première réquisition, le capitaine donna une preuve éclatante de ses connaissances arithmétiques, il fit l'addition, non sans quelque peine, et il eut la joie d'arriver au total imposant de deux cent quatre-vingt-cinq hommes, prêts à mettre le feu, sans hésitation et sans remords, aux quatre coins de la bonne ville de Paris.

— Voilà qui va le mieux du monde, mes lapins, s'écria le capitaine enchanté — avec une pareille troupe sous mes ordres, et avec vous pour lieutenants, je me ferais fort de déclarer la guerre à Sa Majesté le roi XV, et je me croirais d'avance assuré de la victoire !

Un *hurrah* d'enthousiasme accueillit cette forfanterie, et

les gobelets d'étain furent vidés jusqu'à la dernière goutte à la santé du capitaine.

IV

CYDALISE.

Très-satisfait de la manifestation qui venait d'avoir lieu, et dans laquelle il voyait un gage certain de sa popularité croissante, Huber donna ses instructions à ses lieutenants.

Chacun d'eux reçut quatre pièces d'or, avec l'ordre de se trouver le lendemain, à huit heures du soir, sur l'esplanade des Invalides, et d'amener à ce rendez-vous général les hommes de sa bande, animés par une forte ration d'eau-de-vie, munis de couteaux en bon état, et de pistolets bien chargés et bien amorcés.

— Capitaine — fit observer Bergamotte — jamais, jusqu'à ce jour, nous n'avons *travaillé* sur un même point, avec toutes les compagnies au grand complet... — De quoi s'agit-il donc ?

— Vous voulez le savoir ?... — demanda Huber.

— Oui... oui... oui... — s'écrièrent les bandits, dont les dispositions prises par leur chef excitaient vivement la curiosité.

— Eh bien, tenez-vous l'esprit en repos ! — répliqua l capitaine en riant — si vous ne le savez pas ce soir, vou le saurez demain, mes lapins...

Abandonnons le cabaret du bord de la Seine et ses hôte sinistres, et suivons le canot que nous avons laissé remon tant à force de rames le cours de la Seine, conduisant, d côté du Pont-Royal, le personnage mystérieux dont l'or e les paroles venaient de préparer un de ces crimes épouvan tables qui tiennent une place dans l'histoire et souillen d'une hideuse tache de sang la page où ils sont inscrits.

Parvenu entre le Pont-Royal et le Pont-Neuf le batea

tourna vers la gauche et il aborda à peu près à l'endroit où se trouve aujourd'hui le Pont-des-Saints-Pères.

L'inconnu donna un louis au batelier, mit pied à terre, se perdit dans les ténèbres, gagna l'un des escaliers du quai et reparut bientôt sous le feu des réverbères allumés à l'entrée de la cour du Louvre.

C'était un jeune homme de vingt-cinq à vingt-huit ans, grand et mince, de haute mine, d'une belle et noble figure, mais dont le nez fortement aquilin et les yeux fixes et perçants, offraient une vague ressemblance avec le bec crochu et les prunelles étincelantes des oiseaux de proie.

Son costume presque entièrement noir, mais couvert de broderies, réunissait la simplicité, la richesse et l'élégance.

L'épée qu'il portait en verrouil, et ses souliers à hauts talons rouges, affirmaient ses prétentions au titre de gentilhomme.

Il s'arrêta près d'un réverbère et regarda sa montre.

— Minuit et demi tout au plus... — murmura-t-il — rien ne m'empêche d'aller passer une heure ou deux chez Cydalise...

Une chaise à porteurs stationnait à quelques pas. — L'inconnu en prit possession, donna ses ordres et les porteurs le conduisirent rapidement rue Saint-Honoré, dans la cour d'un hôtel assez vaste, où ils le déposèrent au pied d'un large escalier, illuminé comme pour une fête.

Autant les rues de la ville étaient sombres, désertes, silencieuses, autant cette cour se montrait pleine de mouvement, de bruit et de lumières ; — les chevaux de trois ou quatre carrosses piaffaient sur le pavé ; des porteurs de chaise se querellaient ; — des laquais aux livrées multicolores riaient et juraient.

— Je crois — se dit le jeune homme avec un sourire — je crois que je vais rencontrer, là-haut, bonne et nombreuse compagnie...

Il gravit les marches de l'escalier ; — il trouva, dans une

antichambre somptueuse, un grand diable d'huissier, tout de noir habillé et portant au cou la chaîne d'argent, insigne de ses fonctions.

Cet huissier le salua jusqu'à terre et lui demanda :

— Faut-il annoncer monsieur le baron ?

— Inutile — répliqua le jeune homme — je me prrésenterai très-bien moi-même...

Puis il ajouta :

— Qui avons-nous là-dedans ?...

— Les habitués, monsieur le baron — répondit l'huissier et, de plus, deux ou trois seigneurs que je n'ai pas encore vus chez nous...

L'huissier ouvrit la porte qui séparait l'antichambre de trois salons en enfilade, et le jeune homme qu'à deux reprises nous venons d'entendre appeler *monsieur le baron*, franchit le seuil du premier de ces salons...

Les appartements de réception, dans lesquels il venait de pénétrer, étaient véritablement princiers. — Partout des plafonds peints à fresque, des lustres en cristal de Bohême, partout des dorures, de riches étoffes et toutes les merveilles de ce charmant style auquel la marquise de Pompadour donna son nom.

Un grand nombre d'hommes, les uns appartenant à la haute aristocratie et habitués de l'OEil-de-Bœuf — les autres faisant partie de la caste des traitants, des financiers, des fermiers-généraux, et facilement reconnaissables au luxe des broderies d'or et des pierres précieuses qui surchargeaient leurs costumes, encombraient ces vastes pièces.

Quelques-uns, debout dans les embrasures des fenêtres, ou couchés à demi sur de moelleux sofas, devisaient des nouvelles du jour et parlaient des fêtes du lendemain.

Le plus grand nombre, assis à des tables de jeu placées de distance en distance, agitaient des cornets d'une main fiévreuse, remuaient des cartes et entassaient devant eux des monceaux de louis et des paquets de billets de caisse.

Le jeu était la divinité qu'on adorait dans ce logis !...

A peine le jeune homme venait-il de faire quelques pas à travers la foule, que la maîtresse de la maison accourut à lui.

— Cher monsieur de Lascars — s'écria-t-elle — c'est fête ici quand vous y venez ! — Quel bonheur de vous voir, mais aussi quelle rareté ! — Que devenez-vous donc, grand Dieu ?... — Voici certainement plus de quinze grands jours que vous n'avez mis les pieds céans...

— Vraiment, ma belle Cydalise — demanda le baron de Lascars en souriant — vous m'avez fait l'honneur insigne de remarquer mon absence ?...

— Ingrat ! vous le voyez bien ! — Je ne sais pas pourquoi, mais, quand il y a trop longtemps que vous n'êtes venu, il me manque quelque chose...

— Ceci me touche d'autant plus, que vous avez chaque soir belle et nombreuse compagnie pour vous faire oublier l'absent...

— Belle et nombreuse, en effet, mais ça ne m'empêche pas de tenir à vous plus qu'à tous les autres... — Pourquoi vous éloignez-vous de moi quand le nombre de mes amis augmente tous les jours ? — Tenez, ce soir encore, on vient de m'amener trois seigneurs nouveaux, le vicomte de La Guette, le comte de Nantillac, et enfin le beau marquis d'Hérouville, chevalier des ordres et colonel d'un régiment du roi.

Les sourcils du baron de Lascars se contractèrent, un nuage couvrit son front, et son visage prit une expression haineuse.

— Ah ! — murmura-t-il d'une voix sourde — vous avez ici, ce soir, le marquis d'Hérouville...

— Mon Dieu, oui... — J'espère que voilà un nom qui fait bien dans un salon ! — Aussi je ne me sens pas de joie !... — sans compter que le marquis est, après vous, le plus beau gentilhomme qu'il soit possible de voir !... — Est-ce que vous le connaissez ?

— Fort peu... — Je l'ai rencontré deux ou trois fois à la Cour.

— A propos de la Cour, est-ce que c'est vrai, ce qu'on dit?...

— Que dit-on ?

— On prétend que vous n'allez plus à Versailles, parce vous êtes brouillé avec le roi, et que Sa Majesté vous a défendu de paraître devant lui...

Lascars devint très-pâle et garda le silence.

Cydalise répéta :

— Est-ce que c'est vrai ?

— Oui — répondit le baron — c'est vrai.

— Qu'est-ce donc que vous avez fait au roi, pour vous mettre mal avec lui ?...

— Je me suis révolté contre ces rôles de valets, qu'on impose à Versailles à tous les gentilshommes!... J'ai l'échine trop peu souple pour la ployer sans cesse comme les parfaits courtisans ! — J'ai dit bien haut ce que je pensais, et, à la Cour, la franchise est un crime...

— Eh bien, foi de bonne fille, vous avez eu raison ! — A votre place, moi, j'aurais agi tout comme vous ! — d'ailleurs vous êtes noble, vous êtes riche, vous n'avez besoin de personne...

Puis, sans transition, Cydalise ajouta :

— Allez-vous vous mettre au jeu?

— C'est mon projet...

— Vous trouverez dans le dernier salon des parties bien animées... — Le marquis d'Hérouville, entre autres, fait preuve d'une audace sans pareille... — tout à l'heure il gagnait trois cent mille livres... — il a reperdu comme il avait gagné, en trois coups ! — et il riait ! ! — C'était superbe ! ! — Il paraît que le marquis est un puits d'or...

— Oui, sa fortune est énorme en effet...

— Eh bien, cher baron, tâchez d'y faire une forte brèche... — C'est un adversaire digne de vous...

Ayant ainsi parlé, la maîtresse de la maison quitta Lascars et courut accueillir un nouvel arrivant, avec non moins de grâce et de vivacité qu'elle venait d'en montrer à son premier interlocuteur.

Cydalise avait une trentaine d'années. — Elle faisait partie du corps de ballet de l'Opéra en qualité de danseuse de quatrième ordre. — Elle était de moyenne taille, et non moins maigre que la célèbre mademoiselle Guimard, alors dans tout l'éclat de sa vogue et de sa beauté.

Cydalise était peu jolie, point spirituelle, mais fort intelligente à l'endroit de ses intérêts,

Comprenant à merveille qu'elle ne devait compter ni sur sa beauté, ni sur son talent pour se créer une fortune, elle avait imaginé d'installer chez elle un tripot de bonne compagnie où grâce aux relations qu'elle se créait facilement à l'Opéra, bon nombre de seigneurs ne dédaigneraient point sans doute de venir perdre leur argent.

Le succès ne se fit guère attendre et dépassa ses espérances. — En moins de quelques mois sa maison devint à la mode. — Elle eut le soin prudent d'en écarter les chevaliers d'industrie, les aigrefins, les aventuriers; — elle ne reçut que des gens connus, recommandables par leur naissance ou par leur fortune.

Grâce à ces précautions sages, les grands seigneurs affluèrent chez la danseuse où ils avaient la certitude de ne point *s'encanailler* (comme on disait à cette époque), et de trouver à point nommé les émotions d'une partie nerveuse; — car dans ses salons blancs et or, aux panneaux illustrés d'amours, de nymphes, de bacchantes, on jouait un jeu d'enfer, et le plus riche pouvait, si la chance lui tenait rigueur, se ruiner parfaitement bien en une seule nuit.

Avons-nous besoin d'apprendre à nos lecteurs que, le jeu étant le Dieu du temple dont Cydalise était la déesse, une somme fort ronde, prélevée pour les frais du culte sur les enjeux de chaque partie, entrait quotidiennement dans la caisse de la danseuse, couvrait amplement toutes les dépenses, et constituait, au bout de l'année, un bénéice honnête d'une centaine de mille livres...

On voit que l'intelligente personne se capitonnait tout tranquillement pour l'avenir une existence couleur de rose et qu'elle avait la certitude matérielle de se constituer une fortune rondelette, grâce à l'inflexible obole prélevée sur les vaincus aussi bien que sur les vainqueurs...

Lorsque nous aurons ajouté que Cydalise ne recevait chez elle aucune femme, et ne faisait point d'exception, bien entendu, pour ses camarades du corps du ballet, il ne nous restera pas un mot de plus à dire sur son compte...

Le baron de Lascars traversa sans s'arrêter le premier et le deuxième salon, et répondant à peine, et d'un air distrait, aux saluts et aux compliments des gentilshommes de sa connaissance qui se trouvaient sur son passage.

Il franchit le seuil de la dernière pièce.

C'était là que se trouvait les fortes émotions, les gros enjeux et les grands joueurs.

V

LE JEU.

Les premiers mots qui frappèrent l'oreille du baron de Lascars furent ceux-ci, prononcés par une voix joyeuse et bien timbrée :

— Messieurs, je perds soixante mille livres, sans compter les cent mille écus que j'avais gagnés et qui sont repartis... Pour une seule nuit, c'est assez. — Vous trouverez bon que je m'en tienne là et que j'abandonne les cartes... — Je cède ma place à un plus heureux...

En disant ce qui précède, un jeune homme quitta le siège sur lequel il était assis devant une table de jeu qu'entouraient des parieurs et des curieux empressés.

Ce jeune homme était le marquis d'Hérouville dont nous avons entendu Cydalise parler à Lascars.

Toute la personne du marquis justifiait la réputation

d'éclatante beauté dont il jouissait à la cour et à la ville. —
Rien ne se pouvait voir de plus noble et de plus charmant
à la fois que les traits de son visage et que l'expression de
sa physionomie fière et spirituelle. — L'exquise douceur
de son sourire tempérait et faisait oublier ce que son regard offrait de hautain et d'impérieux. — Une jolie femme
aurait envié l'éclat de son teint, qui cependant n'avait rien
d'efféminé, et la finesse de ses mains patriciennes.

Sa taille, haute et souple se recommandait par des proportions irréprochables et d'une suprême élégance. — Sa
jambe fine et nerveuse, dessinée par un bas de soie blanc à
coins d'argent, était digne d'une statue de Bacchus ou de
Mars, — grand mérite à une époque qui faisait un cas
particulier de la beauté plastique.

C'est à monsieur d'Hérouville que le roi Louis XV
adressa ces paroles ; conservées par les chroniqueurs du
dix-huitième siècle.

— Marquis, vous êtes le plus bel homme de ma cour.

— Après Votre Majesté, Sire... répondit le jeune courtisan.

Agé de trente ans, tout au plus, très-grand seigneur,
très-immensément riche et plein de fougue, le marquis
menait une existence forcément dissipée ; il abandonnait
Versailles pour Paris aussi souvent que son service ne le
retenait pas au château, il se faisait l'hôte assidu de tous
les lieux de plaisir, depuis les coulisses de l'Opéra jusqu'aux
petites maisons de ces dames, jouant largement, perdant
gaîment, donnant sans compter, et conservant jusque dans
ses folies quelque chose de noble et de délicat parfaitement
d'accord avec sa nature loyale et chevaleresque.

Tel était Philippe-Amédée-Tancrède d'Hérouville, au
moment où nous le présentons à nos lecteurs.

Le marquis portait un habit de velours violet brodé de
soie noire, une veste de moire blanche et une culotte de
taffetas gris perle.

Une petite épée de parade, dont la poignée enrichie de

pierres précieuses valait au moins cinq cents louis, complétait ce costume.

— Est-ce vous qui me remplacerez, La Guette ? reprit monsieur d'Hérouville en s'adressant à l'un des deux gentilshommes qui faisaient ce soir-là, comme lui, leurs débuts dans la maison.

— Volontiers... répondit le vicomte de La Guette.

— Vous ne craignez donc pas que ma place vous porte malheur ? — poursuivit le marquis en riant.

— Ma foi non... *changement de main, changement de veine !...* un vieux proverbe des joueurs l'affirme... Je vais peut-être vous venger, et je conseille à notre ami Noizay de prendre garde à lui...

Le chevalier de Noizay était l'heureux adversaire du marquis d'Hérouville, à qui, nous le savons, il venait de gagner soixante mille livres.

Le vicomte de La Guette s'assit et une nouvelle partie s'engagea.

La chance tourna presqu'aussitôt, et se montra cruellement hostile à celui qu'elle avait favorisé jusqu'à ce moment.

En moins d'une demi-heure les rouleaux d'or amoncelés devant monsieur de Noizay s'étaient fondus comme un tas de neige sous les rayons du soleil d'avril.

— Votre revanche... dit La Guette.

Le chevalier consulta sa montre.

— Grand merci de cette offre courtoise, répliqua-t-il ensuite — mais je ne puis en profiter...

— Pourquoi donc?...

— J'ai, cette nuit, certain rendez-vous, dont l'heure est même un peu passée... — la crainte de faire *Charlemagne* me clouait sur mon siège, mais, maintenant que de mes gains il ne me reste pas un sou, je me sens le droit de me retirer et j'en use .. — bonsoir messieurs...

— Messieurs — reprit le vicomte de La Guette — je n'aurai point, par votre faute, n'est-il pas vrai, le déplaisir d'emporter cette montagne d'or ?... Je compte sur vous pour en alléger le poids importun... Lequel de vous va se mesurer avec moi, après la défection de Noisay ?..

— Monsieur le vicomte — dit une voix dans la foule des spectateurs qui se pressaient sur un triple rang autour de la table de jeu — j'aurai l'honneur de faire votre partie, si vous voulez bien me le permettre...

Le joueur heureux se retourna vers celui qui venait de lui parler.

— Ah ! c'est vous, monsieur de Lascars, répliqua-t-il, en saluant de la tête et de la main — je suis entièrement à vos ordres et tout l'honneur sera pour moi...

En entendant prononcer le nom de Lascars, le marquis d'Hérouville fronça le sourcil, une expression de défiance et de mépris se peignit sur son visage, enfin il fut au moment de prendre la parole, mais la réflexion l'arrêta et il se contenta d'écarter doucement les curieux les plus proches afin de se placer à côté de l'adversaire du vicomte.

— Quel est votre jeu, monsieur le baron ? — demanda ce dernier à Lascars qui venait de s'asseoir.

— Mon jeu sera le vôtre, monsieur... — Je ne connais pas de plaisir plus vif que de risquer beaucoup sur une carte, et vous partagez tout à fait, je crois, ma manière de voir à cet égard...

— Cinq cents louis vous conviennent-ils ?..
— Parfaitement.

Lascars tira de sa poche un portefeuille bourré de billets de la caisse des Fermiers Généraux, papier-monnaie équivalent à peu près aux billets de banque de notre époque, et il le posa devant lui.

— Il y a là dedans cent mille livres — dit-il — je souhaite les doubler ou les perdre...

— Soit, monsieur le baron — répliqua La Guette — je vous tiendrai tête volontiers jusqu'à mon dernier écu, je vous en donne ma parole...

Le jeu commença.

Lascars perdit la première partie, puis la seconde : — il gagna la troisième — il reperdit ensuite plusieurs fois, et, en définitive, après plus d'une heure d'alternatives favorables et défavorables, il constata que les cent mille livres de son portefeuille étaient réduites à vingt mille...

Ses pertes atteignaient par conséquent le chiffre rond de quatre-vingt mille livres.

Ceci ne l'empêchait point de sourire avec une aménité parfaite, et sa figure n'offrait pas la moindre trace de dépit.

— Mordieu, monsieur le baron — s'écria La Guette — vous êtes ce que j'appelle un beau joueur !... — Je ne connais guère qu'Hérouville qui perde aussi galamment que vous ! — nous continuons, n'est-ce pas ?

— Je l'espère bien, monsieur le vicomte.

La partie, un instant interrompue, reprit aussitôt son cours, seulement la chance avait profité de cet entr'acte si court pour changer de côté, et, trahissant les intérêts de monsieur de La Guette, elle s'apprêtait à favoriser Lascars avec une étrange persistance.

Le baron rentra d'abord en possession de tout ce qu'il avait perdu ; — il conquit ensuite les soixante mille livres constituant le premier bénéfice de son adversaire, et, ne s'arrêtant pas en si beau chemin, il en gagna de plus vingt mille que ce dernier tira de sa poche.

— Ma foi, monsieur le baron — dit alors le vicomte, d'une voix légèrement altérée — vous m'avez mis à sec... — Croyez que je me vois, avec un regret très-vif, obligé de quitter le jeu...

— Mais pourquoi le quitter ? demanda Lascars — je suis vraiment au désespoir de vous dépouiller ainsi !.. — ma veine ne saurait durer toujours... elle doit être épuisée ! — acceptez une revanche...

— Je viens d'avoir l'honneur de vous dire que j'étais à sec.

— Eh ! qu'importe cela ? — me faites vous l'injure de douter de votre crédit en cette occurrence !... Continuez sur parole !.. Je vous en supplie... je tiendrai tout ce que vous voudrez et aussi longtemps que vous le voudrez...

— S'il en est ainsi, monsieur, j'accepte, et je vous remercie de grand cœur... — vous plaît-il jouer cinquante mille livres ?..

— C'est à vous de donner des ordres et à moi de les recevoir...

Monsieur de La Guette déchira une page blanche de son portefeuille ; sur cette page il écrivit au crayon :

« *Bon pour la somme de cinquante mille livres payables à vue et au porteur.* »

Il signa, et il plaça ce chiffon de papier en face du monceau d'or et de billets du baron de Lascars.

La nouvelle partie fut de courte durée ; en moins de cinq minutes le vicomte avait perdu.

Une faible rougeur colora son visage, et, à deux reprises, il passa la main sur son front.

— Foi de gentilhomme, — murmura Lascars — je suis désespéré de mon bonheur ! j'en suis presque honteux !...

— Vous avez tort ! — répliqua monsieur de La Guette redevenu souriant — au jeu, comme à la guerre et comme en amour, chacun pour soi !... — je vous demande la permission de doubler ma mise...

— J'y consens volontiers et, bien mieux, je vous propose de jouer d'un seul coup tout ce que j'ai là devant moi...

— C'est-à-dire, combien ?

— Deux cent trente mille livres, environ...

Monsieur de La Guette hésita pendant une seconde. A coup sûr, il soutenait contre lui-même un combat violent, mais il était joueur jusque dans la moelle de ses os ; — il se laissa donc entraîner, comme font tous les joueurs, et il répondit :

— Monsieur le baron, je tiens les deux cent trente mille livres...

Un petit murmure d'étonnement et d'anxiété courut parmi les spectateurs de cette hardiesse insensée.

On jouait gros jeu, chez Cydalise et l'on voyait souvent des fortunes se faire et se défaire en une nuit, mais cependant le chiffre de la somme aventurée sur une seule carte dépassait quelque peu les limites ordinaires...

Le marquis d'Hérouville, immobile et muet comme une statue, attachait sur le baron un regard perçant et d'une fixité prodigieuse.

VI

L'OUTRAGE.

La partie se jouait en cinq points, comme *l'écarté* contemporain.

C'était à Lascars de donner les cartes.

Il tourna le roi, ce qui équivalait à un point, et il se trouva dans les mains une si brillante réunion d'atouts, qu'il fit toutes les levées et, par conséquent, joignit deux points nouveaux à celui qu'il avait conquis déjà.

— A vous, monsieur le vicomte, — dit-il ensuite.

Monsieur de La Guette était excessivement pâle, et une agitation fiévreuse faisait trembler sa main, tandis qu'il distribuait les cartes.

Il gagna le coup et marqua un point.

Lascars mêla rapidement le jeu, fit couper, donna, et il s'apprêtait à tourner la dernière carte quand une main fine et blanche, mais dure et inflexible comme une tenaille d'acier, lui saisit le poignet à l'improviste, en même temps qu'une seconde main s'appuyait sur son épaule, et qu'une voix parfaitement calme disait à côté de lui :

— La Guette, mon ami, reprenez cet argent et ces billets... — Vous n'avez rien perdu... — Monsieur le baron de Lascars vous vole depuis une heure.

Tous les témoins de cette scène inattendue, et le vicomte de La Guette lui-même semblèrent pétrifiés par l'étonnemen tandis que Lascars poussait un cri de rage et s'efforçait, mais en vain, d'échapper à la puissante étreinte du marquis.

— Lâche ! — balbutia-t-il d'une voix étranglée, — lâche et misérable imposteur ! tout votre sang ne suffira pas pour laver cette mortelle insulte !... — Je vous tuerai !... ah ! je jure que je vous tuerai !...

— Monsieur de Lascars, — reprit Tancrède d'Hérouville sans rien perdre de son sang-froid, — je vous conseille de revenir au calme et à la prudence que votre situation commande ?... — évitez le scandale et le bruit, vous devez les craindre plus que personne !... Je vous connais, monsieur de Lascars, et quiconque vous connaît se défie !... — Je vous observe depuis l'instant où vous êtes venu vous asseoir à cette table.. — Mes yeux n'ont pas quitté vos mains... — J'ai vu distinctement, à chaque coup, l'adresse infâme remplacer le hasard loyal, et les cartes filer sous vos doigts...

Lascars que la colère et la honte suffoquaient, faisait des efforts inouis pour parler, mais ne pouvait articuler un seul mot.

Le marquis d'Hérouville reprit, en s'adressant à l'une des personnes qui se trouvaient les plus rapprochées des joueurs :

— Monsieur de Montauran, ayez, je vous prie, la complaisance d'étaler sur la table le jeu dont cet homme allait se servir, et veuillez aussi retourner la dernière carte...
— J'ai la certitude matérielle que cette carte est un roi, et la certitude non moins formelle, que trois atouts, si ce n'est plus, accompagnent ce roi...

Le gentilhomme à qui Tancrède venait de s'adresser fit à l'instant même droit à sa requête.

Il retourna le *roi de cœur*...

Parmi les cartes étalées se trouvaient *la dame, le valet et l'as de cœur*...

— Vous le voyez, messieurs, — continua le marquis

d'Hérouville, — s'il vous avait été possible d'admettre que je formulais trop légèrement une accusation si grave, il vous serait maintenant impossible de conserver l'ombre d'un doute...

— La preuve est en effet sans réplique, — répondit monsieur de Montauran, — n'est-ce pas votre avis, messieurs ?

— Oui, oui, — s'écrièrent avec une évidente conviction les habitués des salons de Cydalise. — Le marquis a cent fois raison !...

— Et maintenant, monsieur de Lascars, — poursuivit Tancrède en lâchant le poignet du joueur déloyal et en cessant de peser sur son épaule, — il y a là cent mille livres qui sont à vous... — D'où vous vient cette somme ?.. où l'avez-vous volée ? Je n'ai point à m'occuper de cela, puisqu'elle ne sort pas de nos poches... — reprenez-la donc et allez-vous en !...

Aussitôt que Lascars se sentit délivré de l'étreinte de ces deux mains qui le clouaient sur place, il se releva et il offrait aux regards le terrible spectacle d'un visage livide, décomposé, hideux.

Ses yeux s'injectaient de sang, — ses lèvres pâles grimaçaient, — une ride profonde et d'un aspect sinistre se creusait sur son front, — des flocons d'écume blanche se formaient aux coins de sa bouche.

Les nombreux spectateurs qui maintenant s'entassaient autour de nos personnages, (car le bruit d'une querelle avait attiré dans le dernier salon tous les hôtes de Cydalise,) s'écartèrent à l'instant, par un mouvement instinctif et machinal, pour laisser un passage libre...

Mais Lascars ne songeait guère à battre en retraite...

Tancrède d'Hérouville, debout en face de lui, impassible, la tête haute, les bras croisés sur la poitrine, l'enveloppait d'un regard chargé de mépris.

Lascars fit un pas vers le marquis, et d'une voix étrange, méconnaissable, très-basse mais parfaitement distincte, il lui dit :

— Vous m'avez appelé voleur !..

Tancrède fit un signe affirmatif.

— Eh bien ! — reprit lentement Lascars, jetant ses paroles une à une au visage de son adversaire, — vous en avez menti !... entendez-vous, monsieur, vous en avez menti !...

Le marquis d'Hérouville haussa les épaules.

— Des injures parties de si bas, — répliqua-t-il, — ne sauraient monter jusqu'à moi ?... vous êtes démasqué... vous n'avez rien à faire ici désormais... Allez-vous-en donc, je vous le répète, sinon des gens de police viendront vous jeter dehors, et je crains pour vous, monsieur, qu'au lieu de vous laisser libre, comme je le fais, ils ne vous mettent en lieu sûr...

— Vous m'avez outragé, — continua Lascars avec une rage froide plus effrayante que le délire, même la fureur, — vous m'outragez encore !.. vous m'en rendrez raison !...

Le marquis haussa les épaules pour la seconde fois.

— Tenez, — dit-il, vous êtes fou !

— Et vous, — cria le baron, — vous êtes lâche !.. oui, lâche !.. — répéta-t-il en voyant un éclair d'indignation passer dans les yeux du marquis. — Oui, trois fois lâche, si vous refusez de croiser l'épée avec un gentilhomme que vous insultez !

— Gentilhomme ! dites-vous, — répliqua monsieur d'Hérouville, — je n'en crois rien, car noblesse oblige !.. — Non, vous n'êtes pas noble, ou vous ne l'êtes plus, vous qu'un ordre royal a banni de la cour pour cause d'indignité et d'infamie !.. (vous voyez que je vous connais bien, monsieur le baron de Lascars,) — chevalier d'industrie, fripon, voleur au jeu, la caste dont vous vous prétendez issu vous renie et vous chasse !.. Si vous avez été gentilhomme autrefois, vous êtes aujourd'hui dégradé !..

Lascars se sentait pris de vertige.

Son visage, livide un instant auparavant, devenait pourpre comme celui d'un homme que l'apoplexie va foudroyer...

D'un geste rapide il dénoua, ou plutôt il arracha sa cravate qui l'étranglait.

Il frappa du pied le sol qui se dérobait sous lui, et il cria :

— Marquis d'Hérouville, pour la dernière fois, voulez-vous vous battre avec moi ?

Tancrède lui tourna le dos et répondit par dessus l'épaule :

— Est-ce qu'on se bat avec un fripon ? drôle, allez vous faire pendre ailleurs !..

Lascars chancela. — On put croire, pendant une ou deux secondes, qu'il allait s'abattre et rouler sans connaissance sur le tapis, mais il n'en fut rien. Les symptômes d'anéantissement disparurent, sa poitrine oppressée se gonfla, il tira son épée, il bondit vers monsieur d'Hérouville, il le contraignit à se retourner en le saisissant par le bras, il lui frappa la joue du plat de son arme et il dit, ou plutôt il râla ces mots :

— Lâche ! te battras-tu maintenant ?

Les spectateurs, haletant d'effroi, voulurent se précipiter entre les deux hommes.

— Laissez faire, messieurs, laissez faire ! — ordonna Tancrède avec le même calme prodigieux dont il faisait preuve depuis le commencement de cette scène, — on ne croise point l'épée avec un voleur, c'est vrai, mais on peut, sans déroger, se défendre contre un assassin...

Et, dégainant alors à son tour, il se mit en garde avec la promptitude de l'éclair.

La foule recula.

En moins d'une seconde, un espace circulaire assez vaste se trouva libre autour des adversaires.

Les hôtes du tripot devenaient maintenant avides d'assister à ce spectacle étrange de deux gentilshommes prêts à s'égorger dans un salon splendide, sous les clartés éblouissantes que versaient à profusion le lustre et les girandoles.

Cydalise seule, désespérée d'une scène violente et scandaleuse qui ne pouvait manquer de compromettre au plus haut point la bonne renommée de sa maison, poussait les hauts cris, pleurait à chaudes larmes, sans égard pour le rouge et pour le blanc qui couvraient ses joues, et faisait voler autour d'elle des nuages parfumés de poudre à la maréchale, en arrachant à pleines mains, non ses cheveux mais ses fausses nattes...

Les lames s'engagèrent.

Lascars et Tancrède étaient à peu près de même force ; les deux épées de parade, légères et pointues comme des aiguilles, offraient une longueur égale. Les chances du combat semblaient donc parfaitement équilibrées, mais la fureur aveuglait le baron, tandis que le sang-froid inaltérable du marquis donnait à ce dernier un avantage manifeste.

Dès les premières passes les témoins du duel, tous passés maîtres dans la noble science de l'escrime, virent clairement que Lascars n'avait qu'un but : frapper mortellement ! et qu'il visait au cœur de son adversaire, sans souci de se découvrir lui-même, tandis que monsieur d'Hérouville se bornait à parer les coups, ce qu'il faisait avec une habileté prodigieuse et un bonheur persistant.

Lascars, furieux de trouver sans cesse une muraille d'acier entre la pointe de son épée et la poitrine qu'il voulait atteindre, redoublait de rage et d'efforts...

A ce jeu il s'épuisa vite.

Les veines de son front se gonflaient ; — de grosses gouttes de sueur ruisselaient sur ses tempes et sur ses joues — ses jambes devenaient tremblantes, et sa main, agitée de frémissements convulsifs, ne portait plus que des coups mal assurés.

Le moment qu'attendait Tancrède d'Hérouville était arrivé.

— Il faut en finir... — murmura-t-il.

Changeant de tactique aussitôt, il battit, à trois reprises

le fer de son ennemi, puis liant ce fer avec une adresse et une force irrésistible, il le fit tomber à ses pieds.

Lascars se baissa vivement pour ressaisir son arme.

Mais déjà le marquis l'avait devancé.

Prompt comme la foudre, Tancrède se redressa, tenant à la main l'épée du vaincu, et il s'écria :

— Cette lame déshonorée ne servira plus à personne!..

En même temps, saisissant la tige d'acier par la poignée et par la pointe, il la brisa sur son genou et il en jeta les morceaux derrière lui.

— Mon rôle en cette affaire est fini ! — continua-t-il — celui des laquais commence !.. qu'ils mettent cet homme à la porte !

. . . .

Un instant après, Roland de Lascars, tête nue, sans épée, la pâleur au front, la haine et le désespoir dans l'âme, traversait au milieu des huées et de la valetaille, la cour de l'hôtel de Cydalise et s'enfonçait, chancelant, parmi les ténébreuses profondeurs de la rue Saint-Honoré, et tout en marchant il balbutiait :

— Je me vengerai, dussais-je y laisser ma vie !.. Tu me fais verser des larmes de honte, marquis d'Hérouville, eh bien, en échange, moi, je t'arracherai des larmes de sang !.

. . . .

Dans les salons que nous venons de quitter, les gentilshommes s'empressaient autour de Tancrède, et le félicitaient à qui mieux mieux de sa conduite et de sa victoire.

— J'ai fait ce que je devais, — répondait le marquis avec une parfaite simplicité. — il n'y a pas grand mérite à cela. — Pouvais-je, en bonne conscience, voir dépouiller, sans rien dire, mon ami sous mes yeux, et tolérer parmi vous la présence d'un homme dont le seul contact est une souillure... — Ce misérable appartient réellement à une famille très-honorable et de bonne noblesse, qu'il déshonore... — Bien accueilli par le roi, il se faisait à la cour l'agent et la cheville ouvrière des plus basses intrigues...

— Il descendait jusqu'à se mettre à la solde de l'étranger qui lui payait chèrement son espionnage et ses rapports... Louis XV, instruit de tout, s'est contenté de le chasser de Versailles —C'était trop d'indulgence, il fallait, en bonne justice envoyer ce coquin pourrir à la Bastille.

— Vous avez parfaitement raison, mon cher marquis, — répliqua le vicomte de La Guette, — mais une chose en tout ceci m'afflige et m'inquiète...

— Laquelle?

— C'est que vous venez de vous faire, en monsieur de Lascars, un ennemi mortel.

Tancrède eut aux lèvres un sourire plein de dédain et d'insouciance.

— Qu'importe cela? — répondit-il, — un tel ennemi n'est point à craindre... — on rencontre un reptile, on l'écrase et l'on passe.

Monsieur de La Guette secoua la tête d'un air de doute.

— Vicomte, — demanda Tancrède, — il me semble que vous n'êtes point de mon avis?

— Non, certes! et je suis même d'un avis tout opposé.

— Quel est-il?

— C'est qu'on peut mépriser le reptile, mais qu'il ne faut pas le dédaigner.

— Pourquoi?

— Parce que, venimeux et lâche, il se redresse sous le pied qui l'écrase, il mord par derrière, et sa morsure envenimée est inguérissable.

— Cher ami, parlez clairement. — Où donc en voulez-vous venir!

— A ceci: — Vous avez publiquement arraché cette nuit, au baron de Lascars, le masque qui cachait son visage... — vous l'avez écrasé de vos mépris... — vous l'avez foulé aux pieds... — vous l'avez chassé de cette maison comme on chasse un laquais voleur... — mais il emporte son venin, et j'ai lu dans ses yeux qu'il ne vivrait que pour la vengeance... — Ainsi donc, défiez-vous!...

— Merci de ce bon conseil, vicomte, — répliqua Tancrède.

— Le suivrez-vous?

— Ma foi, non... et à la grâce de Dieu !...

VII

ROLAND DE LASCARS.

Quelques mots sur le passé du baron Roland de Lascars nous semblent nécessaires, avant de continuer un récit dans lequel il doit jouer l'un des rôles principaux.

Ce gentilhomme, issu d'une famille sinon illustre, du moins très-ancienne du Limousin, était, en sa qualité de fils unique, le dernier représentant de sa race.

La mort de son père l'avait rendu possesseur, à l'âge de vingt-deux ans, d'une fortune considérable. — Deux terres, dont l'une portait son nom, constituaient à son profit un revenu de soixante mille livres, équivalent à plus de deux cent mille francs à notre époque.

Il était en outre propriétaire d'un fort bel hôtel situé dans la rue Saint-Louis au Marais.

Roland de Lascars, très-favorisé de la nature sous le rapports des avantages physiques, et non moins bien doué du côté de l'intelligence, cachait sous un extérieur séduisant et sous les formes d'un langage facile, gracieux, brillant même, un cœur profondément corrompu et l'âme d'un scélérat.

Dès sa première jeunesse, nous pourrions presque dire dès son enfance, sa perversité précoce avait prouvé qu'il portait en lui le germe de tous les vices. Son père ne s'était fait aucune illusion à cet égard, et forcé de reconnaître que ses efforts, ses prières et ses larmes ne parvenaient ni à corriger, ni même à modifier ses dispositions fatales, il s'était senti mourir avant l'âge, miné par le chagrin, et envisageant avec une profonde terreur l'avenir de son unique enfant.

A peine maître de sa fortune, Roland s'empressa de réaliser les tristes prévisions du vieillard.

Il se jeta à corps perdu dans tous les excès, dans toutes les orgies, dans tous les bourbiers du vice. Loin de commander à ses passions, il leur mit la bride sur le cou, et, non content de se laisser entraîner par elles, il les éperonna sans cesse en se faisant le compagnon assidu des débauchés les plus perdus de Paris.

Les jours et les nuits du baron ne furent alors qu'une longue bacchanale entrecoupée de duels, de rapts et de violences. Le plaisir, pour ce jeune démon, n'était jamais plus vif que lorsqu'il cotoyait le crime, et en cela il se montrait digne de marcher sur les traces du duc de Fronsac, son émule et son ami, le plus pervers peut-être des roués du dix-huitième siècle. Personne n'ignore que cet infâme seigneur, fils du célèbre maréchal de Richelieu, risqua, par une belle nuit, de brûler Paris, pour enlever des bras de sa mère, à la faveur de l'incendie, une malheureuse enfant qui lui résistait et qu'il voulait perdre.

Le poète Gilbert eut le courage, bien rare à cette époque, de stigmatiser, dans des vers magnifiques et impérissables, un si monstrueux attentat.

A mener une telle vie, et avec de tels compagnons, le baron Roland de Lascars dévora sa fortune en quelques années. Les terres furent vendues pièce à pièce, son hôtel de Paris hypothéqué jusque dans ses fondations.

Quoique ruiné, il ne changea rien à ses habitudes et ne diminua point son train. Son nom, sa position dans le monde, le crédit qu'il s'attribuait à la Cour, éblouirent pendant quelque temps ses fournisseurs, aussi bien que les usuriers qui le laissaient puiser dans leurs coffres.

Un jour vint, cependant, où toutes ressources lui manqua, le terrain manquait sous ses pieds ; — les créanciers devenaient farouches.

Roland implora la générosité de Louis XV qui lui vint royalement en aide, paya ses dettes et le remit à flot.

Il s'empressa de reconnaître ces bienfaits par la plus noire ingratitude et, ainsi que nous avons entendu Tancrède d'Hérouville le lui jeter au visage, il se fit espion de Cour à la solde de l'étranger. — Dénoncé par quelqu'un de ses complices à monsieur de Sartines qui s'empressa de révéler au roi sa bassesse et ses trahisons, il fut, par un reste d'indulgence, laissé libre et seulement banni de Versailles.

Cette punition, quoique très-modérée, lui causa une irritation profonde et lui mit au cœur une haine aveugle pour Louis XV. Déjà, depuis longtemps, il haïssait le Dauphin, sans autre motif que l'horreur instinctive inspirée au vice par la vertu.

— Ah! se dit-il, je me vengerai.

Mais se venger d'un roi n'est pas chose facile, et Lascars dût se borner d'abord à déverser sa rage dans des brochures infâmes, imprimées en Hollande, et à composer des chansons brutales et des pamphlets satyriques, distribués sous le manteau, brochures et pamphlets dont les limiers du lieutenant de police cherchaient vainement l'auteur anonyme.

Pendant plusieurs mois il eut recours, pour soutenir son luxe, à toutes sortes d'escroqueries et de moyens honteux...
— il se mit à voler au jeu, et, grâce aux leçons d'un *professeur de langue verte* (1) échappé des galères, il devint promptement assez habile pour être certain de dépouiller sans courir aucun risque les joueurs inexpérimentés et confiants.

Il attendait toujours qu'une occasion propice lui permit enfin d'atteindre la vengeance qu'il convoitait.

Le mariage du Dauphin avec l'archiduchesse Marie-Antoinette d'Autriche, vint lui fournir cette occasion si ardemment convoitée.

L'histoire l'affirme, (et nous ne faisons ici que le répéter après elle,) — la faction puissante opposée à l'alliance au-

---

(1) On appelait *professeur de langue verte* les joueurs émérites et filous qui formaient des élèves. De nos jours le nom est changé peut-être, mais malheureusement l'espèce existe encore.

trichienne, et qui comptait, au sein du corps municipal, des conjurés et des agents, résolut d'ensanglanter par une effrayante catastrophe les fêtes données en l'honneur des souverains futurs (1).

D'indignes gentilshommes, qui avaient ou qui du moins croyaient avoir à se plaindre de la cour acceptèrent l'exécrable tâche d'organiser cette catastrophe.

Roland de Lascars accueillit avec des transports de joie l'offre qui lui fut faite de devenir le chef de ces organisateurs.

Il reçut des sommes énormes, avec mission de les répandre libéralement pour acheter des complices. — Il s'attribua, comme bien on pense, la plus forte partie de ces sommes, mais, s'il épargna l'argent, il fut prodigue de son zèle et de ses démarches.

Nous l'avons vu déjà à l'œuvre.

Après son entrevue, sur les grèves de la Seine, auprès du cabaret de Sauvageon, avec Huber, le chef des *Lapins*, Roland de Lascars eut l'idée, non point d'aventurer, mais de doubler ou de tripler au jeu, par des moyens à lui connus, une somme de cent mille livres dont il était porteur.

Nous savons quelle déception amère et quel juste châtiment l'attendaient dans les salons de Cydalise, grâce à la présence du marquis d'Hérouville qui, dans sa loyale indignation, s'était chargé d'arracher le masque du misérable, ou plutôt de lui broyer ce masque sur le visage.

L'hôtel de la rue Saint-Louis, quoique grevé d'hypothèque pour des sommes supérieures à sa valeur réelle, appartenait toujours, du moins en apparence, au baron de Lascars.

(1) Longtemps après la catastrophe du 30 mai, *le Dauphin devenu Louis XVI disait dans une lettre :*

« Le dépit de ceux qui avait apporté obstacle à mon mariage se
« changea en rage le jour de la fête. Mais il est fort essentiel de cou-
« vrir d'un voile impénétrable ce qui s'est passé dans cette journée,
« et de ne pas laisser soupçonner les coups affreux qu'on voulait por-
« ter. » *(Note de l'auteur.)*

En quittant la rue Saint-Honoré, Roland prit donc le chemin du Marais, mais il était tellement anéanti, tellement brisé de corps et d'âme, par la scène terrible qui venait d'avoir lieu, qu'il se sentit bien vite incapable de marcher. Il se laissa tomber défaillant, sur un banc de pierre, à la porte d'une maison ; — il y resta pendant plus d'une heure, semblable à un homme dont l'intelligence et les membres viennent d'être paralysés à la fois.

Peu à peu, cependant, la faculté de penser, sinon d'agir, lui revint, — il appela le cocher d'un carrosse de louage qui passait à vide, et, comme cet homme objectait la fatigue excessive de ses chevaux, il lui promit un louis pour une course et se fit conduire à la porte de son hôtel.

Roland de Lascars entretenait parmi ses gens une discipline sévère. — Pas plus que Louis XIV il n'admettait qu'un valet put le faire attendre, ne fut-ce qu'une minute.

A quelque heure de la nuit qu'il jugeât convenable de rentrer, *le suisse* devait se trouver en grand costume, sur le seuil de la porte monumentale, sa hallebarde d'une main, un flambeau de l'autre, pour l'éclairer jusqu'au vestibule, où le valet de chambre de service était prêt à recevoir ses ordres et à les exécuter sur-le-champ.

Il ne fut dérogé en aucune façon, cette nuit-là, au cérémonial habituel. — Seulement le suisse, gros homme à ventre prépondérant, dont la figure large et cramoisie ressemblait, sous les boudins de sa perruque poudrée, à une fraise dans du coton, se dit à lui-même en voyant descendre de carrosse son maître, tête nue, le visage livide et décomposé, les yeux gonflés et rougis, les jambes flageolantes :

— Tarteifle !.. mein Herr le paron, il fient te mener choyeuse fie afec tes cheunes tucs et marguis, pien sûr !.. il êdre ifre gomme un Bolonais !..

Puis, gardant pour lui seul ces irrespectueuses conjectures, il traversa la cour d'un pas lent et majestueux, suivi par monsieur de Lascars qui trébuchait à chaque pas et paraissait ne se soutenir qu'à grand peine.

Le valet de chambre, debout sous le vestibule et tenant un candélabre à trois branches, échangea mystérieusement avec le suisse un coup-d'œil moqueur et, précédant son maître, prit le chemin de la chambre à coucher à travers une enfilade de salons dont l'ameublement somptueux semblait démentir la ruine du maître du logis.

Sur la table de nuit, à côté du lit du baron, se trouvait toujours ce que, dans le langage du dix-huitième siècle, on appelait un *en-cas*.

Un petit pain à croûte blonde, une volaille froide, des fruits confits et un flacon de vin d'Espagne, supportés par un plateau de vermeil, composaient l'en-cas destiné à satisfaire quelque velléité d'appétit nocturne.

Le baron n'accorda aucune attention aux comestibles, mais, saisissant le flacon de Xérès, il remplit et vida à deux reprises, jusqu'à la dernière goutte, un long verre de cristal de Venise, en forme de tulipe.

Convaincu, comme son compère le suisse, que monsieur de Lascars sortait d'un joyeux souper où il avait bu plus que de raison, le valet de chambre se détourna pour cacher un sourire, et se livra fort irrévérencieusement, à une réflexion ainsi formulée :

— Il ne manquait plus que cela ! le baron va s'achever ! — avant deux minutes il roulera sur le tapis !.. — en vérité, ces gentilshommes se grisent aussi bien que leurs laquais !..

Roland reposa son verre vide sur le plateau.

Le valet se dit :

— Veillons au grain... — monsieur va tomber !

VII

LORRAIN.

La prévision du valet ne devait point se réaliser et l'effet produit sur Lascars par sa double libation de vin de Xérès fut diamétralement opposé à celui qu'attendait cet infidèle serviteur.

A peine le généreux breuvage eut-il fait circuler dans les veines du baron sa chaleur vivifiante, qu'un changement complet s'opéra si soudainement qu'il sembla tenir du prodige.

La taille de Roland se redressa ; — ses jambes incertaines reprirent leur aplomb ; la pâleur livide de son visage disparut, pour faire place à une vive coloration ; — les yeux enfin, atônes et ternis jusqu'à ce moment, reprirent leur éclat habituel et leur regard d'oiseau de proie.

Seulement, le front du gentilhomme resta voilé d'un nuage sombre, le pli profond creusé entre ses sourcils ne s'effaça point et le sourire qui vint à ses lèvres eut une expression d'amertume presque farouche.

— Monsieur le baron n'est pas plus ivre que moi ! — pensa le valet. — Pouquoi donc a-t-il perdu son chapeau et son épée par la ville ?.. — pourquoi donc avait-il tout à l'heure une si drôle de figure ? pourquoi donc enfin regarde-t-il droit devant lui comme un homme qui songe à en tuer un autre ?.. — Décidément il a dû se passer cette nuit quelque chose que je ne sais pas, mais que je voudrais bien savoir...

Roland s'absorba pendant quelques secondes dans des réflexions dont nos lecteurs devinent sans peine la nature, puis il secoua la tête, comme pour chasser loin de lui les pensées qui l'assiégeaient, et il demanda d'une voix sèche et brève :

— Que faites-vous ici, Lorrain ?

— J'attends les ordres de monsieur le baron...

— Déshabillez-moi.

Le valet obéit sans retard, et un petit nombre de minutes lui suffirent pour achever la toilette de nuit de son maître.

Roland, vêtu d'une légère robe de chambre de toile peinte, s'assit au pied de son lit et céda de nouveau malgré lui aux invincibles préoccupations qui le dominaient.

Lorrain recula d'une dizaine de pas, et se tint debout, immobile, dans une attitude respectueuse.

Monsieur de Lascars leva tout à coup les yeux, aperçut son valet ; tressaillit d'impatience et s'écria, presque avec colère :

— Je n'ai plus besoin de vos services... ne le voyez-vous pas ?... qu'attendez-vous ?..

— J'attends que monsieur le baron me fasse l'honneur de m'interroger.

— Vous interroger ! répéta Roland.

— Si cela plaît à monsieur le baron...

— Et, à quel sujet ?

— Au sujet de la mission que monsieur le baron a bien voulu me confier ce matin ; je me suis acquitté de mon mieux de cette mission, et je suis prêt à rendre compte du ésultat obtenu par mes démarches...

Roland attacha sur Lorrain un regard étonné, — les événements accomplis depuis quelques heures occupaient son sprit, ou plutôt l'obsédaient, au point de lui faire perdre tout souvenir des faits antérieurs, même les plus rapprohés.

— Je vous ai chargé d'une mission ?.. moi ! — murmurat-il, en vérité, je ne sais pas ce que vous voulez dire...

— Je vois bien que monsieur le baron oublie — répliua le valet — mais, si monsieur le baron veut bien me e permettre, il me sera facile de lui rafraîchir la mémoire.

— Faites-le donc sans retard.

— Il s'agit de la jeune demoiselle blonde que monsieur e baron a remarquée plusieurs fois quand elle passait deant l'hôtel, à deux heures précises de l'après-midi, acompagnée tantôt d'un monsieur âgé, tantôt d'une vieille ame...

Lascars fit un mouvement brusque.

— Oui, oui, dit-il — je me souviens ! je ne sais où 'avais l'esprit tout à l'heure... je crois que je deviens disrait...

Tandis qu'il prononçait ces mots, le nuage qui couvrait son front disparut et un sourire exempt d'amertume vint à ses lèvres.

La certitude qu'il allait pouvoir rompre momentanément avec les préoccupations qui le torturaient, produisit sur lui l'effet d'un baume calmant et réparateur.

— Parlez-moi de cette jeune fille... — continua-t-il, — je vous écoute avec intérêt.

Lorrain reprit :

— Monsieur le baron, hier au soir, m'enjoignit de guetter la demoiselle blonde, facilement reconnaissable au portrait parfaitement exact qu'il avait tracé de sa personne, m'ordonna de la suivre, de savoir où se trouvait situé son logis, et de m'informer adroitement de toutes les choses qui la concernait...

— C'est bien cela... — qu'avez-vous fait ?

— J'ai agi pour le mieux, et j'ose espérer que monsieur le baron sera content... — D'abord, j'ai quitté ma livrée, ainsi que je crois devoir toujours le faire lorsque je vais en expédition galante pour le compte de monsieur le baron...

— Vous êtes un homme avisé et un bon serviteur... Continuez...

— Donc, — poursuivit le valet de chambre, je m'habillai très-simplement, en tout petit bourgeois, de manière à n'attirer sur moi l'attention de personne, je quittai l'hôtel, vers une heure et demie, et je m'installai dans la rue à cent pas d'ici... Je n'attendis pas longtemps... — au moment où sonnaient deux heures, je vis arriver de loin la jeune fille et le vieux monsieur ; — (ces gens-là sont réglés comme une horloge !..) grâce à la description faite par monsieur le baron, il n'y avait pas moyen de se tromper... tout y était depuis A jusqu'à Z... — le père grand et maigre, sec et raide, avec un pauvre costume et une mine hautaine comme s'il roulait dans un carrosse doré avec quatre laquais par derrière... — la demoiselle en robe grise et noire avec un mantelet de soie noire toute fanée, des petites mules bien mignonnes, des cheveux blonds et des yeux noirs.

— Vous avez regardé attentivement cette jeune fille, maître Lorrain?

— J'ai pensé devoir le faire pour le bien du service.

— Etes-vous connaisseur en fait de beauté?

Le valet de chambre se rengorgea en baissant les yeux, et prit un air tout à la fois fat et modeste.

— Dam! monsieur le baron — répliqua-t-il, je ne m'y connais certainement pas comme un seigneur, mais, parmi les gens de ma classe, je passe pour avoir assez bon goût.

— Eh bien! comment trouvez-vous cette personne?

— La demoiselle blonde aux yeux noirs?

— Elle-même.

Lorrain joignit les mains, leva les yeux vers le plafond et sa physionomie mobile et rusée exprima l'enthousiasme le plus profond et le plus complet.

— Ah! s'écria-t-il — j'ai vu certainement de bien jolies filles dans ma vie, quand ce ne serait que celles à qui je donnais la chasse d'après les ordres de monsieur le baron... mais jamais, non au grand jamais, mes yeux n'ont contemplé quelque chose de comparable, et je ne croyais point qu'une pareille figure pût exister autrement que dans les tableaux peints par les peintres... — une si grande et si parfaite beauté, c'est comme le soleil... il ne faudrait pas la regarder trop longtemps en face... on aurait des éblouissements...

Lascars sourit.

— Les gens de votre classe, dit-il, ont raison de trouver que vous avez du goût... J'ajouterai que vous vous exprimez en de forts bons termes pour un valet sans éducation et sans usage...

— Monsieur le baron me comble! balbutia Lorrain avec conviction.

— J'attends la suite.

— M'y voici : — la jeune fille et le vieux monsieur passèrent... — ils ne firent point attention à moi, et je les suivis en ayant soin de me maintenir à bonne distance...

— Où allaient-ils.

— A la place Royale... — J'ai tout lieu de croire que c'est le but de leur promenade de chaque jour... je les vis marcher de long en large pendant à peu près une demi-heure sous les maronniers, qui sont cette année très-touffus et couverts de fleurs, puis ils s'assirent sur un des bancs et ils se mirent à causer à voix basse.

— Que se disaient-ils?

— J'ai eu beau m'approcher d'eux, par derrière sans en avoir l'air, je n'ai pas pu entendre un seul mot... — Ils restèrent là jusqu'à quatre heures, puis le vieux monsieur se leva et donna le bras à la jeune fille; — ils se remirent en marche, parcourant le même chemin qu'ils avaient suivi pour venir, et je recommençai à les suivre.

— Vous menèrent-ils loin ?

— Jusqu'au bout de la rue de Vendôme, où ils entrèrent dans une maison très-propre, mais habitée de la cave au grenier par de *petites gens*, et où les loyers sont à bon marché.

— C'est là qu'ils demeurent !

— Oui, monsieur le baron... j'attendis un peu de temps avant de franchir le seuil à mon tour, pour m'en assurer, puis j'abordai le portier, un brave homme qui n'a pas plus d'esprit qu'il n'en faut pour remettre des fonds aux vieilles culottes, ce dont il fait d'ailleurs son état... Je lui demandai un nom en l'air, le premier qui me vint au bout de la langue... — il me répondit qu'il ne savait ce que je voulais dire, mais comme il est de Picardie et que moi, je suis de Lorraine, je lui persuadai sans la moindre peine que nous étions *pays*, et je l'emmenai avec moi au cabaret afin de célébrer, le verre en main, notre heureuse rencontre.

— Naturellement, tout en buvant, la conversation s'engagea.

— Bien entendu, je ne manquai pas de lui faire une foule de questions, — il est bavard plus qu'une pie-borgne, il ne se fit point prier et me raconta les faits et gestes de tous ses locataires... Là-dessus, je pris quelques notes.

— Comment se nomme la jeune fille blonde?... demanda vivement Lascars.

Lorrain tira de sa poche un petit portefeuille doré sur tranche, — il l'ouvrit et le consulta.

— Pauline Talbot... répondit-il ensuite.

— Le monsieur âgé est son père?

— Oui, monsieur le baron.

— Et la vieille dame.

— Une gouvernante qui a élevé la jeune demoiselle.

— Une gouvernante! répéta Lascars. Ces gens-là sont donc riches?

— Il paraît qu'ils l'ont été autrefois, et beaucoup, mais ils ne le sont plus, sans se trouver cependant tout à fait dans la misère... — Il leur reste de quoi vivre tant bien que mal, en se privant de tout... — C'est une pauvreté décente, à ce qui dit mon brave homme de portier qui a pour ces Talbot beaucoup de considération, quoiqu'ils ne lui donnent au jour de l'an que de maigres étrennes... L'ancienne gouvernante s'est attachée à la demoiselle comme à sa propre enfant, et, lorsque la ruine est venue, elle n'a pas voulu quitter cette petite, mais il y a longtemps déjà qu'elle ne touche plus de gages et qu'elle reste dans la maison sur un pied d'égalité...

— Et — demanda Lascars — la jeune fille, la blonde sirène aux yeux noirs, Pauline Talbot, est-elle sage?

— Si elle est sage! s'écria Lorrain — ah! monsieur le baron, à entendre mon portier Picard, c'est un ange, un véritable ange du bon Dieu, descendu sur la terre avec des ailes blanches comme la neige.

— Ainsi, point d'amourette, même la plus petite?

— Elle ne sait seulement pas ce que c'est... — (c'est toujours le portier qui parle), mais je croirais volontiers la chose, attendu que son père ou la vieille dame ne la quittent jamais une minute… et je vous réponds qu'il la gardent bien…

IX

PAULINE TALBOT.

— En vérité — dit Lascars après un silence — tout ce que vous m'apprenez là, Lorrain, redouble mon caprice pour cette jeune fille…

— Il est certain — répliqua le valet — il est parfaitement certain que la chère enfant mérite de tourner la tête à un roi…

— Ah! si Lebel la voyait!…

— Aussitôt que j'aurai mené à bien certaines affaires importantes qui me préoccupent en ce moment, j'aviserai à me faire aimer de mademoiselle Pauline Talbot.

— Ce sera difficile… — murmura Lorrain en hochant la tête.

— Difficile! répéta Lascars.

— Oui, monsieur le baron, pour ne pas dire impossible…

— Savez-vous, monsieur le drôle, que vous venez de me répondre une impertinence!…

— C'est donc alors bien malgré moi, car j'aimerais mille fois mieux me couper la langue que de manquer volontairement au respect… Je n'ignore point que monsieur le baron est irrésistible, qu'il n'a jamais rencontré de cruelles, et qu'il lui suffit de se montrer pour être vainqueur. — J'ai simplement voulu donner à entendre que monsieur le baron rencontrerait des obstacles presque insurmontables pour se rapprocher de la demoiselle et pour être admis dans la maison…

— Bah! la clef d'or ouvre toutes les portes!…

— J'ai dans l'idée que ce vieux Talbot est fier et qu'il ne ferait pas bon de lui parler d'argent…

— Eh bien, il existe d'autres moyens... — Avez-vous donc oublié mon aventure du quai de la Ferraille ?

— Quand monsieur le baron vint à bout sous un déguisement, de se faire recevoir en qualité d'apprenti compagnon chez ce maître menuisier dont la fille était si jolie... — Elle s'appelait Nicole, je crois, la petite, et elle en mourut de chagrin lorsque la vérité fut connue... — Cela fit même assez de bruit dans le temps et beaucoup d'honneur à monsieur le baron...

— Ce qui m'est arrivé déjà peut m'arriver encore... — il ne s'agit que de trouver un rôle ingénieux...

— Monsieur le baron trouvera, je n'en doute pas, s'il se donne la peine de chercher... — Mais le vieux Talbot, qui a vécu dans le monde, doit-être plus difficile à tromper que ne l'était un simple artisan...

« *A vaincre sans péril on triomphe sans gloire !!* » — déclama Roland. — Puis il ajouta :

— Et d'ailleurs, si les ruses échouent, rien n'empêchera e recourir à l'enlèvement qui réussit toujours...

Lorrain s'inclina d'un air convaincu.

— C'est parfaitement juste... — répliqua-t-il — je n'y songeais point, parce que monsieur le baron avait parlé d'amour et non de violence, mais je ne suis qu'un nigaud, et monsieur le baron a toujours raison...

Ces derniers mots terminèrent l'entretien du maître et du valet.

Roland fit signe à Lorrain qu'il pouvait se retirer, et resté seul dans sa chambre, il se mit au lit sans retard.

Si grande était sa fatigue que, malgré ses graves préoccupations de tout genre, il s'endormit au bout de quelques minutes et ne se réveilla qu'à dix heures du matin, dans une disposition d'esprit presque joyeuse.

Il avait rêvé que la blonde enfant lui souriait, et qu'il plongeait son épée jusqu'à la garde dans la poitrine du marquis d'Hérouville expirant !...

2

Ce même jour 30 mai 1770, vers les cinq heures de l'après-midi, Pauline Talbot et sa vieille gouvernante, revenant de la promenade quotidienne à la Place-Royale, franchissaient le seuil de cette maison de la rue de Vendôme dont nous avons entendu Lorrain parler à son maître pendant la nuit précédente.

Trois corps de bâtiments formaient les trois côtés d'une cour assez vaste, mal entretenue, où l'herbe passait entre les pavés. — Une barrière en bois vermoulue faisant face à la porte cochère, séparait la cour d'un étroit jardin planté d'une demi-douzaine de vieux tilleuls, taillés jadis à chaque printemps, mais maintenant croissant en liberté et jetant à l'aventure leurs branches luxuriantes.

Au fond du jardin, derrière les arbres, existait un très-petit pavillon, élevé d'un seul étage sur rez-de-chaussée et servant d'habitation, moyennant un loyer annuel de quatre cents livres, à monsieur Talbot, à sa fille et à madame Audouin, l'ancienne gouvernante de Pauline.

Faisons tourner sur ses gonds criards la porte de la barrière et pénétrons dans le jardinet.

Rien ne se pouvait imaginer de plus frais et de plus charmant que cet enclos de cent mètres carrés à peine. — Là tout était soigné comme par les mains du plus habile jardinier. — Les allées bien sablées et irréprochablement rectilignes, couraient entre des bordures de buis d'une correction mathématique. — Des fleurs simples, mais très-variées et de la plus belle venue, remplissaient les plates-bandes et réjouissaient le regard par la vivacité de leurs couleurs.

Une vigne vierge aux larges feuilles d'un vert éclatant grimpait le long de la façade en briques rouges du pavillon, et formait à chaque fenêtre un encadrement de festons.

Pauline Talbot, aussitôt qu'elle eût dépassé la porte du jardin, se mit à courir, comme un enfant qu'elle était encore, laissant madame Audouin derrière elle...

Son mantelet de soie s'envola de ses épaules et tomba sur le sable, sans qu'elle prit la peine de le ramasser...

Avec la gracieuse rapidité d'une gazelle, elle pénétra dans le pavillon, elle ouvrit la porte d'une pièce servant de salon et elle s'élança dans les bras d'un vieillard qui lui rendit ses caresses avec une effusion toute paternelle...

La jeune fille était véritablement digne de faire tourner la tête d'un roi, ainsi que nous avons entendu Lorrain l'affirmer.

Un portrait écrit ne saurait en aucune façon donner à nos lecteurs une idée exacte de sa beauté souveraine et de son charme incomparable.

Agée de seize ans, grande et mince, avec une taille souple et des formes encore un peu grêles, mais déjà délicieusement féminines, Pauline Talbot avait l'air, tout à la fois, d'une enfant rieuse et d'une jeune reine.

Une opulente et merveilleuse chevelure du blond cendré le plus doux et le plus rare, couronnait sa petite tête au front grec et semblait la fatiguer du poids de ses nattes et de ses torsades. — Son teint offrait la blancheur du lys unie à l'éclat faiblement pourpré des roses naissantes. — Ses yeux noirs et ses sourcils bruns formaient le contraste le plus inattendu et le plus piquant avec l'or pâle de ses cheveux, qu'elle avait le bon goût de porter sans poudre.

Ses lèvres, rouges comme du corail humide, et presque constamment écartées par le sourire, laissaient voir des dents éblouissantes.

En contemplant ce radieux visage d'une distinction incomparable, en voyant la candeur assise sur ce jeune front, et la bonté touchante écrite dans ces yeux si purs, on comprenait que le front pouvait s'entourer soudain d'une auréole de fierté, et que les yeux sauraient lancer, malgré leur douceur, des éclairs de colère ou de mépris...

Pauline avait des mains de duchesse, et des pieds trop petits pour la pantoufle de Cendrillon...

Monsieur Talbot ressemblait à Pauline autant qu'un vieillard peut ressembler à une jeune fille.

Il était grand, et sa taille, quoiqu'un peu courbée par l'âge, restait majestueuse encore. — Ses cheveux, blancs comme la neige et qu'il portait roulés sur les tempes, selon la mode du temps, encadraient le haut d'une figure pâle, remarquablement belle autrefois, mais dont les rides innombrables et prématurées — (monsieur Talbot n'avait pas plus de soixante ans) — présentaient les stigmates irrécusables laissés par de longues douleurs et de profonds chagrins.

Monsieur Talbot avait en effet beaucoup souffert; — nous ne tarderont point à savoir pourquoi.

Son visage dévasté conservait une expression, sinon hautaine et dédaigneuse, du moins imposante et pleine de noblesse. — Son regard, plein de droiture et de loyauté, exprimait souvent la tristesse; — il souriait rarement et son sourire n'était exempt d'amertume que lorsqu'il regardait sa fille.

Les vêtements d'intérieur de monsieur Talbot, comme ses habits de promenade, étaient d'une propreté irréprochable, mais d'une simplicité voisine de la pauvreté.

Le mobilier de l'humble logis ressemblait au costume du maître; il était décent, mais surtout modeste, à l'exception de deux au trois meubles, anciens déjà, d'une suprême élégance et d'une valeur considérable, débris d'une opulence disparue, épaves sauvées d'un grand naufrage....

Le petit salon dans lequel Pauline venait de rejoindre son père était plein de lumières, et semblait presque somptueusement paré, grâce aux joyeux rayons du soleil couchant qui se glissait, sans façon, par la fenêtre ouverte, en hôtes certains d'être bien accueillis, et, grâce surtout à de grands vases remplis des plus belles fleurs du jardin.

— Eh bien, chère enfant — demanda monsieur Talbot à sa fille après l'avoir embrassée à plusieurs reprises — qu'as-tu donc fait de cette bonne madame Audouin?

Pauline allait répondre, mais la digne gouvernante ne lui en laissa pas le temps.

— Me voici... me voici... — dit-elle d'une voix essoufflée

apparaissant dans l'encadrement de la porte — J'étais un peu en arrière... — Que voulez-vous, ce n'est pas ma faute... je n'ai plus mes jambes de seize ans, comme notre chère fille, et puis il m'a fallu m'arrêter dans le jardin et ramasser cette mante que la petite folle abandonnait pour arriver plus vite auprès de son père... — Ah! quelle enfant! bonté divine, quelle enfant!

— Allons, allons, ma bonne Audouin, ne gronde pas... — répliqua Pauline en riant : et elle quitta monsieur Talbot pour aller embrasser la gouvernante, courte et massive personne chargée d'années et d'embonpoint, dont la figure ronde, aux traits vulgaires et incorrects, était cependant agréable et sympathique, tant les rayonnements d'une belle âme l'illuminaient.

La jeune fille revint ensuite au vieillard; elle s'assit à côté de lui, elle lui prit les deux mains, elle le regarda dans les yeux avec une expression tendre et câline, et elle lui dit :

— Bon père, j'ai quelque chose à te demander...
— Quelque chose que tu désires que je fasse ?
— Oui.
— Eh bien! parle, chère enfant, — répliqua monsieur Talbot — et tu sais bien que, s'il est en mon pouvoir de te satisfaire, je serai plus heureux que toi...

Pauline récompensa par un baiser ces encourageantes paroles, puis elle reprit :

— Il faut d'abord que je t'apprenne qu'aujourd'hui notre bonne ville de Paris n'a pas du tout sa physionomie habituelle. — Tu as eu bien tort de rester à la maison au lieu de venir avec nous à la Place-Royale! — les rues regorgent de monde et les passants semblent tout joyeux : Les femmes sont parées, les hommes ont mis leurs plus beaux habits; — on rit — on chante — on s'embrasse, — il y a des drapeaux aux fenêtres et chacun prépare des lampions et des lanternes de toutes les couleurs pour l'illumination de ce soir.

4

— Ce que tu me dis là n'a rien qui m'étonne... — interrompit monsieur Talbot — aujourd'hui c'est fête à Paris, et grande fête en l'honneur du mariage de monseigneur le Dauphin...

— Puisque tu sais cela, bon père, sais-tu aussi de quoi tout le monde s'occupe, partout, sans exception dans les rues, sur la Place-Royale, et jusque dans la cour de notre maison?...

— Non, en vérité... — répondit le vieillard.

— Eh bien, il n'est question que du feu d'artifice qui sera tiré ce soir, à neuf heures précises, sur la place Louis XV, en présence du roi, du Dauphin, de la Dauphine et de toute la Cour.

X

LE DÉSIR DE PAULINE.

— Ah! ah! — fit monsieur Talbot en souriant, — il paraît que ce feu d'artifice alimente très-activement les discours des cent voix de la Renommée.

— Oui, bon père, et n'y a-t-il pas de quoi?... — Chacun dit, chacun répète, que depuis la création du monde jusqu'à ce jour, 30 mai 1770, jamais spectacle aussi merveilleux que celui dont les Parisiens jouiront ce soir, n'a été offert aux regards éblouis des simples mortels.

— Ne pourrait-on soupçonner là-dedans quelque peu d'exagération? — demanda le vieillard.

— De l'exagération! — s'écria Pauline, — pas la moindre! — Deux dames causaient ensemble, tout à l'heure, sur un banc à côté de nous. L'une d'elle est allée ce matin, avec un des échevins de la ville, visiter les préparatifs de la place XV, et elle racontait à son amie ce qu'elle avait vu. — Je ne puis te répéter tout ce qu'elle disait, mais je sais bien que j'en avais la tête tournée, et qu'il me semblait entendre la lecture d'un conte de fée... Bref, bon père, depuis ce moment-là je suis folle...

— Eh bien ! chère Pauline, comment te guérir de ta folie ?

— Oh ! le remède n'est pas difficile à trouver...

— Pour toi qui le connaît, oui, sans doute... — mais moi je l'ignore, et je t'engage à me l'indiquer.

— Ceci nous amène tout droit à la requête qu'il faut que je t'adresse, et que je te supplie d'accueillir.

— Et cette requête ?

Pauline embrassa son père, puis, d'une voix que la violence de son désir et la crainte d'un refus rendait un peu tremblante, elle murmura :

— C'est de me conduire ce soir au feu d'artifice...

Monsieur Talbot, en entendant sa fille formuler une demande à laquelle il était loin de s'attendre, ne put empêcher une vive contrariété de se peindre sur son visage.

Il fronça le sourcil et il hésita avant de répondre.

Pauline, jugeant habile de combattre à l'instant même cette hésitation, se hâta d'ajouter :

— Bon père, tu sais que je ne te demande jamais rien, que je me trouve la plus heureuse fille du monde auprès de toi et de l'excellente madame Audouin, et que je ne regrette ni notre fortune, ni notre hôtel, ni nos carrosses...
— Songe cependant, qu'étant petite fille, j'avais des plaisirs continuels, des distractions de chaque jour, songe que rien de tout cela n'existe plus aujourd'hui, et accorde-moi la seule chose qui, dans notre vie nouvelle, m'inspire le plus ardent désir que j'aie éprouvé jamais.

Monsieur Talbot poussa un profond soupir.

— Tu as raison, chère fille, — dit-il lentement et avec une évidente mélancolie, — moi qui te devais une fortune et qui n'ai pas su la conserver pour toi, je serais coupable en te refusant les seules joies qu'il me soit encore possible de te donner.

Dans ces paroles un peu tristes, Pauline ne vit qu'une seule chose : le consentement de son père.

— Ah! — s'écria-t-elle avec une joie enfantine, — quel bonheur! — tu n'as pas refusé!... — Je te remercie de tout mon cœur, et je vais t'embrasser cent fois?...

— Je n'ai ni refusé ni consenti, chère Pauline, — répliqua monsieur Talbot, — tu décideras toi-même, et je ferai ce que tu voudras, quand tu sauras pourquoi j'hésitais, et quand tu m'auras répondu.

— Alors, bon père, parle vite, je t'en conjure... — J'attends ce que tu vas me dire avec une impatience dont tu n'as pas d'idée...

— La pensée de te conduire la nuit, au milieu d'une foule immense, m'inquiète et m'épouvante, je l'avoue.

— Pourquoi donc?

— Je ne suis plus jeune... — les chagrins m'ont usé plus encore que les années, et si tu courais un danger quelconque, la force me manquerait pour te faire respecter et pour te défendre.

— Eh, bon Dieu! quel danger pourrais-je courir?

— Ne sais-tu pas que des gens mal intentionnés se glissent partout où il y a de grands rassemblements?

— Je comprends cela très-bien, mais nous aurons soin de nous tenir à l'écart de ces rassemblements dont vous parlez.

— Si nous nous tenons à l'écart, — répliqua monsieur Talbot, — tu ne verras absolument rien que les têtes des innombrables spectateurs placés devant toi.

— C'est ce qui vous trompe, bon père, dit vivement Pauline avec un petit ton de suffisance qui fit sourire le vieillard, — j'en sais plus long que vous là-dessus, voyez-vous... — Cette dame qui parlait à son amie était au fait de toutes choses, et je n'ai pas perdu un mot de ce qu'elle a dit.

— Dans ce cas, chère enfant, partage ta science avec moi.

— Très-volontiers. — Vous n'ignorez pas qu'on bâtit en ce moment une rue neuve qui conduira depuis les boulevards à la place Louis XV.

— Tu peux ajouter que cette rue sera large et belle, et qu'elle se nommera la rue Royale.

— Eh bien ! des entrepreneurs ont eu la bonne idée d'établir, tout le long des maisons nouvellement construites, de grands échafaudages en forme de gradins et de tribunes. On pourra monter sur ces échafaudages moyennant une redevance de cinq sous par personne, ce qui vraiment n'est pas trop cher. Ils suffiront à un nombre infini de spectateurs, tout le monde sera bien placé, on dominera la foule sans être confondu avec elle, et rien n'empêchera de jouir, dans toute sa splendeur, du coup-d'œil magique du feu d'artifice... — Qu'est-ce que tu dis de cela, bon père ?

— Je dis que tu as réponse à tout, que tu bats en brèche mes objections l'une après l'autre, et que je n'hésite plus à t'accorder ce que tu souhaites si vivement.

— Et vous me l'accordez sans regret ?

— Sans regret et avec un plaisir extrême.

Pauline frappa dans ses mains, embrassa son père, courut chercher sa gouvernante, lui raconta triomphalement la grande nouvelle et ajouta d'un air transporté :

— Je suis si contente, vois-tu, si contente, que volontiers je danserais de joie, et pour que la fête soit complète, tu viendras avec nous, ma bonne Audouin.

La petite femme, tout en partageant l'allégresse de Pauline, déclina la proposition.

Elle n'était point de complexion curieuse, et son lit lui paraissait mille fois préférable à tous les feux d'artifice de la terre.

Pauline revint à monsieur Talbot.

— Bon père, — dit-elle, — je mettrai la robe neuve que tu m'as donnée au jour de l'an. Je serai très-belle, pour

4.

te faire honneur. — Dans combien de temps partirons-nous ?

— Quand tu voudras, mais rien ne nous presse, puisqu'il est six heures à peine et que le feu d'artifice se tire à neuf heures.

— C'est parfaitement vrai, seulement il s'agit d'être bien placé, par conséquent il ne faut pas se mettre en retard. — Nous allons dîner, je m'habillerai vite... — il sera sept heures, et nous nous mettrons en route... — d'ici à la place Louis XV la distance est longue, et si nous arrivons les premiers, tant mieux. — Est-ce convenu, bon père ? dis-tu oui ?...

— Les ordres de mon joli tyran seront exécutés... — répondit le vieillard en souriant.

Le dîner fut court, car l'ordinaire de l'humble ménage était des plus simples. — La femme du petit portier picard venait, chaque après-midi, apprêter l'unique plat destiné à figurer sur la table de monsieur Talbot et de sa fille.

Pauline n'employa pas plus de cinq minutes à sa toilette. — Elle revêtit la fameuse robe du jour de l'an, — une petite robe grise et rose, peu coûteuse, mais très-jolie. — Elle s'enveloppa dans sa mante noire, puis, fraîche, charmante, rayonnante, et naivement coquette, comme le sont les plus innocentes des filles d'Eve, elle vint demander à son père :

— Comment me trouves-tu ?

— Jolie à ravir ! répliqua le vieillard dont les yeux s'illuminèrent d'orgueil paternel.

— Alors, donne-moi ton bras et partons. — Bonsoir, ma bonne Audouin, bonsoir... — je te souhaite des rêves merveilleux, ils ne seront jamais aussi beaux que ce que nous allons voir tout à l'heure...

Un instant après, monsieur Talbot et Pauline quittèrent la rue de Vendôme.

Une foule joyeuse et bruyante encombrait les boulevards,

et marchant dans le même sens, comme les eaux d'un fleuve, se dirigeait vers la place Louis XV.

— Tu vois bien qu'il n'était que temps ! — s'écria la jeune fille, — nous n'arriverons pas les premiers !

Le vieillard jeta un coup-d'œil sur ces masses profondes qui venaient de se refermer derrière lui et derrière Pauline, les enveloppant de toutes parts et rendant la retraite impossible.

Il soupira. — Une involontaire et vague inquiétude le dominait, et il se dit tout bas :

— J'aurais mieux fait de ne pas céder.

?

Rejoignons Roland de Lascars.

Il était environ huit heures du soir au moment où ce gentilhomme dégradé fit son apparition sur la place Louis XV, près des bâtiments du garde-meuble.

Ses amis les plus intimes auraient eu peine à le reconnaître, si le hasard les avait placés face à face avec lui.

Une légère couche de bistre, étendue sur son visage, lui donnait le teint et la physionomie d'un mulâtre. — Il portait un vieil uniforme militaire, fané, fripé, rapé, et n'appartenant à aucun des corps de l'armée française. — De petites épaulettes en or noirci pendaient sur ses épaules. — Le baron offrait l'apparence exacte, sous ce déguisement, d'un des officiers d'aventures qui, à cette époque, après avoir couru le monde, et pris du service aux Grandes-Indes, revenaient en France, affamés, sans un sou, et très-disposés à traiter leur propre patrie en pays conquis.

Une longue et forte épée de combat, suspendue à un baudrier solide, occupait à son côté la place de l'épée de parade brisée chez Cydalise la nuit précédente, par le marquis d'Hérouville.

Les basques larges de la veste de drap rouge dissimulaient deux petits pistolets passés dans une ceinture de cuir. — L'ensemble du costume était misérable et respirait le délabrement, ce qui n'empêchait point les poches du baron d'être gonflées de louis.

Une heure devait s'écouler encore avant que le signal, parti d'une main auguste, fît éclater les premières fusées. L'espace réservé au public sur la place Louis XV était déjà couvert de monde, et la foule, affluante par toutes les issues, augmentait de seconde en seconde et venait s'entasser sur un même point.

Le ciel nuageux rendait l'obscurité profonde, mais des guirlandes de lanternes et des files de lampions, disposées sur tous les points, dissipaient les ténèbres et inondaient de clartés bizarres et vacillantes cet océan de têtes humaines.

Une seule partie de la place restait sombre, à l'extrémité la plus voisine de la Seine. — C'était l'enceinte réservée où s'élevaient les charpentes immenses du feu d'artifice qui devait bientôt embraser le ciel de ses feux mouvants. — On voyait les pâles lueurs de quelques fallots aller et venir, paraître et disparaître parmi cette étrange forêt de piliers et de mâts.

Sur les bas-côtés de la place, près des Champs-Elysées d'une part, et de l'autre, près du pont tournant, s'ouvraient dans le sol de profondes coupures, de larges excavations, destinées à recevoir les fondements de constructions projetées.

Ces gouffres béants avaient été la veille, par les soins des entrepreneurs, entourés de balustrades sur la solidité desquelles on croyait pouvoir compter.

Instinctivement la foule cherchait à s'éloigner de ces balustrades qu'elle entendait craquer sous la moindre pression.

XI

LE PROLOGUE DU DRAME.

Le baron de Lascars consulta sa montre, elle marquait huit heures et quart.

— J'ai du temps devant moi, — murmura-t-il, — je puis affronter la cohue... j'en sortirai toujours avant que la tragédie commence...

Il allait s'enfoncer résolument dans la foule, quand il lui sembla sentir une légère secousse aux environs de son gousset.

Il y porta la main.

Sa montre venait de disparaître.

Il regarda devant lui, et il se vit en face d'un grand gaillard de vilaine mine, qui sifflottait et tournait ses pouces d'un air indifférent et dégagé.

— Bon ! — pensa Lascars en souriant, — voilà qui se trouve à merveille.

Il se pencha vers le personnage patibulaire et il lui dit tout bas :

— *Je viens du Nord et j'arrive à Versailles.*

L'homme, sans manifester le moindre étonnement, répondit :

— *Je suis de noce et je vais au feu.*

Puis il ajouta :

— Tiens, vous en êtes, mon officier ! — si j'avais su je ne l'aurais pas prise, — on se doit des égards entre confrères... — Faut-il vous la rendre ?

— Inutile, — répliqua Lascars.

— Comme ça, vous me la donnez ? — grand merci !

— Oui, je te la donne, mais à une condition...

— Laquelle ?

— C'est que tu vas me dire où se trouve Huber en ce moment.

— Rien de plus facile. — Quand j'ai quitté le maître, il n'y pas dix minutes, il était avec Macaroni, à deux cents pas d'ici, sur la droite, à l'angle du fossé, auprès de ce poteau qui porte un gros lampion, il doit y être encore, mais vous aurez plus de peine que vous ne croyez à arriver jusqu'à lui, — plus l'on avance et plus c'est épais ! — c'est tout au plus si une couleuvre viendrait à bout de se faufiler là-dedans.

— Eh bien ! peut-être pourras-tu m'apprendre ce que j'ai besoin de savoir.

— Si je le peux, regardez la chose comme faite.

— Etais-tu, hier au soir, au cabaret de Sauvageon ?

— J'y étais... je suis un des dix lapins. — Bergamotte, pour vous servir...

— Alors, tu dois savoir si les ordres donnés à Huber sont exécutés.

— Je sais que les escouades, au grand complet, se trouvent présentement sur la place où nous sommes, bien en ordre, aux bons endroits, et que tout à l'heure on rira. — Est-ce ça qu'il vous faut ?

— Oui.

— Vous n'avez pas autre chose à me demander ?

— Pas autre chose, et comme tu me parais un gaillard intelligent, prends ces deux louis et bois-les à ma santé quand la besogne sera faite !

— Dieu bénisse la main qui m'étrenne ! — répliqua Bergamotte en empochant l'argent, — mon officier, je garderai votre montre toute ma vie afin de n'oublier jamais l'heure où je viens d'avoir l'avantage de faire votre connaissance.

Les courts renseignements donnés par le coquin en sous ordre suffisaient à Lascars. — Huber, ses lapins et ses bandits étaient là, n'attendant que le signal. — Donc rien ne pouvait plus empêcher le drame nocturne de dérouler ses péripéties sanglantes.

En conséquence, le baron ne donna point suite à sa première idée, et au lieu de s'enfoncer au plus épais de la multitude, il battit en retraite jusqu'à l'angle de la nouvelle rue Royale, et il s'adossa à l'une des colonnes qui soutiennent, aujourd'hui encore, les bâtiments du garde-meuble.

Là, il rabattit sur ses yeux l'une des cornes de son vieux chapeau lampion, afin de maintenir dans l'ombre la partie supérieure de son visage ; il croisa ses bras sur sa poitrine et il attendit.

Tandis que la foule s'entassait sur la place Louis XV, un prodigieux désordre et une dangereuse confusion régnaient dans la rue Royale que bordaient sur toute l'étendue de son parcours, les échafaudages dont nous avons entendu Pauline Talbot parler à son père.

Cette voie, cent fois' trop étroite malgré sa largeur, en une telle occurence, était encombrée non-seulement par la masse grossissante des piétons, mais encore et surtout par les equipages des dames de la cour et des gens de qualité qui se rendaient aux loges construites pour eux à l'entrée des Champs-Elysées, ou qui gagnaient l'hôtel magnifique nouvellement construit à côté du garde-meuble pour monsieur de La Reynière, fermier général, lequel avait mis ses fenêtres à la disposition de nombreux invités appartenant au plus grand monde.

On devine quel terrible et effrayant pêle-mêle devaient produire ces carrosses massifs, ces chevaux excités par le bruit et les clameurs, piaffant au milieu d'une cohue qui ne parvenait point à s'entr'ouvrir pour leur livrer passage...

Déjà des femmes et des enfants venaient d'être écrasés sous les roues ou foulés aux pieds ; — déjà des affiliés au hideux complot coupaient les traits des attelages afin d'augmenter le désordre ; des misérables déguisés en soldats par des uniformes d'emprunt, lardaient à coups d'épée le poitrail des chevaux pour les contraindre à reculer ; des hommes du peuple se jetaient à leurs naseaux, saisissaient les guides et s'efforçaient de faire retourner les voitures en arrière. — Les roues s'accrochaient, — les cochers juraient et distribuaient des coups de fouets à droite et à gauche, — les laquais mettaient l'épée à la main, — la populace avinée et furibonde chargeait d'injures les seigneurs et les belles dames...

Ceci, d'ailleurs, n'était encore qu'un prologue, et c'est à peine si ce prologue faisait prévoir les horreurs du drame imminent...

Monsieur Talbot et Pauline, entraînés par le flot qui s'était emparé d'eux presqu'au sortir de leur paisible demeure, avaient parcouru la ligne des boulevards toute entière, sans accident, sinon sans angoisses.

Les instinctives terreurs du vieillard augmentaient à chaque pas, et la jeune fille, étonnée d'abord, puis inquiète de se voir captive entre des murailles vivantes, de se sentir enveloppée et effleurée de tous côtés par des inconnus, commençait à partager ces terreurs dans une certaine mesure...

Elle ne songeait plus guère au feu d'artifice, et volontiers elle aurait donné beaucoup pour se retrouver assise à la porte du pavillon de briques rouges, sous les tilleuls du petit jardin...

Monsieur Talbot maudissait de tout son cœur la faiblesse avec laquelle il avait cédé follement aux désirs de son enfant chérie.

Vingt fois, chemin faisant, il eut la pensée de ne pas aller plus avant, de faire volte-face et de regagner sa demeure avec Pauline, mais un regard jeté autour de lui suffisait pour lui prouver combien un tel projet était irréalisable ! — Autant aurait valu entreprendre, dans un frêle esquif, de remonter le cours des cataractes du Niagara !..

La foule allait droit devant elle, occupant toute la largeur des boulevards, semblable à un fleuve majestueux coulant à pleins bords entre des quais de granit...

Dans sa marche lente, mais continue, la force d'impulsion acquise était capable de lui faire renverser tous les obstacles, si quelque obstacle se fut opposé à son passage.

A la hauteur de la porte Saint-Denis, un homme tomba, foudroyé par l'apoplexie (1).

Ceux qui marchaient immédiatement derrière lui voulurent faire halte afin de relever le corps inanimé du moribond. — Ce fut une tentative inutile. — Le flot ne s'arrêtait pas, les profondes colonnes avançaient sans cesse, les foules succédaient aux foules, paralysant toute résistance individuelle, rendant impossible le temps d'arrêt même le plus court...

A peine le cadavre avait-il touché le sol qu'il fut submergé, et la multitude passa sur lui, le broyant sous ses pieds, comme au champ de bataille, les escadrons qu'emporte le galop rapide passent sur les soldats tombés...

Cependant, et après une marche d'une heure qui leur parut longue comme un siècle, Pauline et son père atteignirent l'entrée de la rue Royale.

Là commençaient les échafaudages, là s'étalaient les gradins construits par la spéculation et offrant au public un nombre considérable de banquettes étroites, disposées en manière d'amphithéâtre.

Monsieur Talbot respira et son âme oppressée se fondit en une fervente action de grâce.

Désormais le danger — croyait-il — n'existait plus, puisqu'il devenait possible d'échapper aux redoutables étreintes du serpent populaire.

Déjà les gradins étaient singulièrement encombrés de spectateurs payants ; — néanmoins le vieillard vint à bout, moyennant une rétribution relativement considérable, de faire placer sa fille et de se placer lui-même auprès d'elle.

La *hausse* se manifestait depuis une heure, et le prix d'entrée, fixé dans l'origine à la modique somme de cinq sous, atteignait maintenant le chiffre de trois livres.

(1) Tous les détails que nous donnons sont historiques.

— Nous sommes désormais hors d'affaire, — se dit monsieur Talbot, — et je jure bien de ne plus exposer Pauline aux risques que nous venons de courir ! Dussions-nous passer la nuit entière sur cet échafaudage, nous ne quitterons l'endroit où nous sommes que lorsque les rues seront libres et la circulation facile !..

Pauline oubliait ses terreurs passées et s'abandonnait naïvement à la joie du plaisir promis...

 ⁂

Neuf heures sonnèrent à l'horloge de l'hôtel des Invalides.

Un coup de canon retentit sur l'esplanade...

En même temps une traînée de feu s'échappant de la loge où se trouvait la famille Royale, s'épanouit dans les airs.

Marie-Antoinette, de sa main blanche et fine, de cette main destinée à porter tour à tour le sceptre des reines de France et la palme des martyres, venait d'enflammer la première fusée...

A ce signal attendu, la foule répondit par une acclamation retentissante comme le tonnerre, et par un immense battement de mains...

— Applaudissez, peuple de fous ! — murmura Roland de Lascars, toujours adossé à l'une des colonnes du Garde-Meubles, — réjouissez-vous ! acclamez vos rois ! Tout à l'heure la joie et l'enthousiasme céderont la place aux plaintes et aux malédictions ! tout à l'heure vous grincerez des dents !..

La fête commençait ! — des milliers de pétards éclataient avec fracas comme la mousqueterie de vingt régiments ! — des gerbes flamboyantes tourbillonnaient, se croisaient à travers l'espace, et semblaient monter jusqu'aux profondeurs infinies du firmament...

Dans l'espace réservé autour des carcasses gigantesques

de l'édifice pyrotechnique, espace défendu contre les envahissements de la foule par de solides barrières et par une double rangée de garde-françaises, les artificiers en sous-ordre, armés de lances à feu, allaient et venaient, prêts à se porter sur tous les points pour exécuter les instructions de leur chef.

Deux de ces hommes se rapprochèrent, — ils étaient pâles, et leurs yeux brillaient d'un fiévreux éclat, — ils ne firent que passer l'un à côté de l'autre et ils échangèrent rapidement et à voix basse ces quelques mots :

— Est-il temps d'agir ?
— Oui.
— A l'œuvre, donc !
— A l'œuvre !

Le premier disparut derrière la statue de Louis XV, parmi les échafaudages qui soutenaient le bouquet gigantesque.

Le second se dirigea vers des caissons remplis de plusieurs centaines de fusées destinées à jouer leur rôle tour à tour après les pièces principales, et à occuper les entr'actes.

Quelques minutes s'écoulèrent.

Soudain une clarté fulgurante, comparable pour l'éclat et l'intensité à cette lumière électrique que la science moderne fait jaillir de deux morceaux de carbone, illumina non-seulement la place Louis XV, mais rayonna sur les Champs-Elysées et sur Paris entier...

XII

LE DRAME.

En même temps une véritable trombe de feu jaillit vers le ciel avec un formidable accompagnement de coups de canons, et de grandes flammes rouges, d'un effet sinistre, flammes d'incendie ne faisant point partie du feu d'artifice, enveloppèrent de toutes parts la statue équestre du roi.

Le bouquet, — qui ne devait être tiré que beaucoup plus tard, — éclatait, et les toiles peintes, ajustées sur des charpentes et formant la décoration architecturale du *temple de l'hymen*, étaient embrasées.

Une main malfaisante venait de causer ce désastre, il était impossible d'en douter. — L'artificier en chef s'arrachait les cheveux et poussait des rugissements de douleur et de colère...

La foule des curieux, au contraire, prenant l'incendie du temple pour une circonstance de spectacle, et trouvant splendide l'éruption du volcan, se remit à battre des mains.

Cette joie fut de courte durée.

Une mèche à feu s'approcha des caissons dont nous avons parlé et qui regorgeaient de fusées volantes.

Ces fusées s'animèrent aussitôt, comme une cohorte de reptiles ailés et flamboyants... — Elles prirent leur vol, entraînant avec elles les lourdes baguettes qui leur servaient de contre poids, mais au lieu d'opérer leur ascension en ligne perpendiculaire, pour accomplir ensuite dans l'espace d'élégantes paraboles, elles s'élancèrent horizontalement, semant une pluie brûlante d'étincelles sur les têtes effarées, enfin meurtrissant et tuant ceux qu'elles heurtaient au passage, et faisant explosion au plus épais des masses.

Il n'en fallait pas tant pour porter l'épouvante à son paroxisme.

Cette épouvante devint du délire lorsque soudain, sur tous les points de la place Louis XV, on entendit des clameurs féroces se mêler aux cris de terreur et les dominer ; — lorsqu'on vit des hommes à visages de bandits, faire étinceler les lames nues de longs couteaux, commencer le pillage et menacer d'une mort immédiate quiconque tenterait de leur résister.

Les lapins de maître Huber et leurs dignes accolytes se mettaient à la besogne !

Alors commencèrent des scènes à tel point effrayantes et

monstrueuses que devant elles la pensée recule avec horreur... en présence de souvenirs de cette nature le roman doit se taire et céder la place à l'histoire.

Les témoins oculaires, dont les mémoires du temps nous ont conservé les notes, racontent les tragiques événements de la nuit du 30 mai avec une simplicité, et en même temps avec un pathétique, que ne sauraient surpasser les récits les plus habilement composés au point de vue de l'intérêt dramatique.

Nous renvoyons donc nos lecteurs aux chroniques de la fin du dix-huitième siècle, et nous allons nous borner à tracer un rapide précis des faits principaux.

La foule, assaillie à la fois par les fusées et par les bandits, par le feu et par le fer, essaya de fuir, et cent mille personnes se tournèrent à la fois vers la rue Royale... un grand nombre n'y devaient jamais arriver vivantes !

Nous avons parlé des garde-fous placés par les ordonnateurs de la fête autour des excavations profondes subsistant sur les bas côtés de la place Louis XV. — Ces garde-fous, trop faibles pour résister longtemps à la pression formidable que les masses exerçaient sur eux, se rompirent.

Alors, des centaines de malheureux s'engloutirent au fond des gouffres et s'y brisèrent, en poussant des cris d'agonie et des gémissements désespérés.

De minute en minute, de seconde en seconde, à chaque mouvement des flots populaires, le nombre des victimes augmentait ; — des monceaux de cadavres s'ajoutaient aux cadavres ; des corps meurtris et palpitants grossissaient l'hécatombe humaine.

La nouvelle de ces engloutissements effroyables, se répandit en quelques secondes d'un bout à l'autre de la place.

Alors le tumulte et la confusion, qui semblaient cependant avoir atteint leur apogée, grandirent encore...

. Dans la crainte d'être poussés par le courant du côté des

excavations meurtrières, un grand nombre de spectateurs, inoffensifs jusqu'à ce moment, mais n'écoutant plus que l'instinct égoïsme et souvent féroce de la conservation — mirent l'épée à la main, frappèrent tous ceux qui les pressaient, et se frayèrent une route sanglante vers un salut douteux.

Au milieu de cette confusion épouvantable, les bandits faisaient leur œuvre et travaillaient en conscience... — excités par l'eau-de-vie, par la soif du gain, par les ordres qu'ils avaient reçu, et aussi par leur brutalité naturelle, ils poignardaient les hommes avant de les dépouiller ; — ils arrachaient les oreilles des femmes pour s'emparer des anneaux d'or et des pendeloques de pierres précieuses, ils leur fendaient la gorge en coupant les colliers, ils leur tranchaient les doigts pour s'emparer plus sûrement des bagues. — Un grand nombre de malheureuses moururent, après plusieurs jours de souffrances, des suites de ces horribles blessures (1).

Ces scènes de violence ne se concentraient point dans l'enceinte de la place Louis XV ; — elles se continuaient dans les rues, sur les ponts, et jusque dans les Champs-Elysées, où l'on assassina des femmes, des enfants, des vieillards !

. . . .

Nous avons laissé Pauline Talbot et son père, tranquilles et se croyant en sûreté, sur l'un des échafaudages de la rue Royale...

Lorsqu'éclatèrent les premières clameurs qui précédaient la catastrophe, lorsque la boucherie commença, lorsque le souffle de la mort passa visiblement sur la multitude déci-

---

(1) Tous ces détails sont de la plus rigoureuse exactitude historique. Deux grandes dames, entre autres, la marquise d'Albert et la comtesse de Renti, furent montées par une fenêtre dans l'hôtel de M de la Reynière. La marquise avait la gorge fendue profondément. La comtesse avait les deux oreilles arrachées.

(Note de l'auteur.)

mée, la jeune fille, tremblante, éperdue, se serra contre son père, comme pour chercher dans ses bras un asile inviolable, cacha dans ses deux mains son visage baigné de larmes et s'efforça de fermer ses oreilles aux plaintes déchirantes, aux cris d'angoisse, aux râles d'agonie qui lui brisaient le cœur.

Monsieur Talbot dont l'un des bras, passé autour des épaules de sa fille, la soutenaient en l'enveloppant, sentit tout à coup le corps souple de la pauvre enfant frissonner et se raidir.

Il regarda Pauline.

Elle était plus pâle qu'un linceul, — ses paupières battaient de l'aile sur ses pupilles renversées. On eût dit que la vie allait l'abandonner.

— Ma Pauline, ma fille chérie... — s'écria le vieillard avec épouvante — que se passe-t-il en toi ? souffres-tu ?.. — soutiens-toi !.. — reprends courage !.. — le spectacle auquel nous assistons est affreux, mais le danger n'est pas pour nous...

— Mon père... — balbutia la jeune fille... — mon père, je me sens mourir... — Oh ! pourquoi, pourquoi sommes-nous venus ?

Monsieur Talbot allait répondre.

Il n'en eut pas le temps.

Une de ces terreurs paniques et sans cause immédiate, qui s'emparent des foules, à certaines heures, aussi bien que des armées en déroute, affola soudainement les spectateurs placés derrière lui et à ses côtés sur l'estrade.

Tous, par un mouvement irréfléchi, se précipitèrent en avant, comme si les hautes murailles neuves auxquelles s'adossait l'échafaudage, allaient s'écrouler sur eux...

Une terrible oscillation résulta du brusque déplacement de plusieurs centaines de personnes.

On entendit craquer les poteaux de l'estrade ; les planchers mal assemblés se disjoignirent ; — l'équilibre était rompu ; l'échafaudage tout entier s'abattit, écrasant les blessés et les fugitifs, entassés dans la rue Neuve, et ensevelissant sous ses débris presque tous les voisins de monsieur Talbot et de Pauline.

Le vieillard et sa fille, plus favorisés que ces malheureux, sans doute parce qu'ils occupaient des places du premier rang, se trouvèrent lancés à une assez grande distance ; — ils tombèrent debout ; — la violence de la secousse, il est vrai, les renversa au moment où ils touchaient le sol, mais ils roulèrent sur un amas de cadavres ; — leur chute en fut amortie et, surpris de se revoir vivants et sans blessures, ils s'entr'aidèrent à se relever.

Echappés par une sorte de miracle à ce danger mortel, le père et la fille étaient bien loin cependant d'être sauves... d'un instant à l'autre ils pouvaient être écrasés sous les sabots des chevaux affolés qui se débattaient dans une mêlée sans nom, ou foulés aux pieds par les fuyards, ou frappés par les égorgeurs.

En moins d'une seconde, monsieur Talbot envisagea sous toutes ses faces cette situation quasi-désespérée. — La pensée qu'il ne pouvait rien pour sa fille lui serra le cœur comme une tenaille d'acier ; — il voulut tenter cependant un suprême effort, et, jetant un rapide regard autour de lui, il entrevit une chance de salut...

A vingt pas à peine, derrière l'endroit où s'élevait un instant auparavant l'échafaudage écroulé, s'ouvrait une ouverture béante et sombre.

C'était la porte cochère de l'un des hôtels en construction dans la rue Royale... Cette porte, démasquée par la chute des estrades, donnait accès dans un large espace, encombré de pierres de taille et de matériaux de toutes sortes, lieu d'asile sûr où le péril n'existerait plus...

Mais ce lieu d'asile, comment l'atteindre ? Comment franchir avec Pauline la montagne de débris, de mourants et de morts qui s'élevait en travers de la rue comme une barricade insurmontable ?

C'était, pour le vieillard, une entreprise presque irréalisable... il l'essaya pourtant ; il dit à sa fille :

— Mon enfant, tout n'est pas perdu... rappelle ton courage... rassemble tes forces et suis-moi ! Dieu nous aidera.

Puis, saisissant Pauline par la main, il s'élança avec elle parmi les décombres, monstrueux assemblage de charpentes brisées et de cadavres sanglants...

Il en atteignit le faîte, soutenant toujours la jeune fille frissonnante, à demi-morte, qui poussait des gémissements et des cris d'horreur en sentant palpiter sous ses pieds les membres des infortunés qu'un reste de vie agitait encore.

Ils touchaient au but cependant. Quelques pas à peine, désormais, les séparaient du terrain libre et désert. — Ces quelques pas furent franchis, et monsieur Talbot, serrant Pauline contre son cœur, s'écria :

— Mon Dieu ! vous m'avez permis de sauver ma fille ! mon Dieu ! Seigneur mon Dieu, je vous remercie et je vous bénis !.. ah ! ce moment me fait oublier toutes les douleurs de ma vie ! je suis heureux !.. je n'ai pas souffert !

Il fit asseoir la jeune fille sur un bloc de pierre, il l'enveloppa de ses bras, il couvrit de baisers son front pâle et ses joues livides, en répétant :

— Le péril est passé... le miracle s'est fait... rassure-toi, ne tremble plus...

Hélas ! — tout n'était pas fini pour le vieillard et pour son enfant.

La scène que nous venons de raconter, et qui, selon toute apparence, devait passer inaperçue au milieu de son cadre d'épouvantable confusion, avait eu un témoin attentif.

Ce témoin était Roland de Lascars.

Depuis quelques instants le baron, forcé de quitter la colonne du garde-meuble, contre laquelle les remous tumultueux de la foule menaçaient de l'écraser, s'était laissé entraîner malgré lui par le courant dans la rue Royale.

Commençant à craindre de devenir l'une des victimes de la tempête suscitée par lui, se sentant débordé de toutes parts et comprenant l'impossibilité de la lutte contre un torrent déchaîné, il venait de chercher un abri derrière la caisse d'un carrosse renversé, qui jouait au milieu de la voie publique le rôle d'un bloc de granit au sein d'un fleuve impétueux et forçait le terrible courant à se diviser.

Roland fut rejoint presqu'aussitôt en ce lieu par un petit groupe de cinq hommes, à mines effroyables, — leurs visages enflammés rayonnaient d'une joie farouche, leurs mains et leurs vêtements étaient tachés de sang.

XIII

ROLAND, BERGAMOTTE ET TANCRÈDE.

La présence de tels voisins, en un pareil moment, n'était rien moins que rassurante. — Le baron, à tout hasard, glissa l'une de ses mains sous la basque de sa veste écarlate et chercha la crosse du pistolet passé dans sa ceinture.

Mais avant qu'il eût achevé le geste et saisi l'arme, l'un des bandits le regardant bien en face, s'écria :

— Cornes du diable, mon officier, la rencontre est heureuse ! j'ose croire que voilà une belle nuit, et qu'on fait ici de la bonne besogne ! qu'en dites-vous ?

Roland fixa les yeux, à son tour, sur son interlocuteur et reconnut Bergamotte, le voleur de montre et le donneur de renseignements.

— Belle nuit, en effet ! répliqua-t-il — mais, pourquoi quittez-vous si vite cette besogne que vous vantez ?

— Mon officier, on n'est pas de fer ! — il faut bien reprendre haleine, quand on a travaillé comme nous venons de le faire, les camarades et moi !... — Ah ! nous n'y allions pas de main-morte, et nos couteaux sont rouges jusqu'au manche !... — A propos, il m'est arrivé malheur... — un imbécile de bourgeois, d'un grand coup de coude, a mis en miettes votre montre dans ma poche !... — J'ai remboursé le coup de coude avec un coup de pointe, mais ça ne raccommodera pas la montre, et j'y tenais pour l'amour de vous.

Au moment où Lascars allait répondre, un bruit formidable l'en empêcha. — L'écroulement de l'estrade chargée de spectateurs était la cause de ce fracas inattendu.

Pauline et son père vinrent tomber à quelques pas du baron qui tressaillit en reconnaissant la jeune fille.

— C'est le diable qui me l'envoie ! — murmura-t-il — puisque l'occasion se présente, ne la laissons point échapper.

— Bergamotte, dit-il vivement au bandit, Huber vous a donné l'ordre d'obéir, vous et vos gens, à quiconque vous adresserait ces mots : — *Je viens du Nord, et j'arrive à Versailles.*

— C'est la vérité, mon officier, et si vous avez quelque chose à nous commander, ne vous gênez pas, nous sommes là...

— J'ai quelque chose à vous commander, en effet, et le service que j'attends de vous sera bien payé... — vous êtes cinq... chacun de vous aura dix pièces d'or.

— A ce prix-là — répliqua Bergamotte, nous passerons, si vous voulez, dans le feu qui flambe là-bas, près de la statue du roi...

— Vous voyez ce vieillard et cette jeune fille ?

— Qui sont en train d'escalader les tas de décombres, et qui s'y prennent, ma foi, pas trop mal... — est-ce ça ?

— Oui.

— Eh bien ?

— Eh bien ! emparez-vous de la fille, séparez-la de son père et emportez-la.

— Où ?

— Où vous pourrez, pourvu que ce soit hors de la foule.

— Ce sera difficile.

— Moins que vous ne le pensez... l'un de vous portera

la petite... Je marcherai devant avec les quatre autres, l'épée nue à la main, et nous nous ouvrirons de force un passage... aussitôt que nous serons en lieu sûr, je vous remettrai le prix convenu.

— C'est bon !... fit Bergamotte, — nous allons essayer... puis il ajouta : Pendant que nous serons en train, faut-il tuer le vieux ?

— C'est inutile... — répondit Lascars, laissez-le vivre... à moins cependant qu'il ne se défende...

— C'est entendu... — en avant, les autres !...

Les paroles qui précèdent s'étaient échangées tandis que monsieur Talbot et Pauline gravissaient les monceaux de cadavres et de débris.

Ils venaient d'atteindre l'abri de la porte cochère, lorsque Bergamotte, Lascars et les quatre bandits s'élancèrent à leur tour.

Monsieur Talbot, au moment où nous venons de l'entendre remercier avec ardeur le Dieu de miséricorde, et jurer à sa fille que le péril était passé, vit tout à coup se dresser devant lui un cercle de visages sinistres.

Saisi d'une nouvelle et poignante terreur, il tendit ses deux mains tremblantes vers ces hommes inconnus, et il s'écria :

— Que me voulez-vous ?

— A vous, rien, vénérable antiquité... répliqua Bergamotte avec l'ignoble ironie du bandit qui raille avant de frapper, mais nous avons quelque chose à dire à la jolie fille que voilà.

Monsieur Talbot frissonna de la tête aux pieds, et sa pâleur devint effrayante.

— C'est ma fille, balbutia-t-il d'une voix à peine distincte, c'est ma fille et c'est une enfant !... Au nom du ciel, messieurs, ayez pitié d'elle... au nom du ciel, ayez pitié de moi !...

— Assez de dialogue, respectable ancêtre !... — reprit brutalement Bergamotte, nous ne sommes pas ici pour causer... Il nous faut la petite et nous l'aurons, par la meilleure de toutes les raisons, et, cette raison, c'est que nous sommes les plus forts... Rangez-vous donc, mon brave aïeul, et laissez-nous faire notre besogne sans broncher... Je vous dis ça pour votre bien... — Soyez d'ailleurs parfaitement tranquille... On aura grand soin de l'enfant, et je connais, pas loin d'ici, un bel officier, riche et généreux comme un roi, qui lui porte un vif intérêt.

En parlant ainsi, le bandit s'avança de quelques pas afin de saisir Pauline.

La jeune fille s'était levée, plus semblable à une statue de la Terreur qu'à une créature vivante.

Elle se jeta frissonnante en arrière, tandis que de sa gorge contractée s'échappait un cri rauque, cri d'effroi, de détresse et de mépris.

Le malheureux père, bouleversé jusqu'au plus profond de ses entrailles par ce cri désespéré, se plaça résolûment devant Pauline.

— Ah! murmura-t-il, une épée!... Si seulement je tenais une épée!

Mais il était seul et désarmé, en face de six hommes, qui tous avaient le couteau ou le pistolet au poing.

Il leva vers le ciel ses yeux mouillés, ses mains défaillantes, et d'une voix dont aucune parole ne saurait exprimer les notes déchirantes, il cria :

— Dieu tout-puissant, vous voyez ces infâmes ! — ne viendrez-vous point en aide au vieillard qui veut sauver sa fille!

Un long éclat de rire des bandits accueillit cette invocation suprême.

— Finissons-en !... dit Bergamotte, tout ça, c'est s'amuser à la bagatelle, et nous n'avons pas de temps à perdre...

En parlant ainsi, il franchit la distance qui le séparait de Pauline et il étendit les bras afin de s'emparer d'elle.

Monsieur Talbot poussa un rugissement pareil au rauquement du tigre auquel on enlève ses petits.

Il se pencha vers le sol, et, ramassant, pour s'en faire une massue, un fragment de granit tombé sous le marteau des tailleurs de pierre, il s'efforça de frapper Bergamotte au visage.

Le misérable n'évita le coup qu'à moitié. La pointe aigue de l'arme improvisée déchira ses vêtements et ensanglanta sa poitrine. — La fureur s'empara de lui; — sa fièvre de meurtre, un instant endormie, se réveilla; — la crosse de son lourd pistolet résonna sur le crâne du vieillard qui s'abattit comme foudroyé et ne donna plus signe de vie.

— Pas moyen d'en finir d'une autre façon... — murmura le bandit — ce vieux ne voulait rien comprendre! le tour est fait... — j'empoigne la fille, et allez de l'avant, vous autres!...

En même temps il saisit Pauline, malgré l'énergie de sa résistance dont il ne s'inquiéta pas plus que des révoltes inoffensives d'un petit enfant; il jeta sur son épaule ce fardeau léger et il s'élança à la suite de Lascars et des quatre gredins qui gagnaient la rue, prêts à frapper mortellement quiconque tenterait de s'opposer à leur passage.

Si brutalement violente était l'étreinte du bandit, que la jeune fille, brisée et suffoquée tout à la fois, ne pût, dans le premier moment, ni respirer, ni parler, ni crier... — elle étouffait; — elle se sentait mourir...

Au bout de quelques secondes, cependant, l'air vital vint de nouveau gonfler sa poitrine, et alors, presque folle, n'ayant plus ni la conscience ni le souvenir de ce qui venait de se passer sous ses yeux, elle jeta dans les airs cette clameur lamentable, à laquelle Bergamotte répondit par des ricanements :

— Mon père... mon père... ne m'abandonnez pas!

Hélas! monsieur Talbot ne pouvait entendre ce déchirant appel... Le père inanimé ne pouvait protéger sa fille!

Pauline semblait perdue sans ressource! Dans ce pêle-mêle gigantesque et sanglant, où chacun ne pensait qu'à

oi, qui donc lui viendrait en aide ? qui donc braverait de
ortels périls pour la défense d'une inconnue ?... — peronne, assurément ! personne !

Mais Dieu veillait ! l'œuvre d'iniquité ne devait point
'accomplir ! le défenseur inattendu se présenta soudain !...
n gentilhomme, dont le costume riche et élégant était
échiré en maints endroits, symptôme irrécusable d'une
utte violente au milieu du désordre, barra le chemin à
ascars et à ses bandits, en s'écriant d'une voix tonnante :

— Ah ! ça, que veut dire ceci, marauds ? depuis quand
lève-t-on les femmes en plein Paris ? Halte-là, miséra-
les, et lâchez cette jeune fille.

Ces paroles, distinctes malgré le tumulte, arrivèrent jus-
u'à Pauline, la ranimèrent et lui rendirent un peu d'es-
oir.

— Sauvez-moi !... balbutia-t-elle en se dressant, par un
prême effort, sur l'épaule de Bergamotte — monsieur,
u nom du ciel, sauvez-moi !...

— Je ferai de mon mieux, mademoiselle... répondit le
entilhomme qui tira son épée hors du fourreau et s'en
rvit chevaleresquement pour saluer Pauline.

Lascars poussa un hurlement de fureur.

Ce hardi gentilhomme qui lui barrait le passage, entra-
ant ainsi la réalisation de ses projets infâmes. il venait de
e le reconnaître !... C'était son juge et son exécuteur de
 nuit précédente ; c'était l'objet de sa haine la plus ar-
ente, la plus implacable ; c'était le marquis d'Hérouville !

Lascars s'élança vers son ennemi sans lui donner, du
oins il le croyait, le temps de se mettre en défense, mais
ancrède, s'attendant à une agression de ce genre, était
r ses gardes ; — son épée, aussi rapide que la foudre,
nt à la parade avec une irrésistible impétuosité. La
ngue brette du baron, malgré sa trempe robuste, ne put
sister à un pareil choc ; — elle se brisa comme si elle
't été de verre, ne laissant qu'un tronçon dans la main
sarmée de son maître.

La couche de bistre étendue sur la figure de Lascars, et le vieil uniforme dont il était revêtu, rendaient méconnaissable ce scélérat.

Tancrède d'Hérouville, loyal jusqu'à l'exagération, et généreux jusqu'à la folie, abaissa son arme, au lieu de frapper, ainsi que certes il en avait le droit, la poitrine découverte du lâche ravisseur.

— Je vous donne la vie! dit-il avec un écrasant dédain, rendez libre cette jeune fille, et retournez dans la fange d'où vous sortez!

Roland, pour toute réponse, recula de deux pas, tira d sa ceinture ses pistolets et fit feu, presque à bout portant, sur le marquis.

L'une des balles effleura les cheveux de Tancrède l'autre traversa de part en part le collet de son habit.

— Tuez-le! mais tuez-le donc! — cria d'une voi rauque à ses bandits, Lascars fou de rage d'avoir manqu son coup — cent louis tout à l'heure... cent louis tout d suite, à celui de vous qui le tuera!

Excités par l'appât de cette récompense magnifique, le quatre coquins entourèrent monsieur d'Hérouville. — Ber gamotte seul, embarrassé par son fardeau, ne put prendr part au combat.

Il n'eut point lieu de s'en repentir, car, en moins d quelques secondes, Tancrède, comparable aux fabuleu héros des romans de la Table-Ronde, désarma ses quatr agresseurs, et les coucha sur le sol à ses pieds.

L'un d'eux était mort, — les trois autres, dangereuse ment blessés, poussaient des gémissements lamentables.

— Diable! — murmura Bergamotte, — le jeu qui s joue ici n'est pas bon pour nous! — Voilà les camarade mal accommodés, et, présentement, mon tour va venir — Par bonheur, je sais un moyen de tirer mon épingle d jeu, et de gagner sans risque tout l'argent promis, et mêm quelque chose avec... je vais l'employer au plus vite.

En formulant cette réflexion, Bergamotte qui se trouvai

à côté de Lascars, frappa traîtreusement la tempe de ce dernier par derrière, avec la crosse de son pistolet, comme il avait frappé monsieur Talbot, quelques minutes auparavant. — Le baron tomba sans connaissance, ainsi que tombe un bœuf foudroyé par la massue de l'abatteur.

Ceci fait, Bergamotte lâcha Pauline.

— Voici la fille, monseigneur !... dit-il en s'adressant à Tancrède — je n'agissais point pour mon propre compte, comme bien vous pensez... J'obéissais à l'homme que voilà... un vrai coquin que je viens de châtier sous vos yeux... — il serait donc malséant de me punir pour les fautes d'un autre, et, certainement, vous êtes incapable d'une injustice...

— Fuyez, misérable !... — répliqua monsieur d'Hérouville. — Je n'ai rien à démêler avec vous !

Bergamotte ne se fit pas répéter deux fois cet ordre. Il chargea sur ses épaules le corps inanimé de Lascars qu'il emportait avec lui pour le dépouiller à loisir, — il battit en retraite et il se perdit au plus épais de la cohue.

Pauline, affolée et tremblante, était venue se réfugier auprès de son défenseur.

Tancrède contempla cependant quelques secondes, avec une immense pitié et une respectueuse admiration, cette jeune fille pâle comme un fantôme, belle comme les anges, et dont la terreur était si profonde que sa raison semblait momentanément altérée.

— Dussais-je ne revoir jamais ce divin visage — murmura-t-il, je ne l'oublierai plus.

Puis, tout haut :

— Mademoiselle, dit-il, j'ai fait de mon mieux... Vous êtes libre... par malheur, les dangers qui vous menacent encore au milieu de cette foule, sont de ceux qu'il n'est point en mon pouvoir de conjurer... Veuillez prendre mon bras, mademoiselle, et permettez-moi de vous demander où je dois avoir l'honneur d'essayer de vous conduire.

Pauline regardait fixement Tancrède. — Ses lèvres s'agitaient, sans articuler de sons perceptibles. — Elle s'efforçait de remettre un peu d'ordre dans le chaos de sa pensée ; elle cherchait à comprendre les paroles qui venaient de frapper ses oreilles ; elle cherchait une réponse à faire à ces paroles.

Tout à coup la lumière se fit dans son cerveau troublé ; elle poussa un faible cri.

— Ah ! balbutia-t-elle ensuite, je me souviens ? Oh ! mon père... mon pauvre père...

Et elle éclata en sanglots.

Tancrède allait l'interroger avec une patiente douceur. Il en fut empêché par un événement soudain.

Les masses profondes qui fuyaient en désordre la place Louis XV, semblèrent saisies tout à coup d'un redoublement d'épouvante. On entendit des clameurs sauvages retentir ; des imprécations et des blasphèmes éclatèrent ; le torrent redoubla de furie, dans son lit trop étroit et remonta, comme une écume, jusque sur les amoncellements de débris, théâtres des dernières scènes que nous venons de raconter.

Alors ce fleuve humain s'empara, comme de deux épaves, de Tancrède et de Pauline, et les emporta avec lui.

Vainement monsieur d'Hérouville essaya de saisir dans ses mains les mains de la jeune fille pour n'être point séparé d'elle et pour pouvoir la soutenir du moins au milieu de ces flots qu'à tout prix il fallait suivre, sous peine d'être écrasé par eux...

Un double et terrible courant les saisit ; les sépara violemment et les entraîna, en les éloignant de plus en plus l'un de l'autre à chaque pas.

Lorsqu'au bout d'un peu de temps, le marquis put enfin échapper aux étreintes brutales du torrent ralenti, sa première action fut de revenir en arrière, malgré tous les obstacles, et de chercher la jeune fille.

Vingt fois il risqua sa vie dans cette inutile recherche.

Pauline avait disparu, et, sans doute, Pauline était morte.

XIV

LE PÈRE ET LA FILLE.

Quand l'aube du jour parut enfin, faisant succéder de
âles clartés aux ténèbres de la nuit sinistre dont nous ve-
ons de raconter quelques-unes des péripéties, la place
ouis XV offrait un spectacle tout à la fois hideux et dé-
hirant.

On eut dit un champ de bataille, au lendemain d'une de
es terribles rencontres entre deux armées dont la date san-
lante s'inscrit dans l'histoire des peuples.

Partout le sol était jonché de cadavres. — Çà et là des
nfortunés vivants encore, mais mutilés, couverts de bles-
ures, incapables de se mouvoir, faisaient retentir les airs
de leurs gémissements.

Parmi ces amas de victimes d'un monstrueux forfait, er-
aient, comme des âmes en peine, les parents, les amis des
alheureux qui n'avaient point reparu depuis la veille dans
eurs logis.

On voyait des femmes chercher leurs maris, des sœurs
hercher leurs frères, des pères chercher leurs enfants...

Pleins d'angoisses et de désespoir, ils allaient d'un pas
ncertain au milieu des morts et des agonisants, essayant
ainement de reconnaître, dans ces visages qui n'avaient
lus rien d'humain, les traits de ceux qu'ils avaient
imé...

Il importait, on le comprend, d'effacer au plus vite les
races matérielles de tant de malheurs et de tant de crimes.

De lourds tombereaux, envoyés par la municipalité de
aris, recevaient les cadavres non reconnus et se dirigeaient
ers les cimetières.

D'innombrables brancards, portés par deux hommes et
ecouverts d'un drap grossier, transportaient dans les hôpi-
aux ou dans leurs maisons, les blessés chez qui l'étin-

celle de la vie n'était point éteinte d'une façon complète.

Des escouades d'agents de monsieur de Sartines, faisant trop tardivement leur devoir, fouillaient les rues voisines et les Champs-Elysées.

L'un de ces agents découvrit au pied d'un arbre, à l'entrée du Cours-la-Reine, le corps inanimé d'un jeune homme de bonne mine, au visage basané. — Ce jeune homme, dépouillé de presque tous ses vêtements, portait du linge d'une finesse extrême. Il avait au doigt annulaire de la main gauche une bague armoriée dont l'écusson supportait un *tortil* baronnial.

Le sang coulait encore, lentement et goutte à goutte, d'une blessure étroite, mais profonde, faite au côté droit de sa poitrine par le couteau d'un assassin.

La beauté du linge, la distinction des traits, et particulièrement l'écusson gravé sur la bague attirèrent et fixèrent l'attention de l'agent.

— Celui-ci doit être un seigneur, — se dit-il — voyons un peu s'il est déjà mort ?

Et il posa sa main sur le cœur.

Le cœur interrogé répondit par un battement faible. — L'agent écarta la chemise, examina la blessure sous les caillots de sang qui la couvraient en partie, et conjectura qu'elle n'était point mortelle.

Animé d'intentions charitables, auxquelles l'intérêt personnel avait peut-être autant de part que l'humanité, notre homme descendit aussitôt sur le bord de la Seine, revint avec son chapeau rempli d'eau fraîche, lava soigneusement la plaie et mouilla les tempes du blessé.

L'effet de cette médication fut rapide. — le personnage évanoui poussa un soupir — ouvrit les yeux — fit un effort inutile pour se soulever et murmura :

— Où suis-je ?

— Mon gentilhomme — répondit l'agent — vous êtes à quelques centaines de pas de la place Louis XV... — Je

iens de vous découvrir présentement, étendu tout de votre
ong et sans connaissance... — Vous me devez même une
ère chandelle — car vous avez un fort joli coup de cou-
au au travers du corps et cinq minutes plus tard, vous
assiez de vie à trépas sans seulement vous en aperce-
oir... — Mais je suis arrivé à temps. j'ai pris soin de vous
omme je l'aurais fait de mon propre père, et vous en re-
iendrez, j'en réponds...

— Comment suis-je ici ? — reprit l'inconnu d'une voix
aible.

— Ah ! par exemple, voilà ce qu'il m'est impossible de
ous apprendre, mais ne vous occupez pas de cela... — la
émoire, sans aucun doute, ne tardera pas à vous reve-
ir... — le plus pressé c'est de vous soigner sans perdre de
emps... — Comment vous appelez-vous, mon gentilhomme,
'il vous plaît ?

— Le baron de Lascars...

L'agent salua.

— Je présente mes respects à monsieur le baron — dit-
'l — et suis son bien humble serviteur... — où monsieur
e baron désire-t-il être porté ?

— Rue Saint-Louis, en mon hôtel...

— Que monsieur le baron prenne patience... — je cours
hercher un moyen de transport... — et ce sera fait en
oins de rien....

L'agent prit sa course, en effet, dans la direction de la
lace Louis XV.

Pendant sa courte absence, Lascars essaya vainement de
assembler ses souvenirs et de se rendre compte de ce qui
s'était passé depuis le moment où, désarmé par Tancrède
l'Hérouville, il avait fait feu sur lui sans l'atteindre, —
une nuit profonde enveloppait sa pensée et il se perdait en
onjectures dont aucune ne se rapprochait de la réalité.

Cette réalité, nos lecteurs la devinent. — Bergamotte,
après avoir étourdi et dépouillé Lascars, avait jugé fort à

propos de le poignarder un peu, afin de s'assurer de son silence pour l'avenir et de se mettre à l'abri de toute réclamation de sa part.

L'agent reparut, escortant une civière et ses porteurs. — Le baron fut étendu sur cette civière, qui prit par les quais le chemin de la rue Saint-Louis.

Le trajet dura plus d'une heure. — Quand le blessé arriva à la cour de son hôtel, une fièvre ardente, accompagnée d'un violent délire, s'était emparée de lui.

Le valet de chambre, Lorrain, s'empressa de coucher son maître et d'envoyer chercher deux médecins.

Ces doctes personnages ne se firent point attendre. — Ils étudièrent la blessure ; — ils tâtèrent le pouls du malade ; — ils hochèrent gravement la tête en échangeant des mots latins, et enfin ils finirent par déclarer que monsieur le baron de Lascars se trouvait dans une situation des plus graves, qu'ils ne répondaient pas de lui, mais qu'ils viendraient le voir chaque jour, et plutôt deux fois qu'une.

⁂

Tandis que le hasard dirigeait vers le Cours-la-Reine un des agents de monsieur de Sartines et lui faisait trouver le corps de l'infâme gentilhomme victime de ses dignes instruments, une découverte du même genre, mais d'un beaucoup plus grand intérêt, avait lieu dans la cour de l'une des maisons en construction de la rue Royale.

Un vieillard d'une belle et noble figure, était couché sur le sol formé *d'ecales* tombées des blocs de pierre sous le marteau des ouvriers, et ne donnait aucun signe de vie.

Il avait les yeux fermés ; — une meurtrissure bleuâtre, livide et tuméfiée, rayait de part en part son front pâle. — Les doigts crispés de sa main roidie serraient avec force un fragment de granit, pointu et ensanglanté.

A côté de lui, une jeune fille à genoux, les yeux mornes, les cheveux épars, les lèvres entr'ouvertes, ne prononçant pas une parole, ne versant pas une larme, ne faisant pas un mouvement, ressemblait à une statue taillée dans le marbre blanc par le ciseau d'un artiste de génie...

Ce vieillard et cette jeune fille étaient monsieur Talbot et Pauline.

Séparée violemment du marquis d'Hérouville, après les scènes auxquelles nos lecteurs ont assisté, la malheureuse enfant avait trouvé moyen d'échapper à la foule qui l'entraînait, et, tantôt se glissant le long des murailles, sous la portion des échafaudages restés debout, tantôt rampant comme une couleuvre parmi les débris, elle était revenue dans cette cour dans laquelle elle avait laissé son père.

En trouvant le vieillard sans connaissance, elle le crut mort, — elle poussa un cri de désespoir ; — elle sentit sa tête s'égarer, et, véritablement, le vide se faisait dans son cerveau.

Elle interrogea son père ; — elle le supplia de lui répondre et de se tourner vers elle, et, comme le vieillard restait muet et immobile, elle eût aux lèvres un éclat de rire effrayant et elle s'agenouilla auprès de ce corps qui n'était plus pour elle qu'un cadavre.

A partir de cette minute, Pauline offrit la raideur marmoréenne d'une cataleptique ; — pendant bien des heures l'inflexible rigidité de son attitude ne se démentit point, jusqu'au moment où des étrangers pénétrèrent dans la cour et découvrirent le groupe étrange que nous avons décrit.

Parmi ces nouveaux venus se trouvaient des femmes. — Elles comprirent aussitôt qu'elles avaient sous les yeux une fille en proie au plus sombre désespoir auprès de son père assassiné et elles furent saisies d'une profonde pitié par cette grande et touchante infortune.

L'une d'elle d'une voix émue questionna Pauline. — Elle n'obtint aucune réponse et la jeune fille ne sembla même pas l'entendre...

Alors elle la prit par les deux mains et la souleva doucement pour l'engager à se relever. — Pauline n'opposa aucune résistance et se tint debout pendant une ou deux secondes ; — mais, aussitôt que la femme compatissante eut cessé de la maintenir dans cette position, elle se laissa retomber à genoux.

Convaincus qu'il n'y avait rien à tirer de la jeune fille, les nouveaux venus s'occupèrent du vieillard et ne tardèrent point à acquérir la certitude qu'il respirait encore.

Des soins intelligents lui furent à l'instant même prodigués. — On lui fit respirer des sels, et bientôt une faible contraction des narines et un léger tressaillement des paupières, annoncèrent que son long évanouissement allait prendre fin.

En effet ses yeux s'ouvrirent ; — il vit Pauline à côté de lui ; — un sourire d'une expression presque ravie vint à ses lèvres ; — il lui fut possible de balbutier son nom, d'indiquer son adresse, puis il s'évanouit de nouveau.

Quelques instants après, deux hommes, portant sur une civière le corps de monsieur Talbot, se dirigeaient vers la rue de Vendôme, et Pauline, morne, glacée, indifférente en apparence et ne semblant rien comprendre à ce qui se passait sous ses yeux, suivait cette civière à travers les rues de la ville en deuil.

Au bout d'une heure le triste cortége franchissait le seuil du petit jardin et s'arrêtait sous les tilleuls, à l'entrée du pavillon de briques.

La vieille gouvernante, madame Audouin, pleurait à chaudes larmes et se tordait les mains en gémissant.

Pouvait-il exister un spectacle plus lugubre que celui qui s'offrait à elle ? — Nous ne le croyons pas...

La veille au soir une adorable enfant, fraîche et parée, radieuse et triomphante, quittait cette humble demeure au bras de son père que le contact de tant de verdeur et de joie rajeunissait...

Quelques heures à peine s'étaient écoulées, et voici qu'on

rapportait le vieillard mourant — mort peut-être ! — et la jeune fille était folle !...

Le corps de monsieur Talbot fut étendu sur un lit qu'on se hâta d'improviser dans le petit salon du rez-de-chaussée.

— Pauline s'assit auprès de la fenêtre, et se mit à chanter d'une voix lente et basse les airs monotones avec lesquels on avait bercé son enfance...

Le portier Picard, très-ému et très désolé de la catastrophe qui frappait des locataires qu'il tenait en haute estime, se mit aussitôt à la recherche du médecin le plus en réputation dans le quartier, et ne revint point sans le ramener avec lui.

Ce médecin était un homme de beaucoup de savoir et d'expérience ; — il examina monsieur Talbot avec une attention profonde, et sa physionomie pendant cet examen, ne fut rien moins que rassurante.

— Eh bien, Monsieur ? lui demanda madame Audouin d'une voix tremblante et consternée.

— Madame — répondit-il — vous avez le droit d'attendre de moi la vérité, et je vais vous la dire... — à moins que Dieu ne fasse un miracle, ce vieillard est perdu...

Madame Audouin leva vers le ciel ses mains jointes, et poussa un cri...

Pauline chantait toujours.

— Perdu ! — répéta madame Audouin après un silence — ah ! que Dieu nous prenne en pitié !... — mais pourquoi désespérez-vous si vite ? — Monsieur Talbot est vivant encore, n'est-ce pas ?...

— Oui, madame, il est vivant, mais par suite d'un choc terrible, résultant soit d'un accident, soit d'un crime, il existe au crâne une lésion que je regarde comme inguérissable, surtout à l'âge de monsieur Talbot et dans l'état d'excessif dépérissement que je constate en toute sa personne... — Pour ma part je reculerai, je l'avoue, devant une opération horriblement douloureuse, n'offrant selon

6

moi aucune chance de succès, et à laquelle succomberait, neuf fois sur dix, le jeune homme le plus vigoureux...

Ces paroles constituaient un arrêt sans appel et ne laissaient aucune place à l'espérance. — Madame Audouin le comprit. — Elle baissa la tête sur sa poitrine et, suffoquée par la violence de son chagrin, elle se tut pendant un instant, puis elle demanda d'une voix que les sanglots étranglaient :

— Combien de temps sa vie se prolongera-t-elle ?

— Il m'est impossible de le préciser — répondit le médecin — mais ce temps, quel qu'il soit, sera court... — je doute que monsieur Talbot doive voir s'achever la journée qui commence...

— Avant de s'éteindre pour toujours, reprendra-t-il connaissance ?... — poursuivit madame Audouin.

— Cela est à peu près sûr, et ce moment lucide pourra permettre de mettre en ordre ses dispositions dernières, s'il a négligé de le faire jusqu'à ce jour... — maintenant, madame, je ne puis rien ajouter à ce que je viens de vous dire... — ma présence ici devient inutile et je me retire...

— Hélas, monsieur, murmura la gouvernante — le malheur qui frappe cette maison est plus grand, plus complet encore que vous ne pourriez le croire... — Voyez cette pauvre enfant, la fille de monsieur Talbot...

— La fille de monsieur Talbot ! — répéta le médecin d'un ton indigné — et, près de son père mourant, elle chante !...

— Ah ! monsieur, ne l'accusez pas ! — s'écria madame Audouin — ne l'accusez pas et regardez-là...

Le médecin s'approcha de Pauline qui tourna machinalement ses beaux yeux vers lui et le regarda avec une sorte de curiosité vague, sans interrompre la ronde enfantine qu'elle fredonnait à demi-voix.

Le visage immobile, le regard inerte de la jeune fille, furent pour lui toute une révélation.

— Eh! quoi — murmura-t-il d'une voix émue — elle est folle !...

Madame Audouin fit un geste de douloureuse affirmamation.

— Depuis quand ? — reprit le médecin.

— Depuis cette nuit.

— Que s'est-il donc passé?

— Je l'ignore... — Voici ce que savaient et ce que m'ont appris les hommes qui, tout à l'heure, rapportaient ici son malheureux père...

Le médecin écouta avec une attention profonde le récit rapide des circonstances dans lesquelles monsieur Talbot et Pauline avaient été trouvés.

— Ah! dit-il ensuite — je comprends !! — l'effrayante catastrophe de la nuit dernière, les dangers courus, et sans doute l'horrible spectacle de son père frappé sous ses yeux, n'auront que trop suffi pour égarer l'intelligence de cette infortunée !! — Combien de fois n'ai-je pas vu naître et se développer une soudaine folie, dans des circonstances moins terribles ! !

— Mais Monsieur, Dieu est juste... il n'est pas sans pitié... — reprit vivement madame Audouin — il ne peut permettre, n'est-ce pas, que la chère enfant reste folle ?..

— Dieu seul connaît les secrets de sa volonté — répliqua le médecin — et vous m'adressez une question à laquelle je ne puis répondre...

— Eh! quoi, cette intelligence si vivace, cette raison si jeune, si brillante et si pure, resteraient à jamais voilées ?..

— Je me trompais, Madame, en vous disant que la guérison est probable... Mais j'affirme cependant qu'elle est possible...

— Enfin, Monsieur, que faut-il faire, que faut-il essayer pour combattre cet horrible mal ?..

— Rien.

— Rien, dites-vous ! — ah ! je ne veux pas le croire...

— la science est puissante ! elle triomphe des maladies du corps... — ne peut-elle triompher également de celles de l'âme ?

— Non Madame... — sortie de son domaine elle devient impuissante... — l'âme lui échappe car elle ne relève que de Dieu !.. — une vie calme jusqu'à la monotonie, — l'absence de toute émotion vive, — le séjour de la campagne, s'il est possible, voilà ce que je dois conseiller uniquement, sinon comme remèdes efficaces, du moins comme agents de guérison capables d'amener d'heureux résultats...

— Et ces résultats, Monsieur, si Dieu permet qu'ils se manifestent, se feront-ils longtemps attendre ?

— Je donnerais beaucoup, Madame, pour pouvoir vous répondre affirmativement, mais, de même que je vous ai donné tout à l'heure, sans hésitation, une désolante certitude à l'égard du père, je suis contraint de vous répéter qu'à l'endroit de la fille mon ignorance est absolue...

Ces paroles désolantes terminèrent l'entretien de la gouvernante et du médecin, et ce dernier quitta cet intérieur si cruellement éprouvé, pour aller porter à d'autres souffrances des secours, plus utiles sans doute et plus efficaces.

Aussitôt que madame Audouin se trouva seule entre monsieur Talbot et Pauline, elle s'agenouilla.

— Mon Dieu — murmura-t-elle — avec l'élan d'une ardente foi — prenez du moins pitié de la pauvre enfant qui va rester orpheline ! — Ne plongez pas son âme de seize ans dans l'éternelle nuit ! — Mon Dieu, rendez-lui la raison !

XV

LE CONVALESCENT.

Six semaines s'étaient écoulées depuis les événements sinistres auxquels nous avons fait assister nos lecteurs.

Ceci nous amène au milieu du mois de juillet de l'année mil sept cent soixante-dix.

Pénétrons, vers les onze heures du matin, dans l'hôtel de la rue Saint-Louis et dans la chambre à coucher du baron de Lascars.

Enveloppé dans les plis d'une robe de chambre devenue trop large pour son corps amaigri, Roland était à demi étendu sur un fauteuil moelleux, à côté d'un guéridon supportant une côtelette cuite à point et une bouteille de ce vin de Bordeaux que le maréchal duc de Richelieu et le roi Louis XV venaient de mettre à la mode.

Il suffisait de jeter un regard sur le gentilhomme pour comprendre qu'il relevait à peine d'une longue et dangereuse maladie. — Sa figure, prodigieusement amincie, faisait paraître son nez plus long et doublait la grandeur de ses yeux. — Ses mains, très-effilées et d'une blancheur d'ivoire étaient presque diaphanes.

Cependant, des signes irrécusables annonçaient que la convalescence venait de commencer et que, selon toute apparence, elle ferait des progrès rapides.

Une teinte faiblement rosée nuançait çà et là les joues pâles. Les lèvres offraient une coloration de bon augure, — les yeux avaient de l'éclat, et enfin l'appétit ne manquait point au convalescent, à en juger par la façon pleine de vivacité et d'entrain avec laquelle il attaquait sa côtelette et mordait son petit pain.

En face de lui se tenait debout son premier valet de chambre, Lorrain, une serviette sur le bras, prêt à devancer ses ordres et à prévenir ses moindres désirs.

Au bout de quelques minutes il ne restait sur l'assiette de Lascars qu'un os parfaitement nettoyé et quelques miettes du petit pain.

Alors le baron se renversa dans son fauteuil, en poussant un soupir de béatitude, après avoir savouré un demi verre de vin de Bordeaux, et il dit :

— Dieu me damne, Lorrain, mon garçon, je me sens meilleur appétit qu'en me mettant tout à l'heure à table, et je crois que cet appétit est de bon conseil... Allez-donc au plus vite à la cuisine me chercher une seconde côtelette...

Lorrain se dirigea vers la porte, mais, au moment de l'atteindre, il se retourna vers son maître et murmura d'un ton respectueux :

— Monsieur le baron me permettra de lui faire observer que les médecins ont recommandé par-dessus toutes choses la sobriété la plus absolue... ils affirment qu'une nourriture un peu trop abondante amènerait infailliblement une rechute et que cette rechute serait des plus graves...

— Au diable les médecins ! s'écria Lascars avec impatience — ce sont des ânes bâtés ! ils ne savent ce qu'ils disent ! — qu'on m'obéisse et qu'on se dépêche !..

Lorrain était déjà sorti, — il ne tarda point à reparaître avec la côtelette réclamée et un deuxième petit pain.

Lascars expédia résolument, et surtout rapidement, ce renfort de comestibles. — Quand il eût achevé, la teinte rosée des joues et l'éclat du regard avaient augmenté de façon notable.

— A la bonne heure !.. reprit-il alors avec l'expression d'un parfait contentement, voilà que je me sens tout à fait bien, et peu s'en faut que je ne fasse atteler mon carrosse pour aller prendre un peu le grand air sur les boulevards neufs...

— Faut-il, monsieur le baron ? demanda le valet de chambre en feignant de prendre au sérieux cette irréalisable fantaisie du convalescent.

— Non... non... pas aujourd'hui... — répondit Lascars, reculant devant une imprudence par trop manifeste — nous verrons demain... — il me semble que demain j'aurai la vigueur d'un Hercule !..

— Il est positif — dit Lorrain — que les forces de monsieur le baron reviennent comme par enchantement, et l'on pourrait crier au miracle à le voir tout dispos et déjà si bien refait, après avoir perdu tant de sang et après un grand mois de grosse fièvre...

— Ah ! ah ! — s'écria Lascars en riant, ma quasi-résurrection vient d'étonner beaucoup de monde, je crois... à commencer par les médecins qui me jugeaient à peu près mort et bon à enterrer...

— Oh ! quant à ça, monsieur le baron, c'est exact...

— Lorsqu'on m'a rapporté ici, — demanda Lascars — que disaient-ils, ces sots personnages ?

— Ils hochaient la tête de bas en haut et du haut en bas, de droite à gauche et de gauche à droite, à la façon des magots de la Chine et ils se crachaient au visage des mots latins, auxquels je ne comprenais goutte, mais qui signifiaient que monsieur le baron était un homme fini...

— Et très-volontiers, n'est-ce pas, ils m'auraient, sans plus attendre, jeté le drap sur la figure ?...

— Ils l'auraient jeté, certainement, de bien grand cœur... mais une chose les retenait...

— Laquelle ?..

— L'envie de faire beaucoup de visites, d'ordonner force remèdes et de se mettre en mesure de présenter un long mémoire aux héritiers de monsieur le baron...

— Et cependant — s'écria Lascars — me voilà vivant, bien vivant, malgré leurs pronostics de mauvais augure, et je signe avec l'existence un nouveau bail qui ne finira pas de sitôt !.. — Je connais mon état mieux que personne, que diable !.. — je suis sûr qu'avant huit jours j'aurai repris mon train de vie habituel et je m'occuperai de mes affaires...

— Et moi — répliqua Lorrain — je parierais qu'avant deux semaines monsieur le baron s'occupera non-seulement de ses affaires, mais encore de ses amours...

— Mes amours! — répéta le convalescent — faquin, vous m'y faites penser.. me voici curieux de savoir ce qu'est devenue cette petite pendant les six semaines de ma maladie.

— La jolie demoiselle blonde de la rue de Vendôme? demanda le valet de chambre. — Est-ce de celle-là que parle monsieur le baron?..

— D'elle même...

— La chose est bien facile à savoir... monsieur le baron veut-il que je m'informe adroitement?..

— Oui.

— Quand dois-je prendre ces informations?..

— Le plus tôt possible...

— Tout de suite, alors?

Lascars fit un signe affirmatif.

— J'y cours à l'instant — continua Lorrain, — et, pour peu que je trouve mon petit portier picard dans sa loge, et que je puisse le conduire au cabaret, avant une heure je serai de retour avec une masse de renseignements...

Le valet sortit et Roland se livra aux délices de la digestion dans un calme d'esprit et dans une profonde quiétude qui devait avoir pour résultat d'abréger notablement sa convalescence. — Au bout d'un quart d'heure il s'endormit, et le moment de son réveil coïncida tout juste avec celui du retour de Lorrain.

— Eh bien? — demanda-t-il à son valet de chambre — vous venez de la rue de Vendôme?..

— Oui, monsieur le baron.

— Quelles nouvelles?..

— Mauvaises, monsieur le baron, très-mauvaises...

Lascars, malgré l'excessif endurcissement de sa nature, tressaillit en entendant cette réponse.

— Eh quoi! s'écria-t-il — elle est morte!

— Il vaudrait mieux qu'elle fut morte !.. — murmura Lorrain d'une voix sombre.

— Comment ?.. — fit vivement Lascars.

— La pauvre demoiselle est folle...

— Folle ! — répéta le gentilhomme presqu'avec effroi

— Oui, monsieur le baron, et très-certainement, à ce que dit le petit portier, elle ne se guérira jamais...

— De quelle façon ce malheur est-il arrivé ?..

— Monsieur le baron n'est pas sans se souvenir de la nuit du 30 mai dernier et du feu d'artifice de la place Louis XV, d'où monsieur le baron est revenu sur le dos, avec un coup de couteau dans la poitrine...

— Oui... oui... je me souviens...

— Monsieur le baron n'est que trop payé pour ça !.. Eh bien ! donc, il paraît que le vieux monsieur Talbot et sa fille avaient imaginé, eux aussi, d'aller voir le feu d'artifice... ça ne leur réussit pas plus qu'à monsieur le baron... — Le lendemain matin on rapporta le père sur un brancard... il avait le crâne fendu... la petite le suivait en chanteronnant ; — elle ne savait ni ce qu'elle faisait, ni ce qu'elle disait... elle était folle...

Lascars baissa la tête, et quelque chose qui ressemblait à du remords se fit jour dans cette âme sauvage et cuirassée contre toute émotion.

Au bout de deux ou trois secondes il passa la main sur son front, comme pour chasser cette impression fugitive, et il demanda :

— Qu'est devenu le vieux Talbot ?

— Il est mort le lendemain du trente mai — répondit le valet de chambre — et il paraît qu'alors il s'est passé une scène à tirer des larmes des yeux d'une statue de pierre...

— Une heure avant de s'en aller dans l'autre monde, le brave monsieur Talbot a repris sa connaissance et il a dit à peu près ceci : — *Je sens que je vais mourir, et je veux, auparavant, embrasser et bénir ma fille...* — L'ancienne gouvernante a pris alors par la main la demoiselle qui était près de la fenêtre et qui regardait dans le jardin en chantant toujours, et elle l'a conduite à côté du lit de son père... Le vieux monsieur Talbot lui a parlé, mais elle ne le comprenait pas... — Alors, s'apercevant qu'elle était folle, il s'est mis à pousser de grands gémissements et à pleurer toutes les larmes de son corps, et puis enfin, se calmant de son mieux, il a fait tout ce qu'on peut faire et dit tout ce qu'on peut dire pour ramener la petite à la raison... par malheur, ça n'a point amené de résultat... — la pauvre tête est restée plus à l'envers que jamais, et la jeune fille, assise d'un air gai sur le bord du lit d'agonie, chantait *giroflé-giroflâ* tandis que son père rendait l'âme... Le portier était dans la chambre, avec le curé de la paroisse et la gouvernante, et ils ont tant pleuré... tant pleuré, que huit jours après ils en avaient encore les yeux rouges... — Voilà l'histoire, monsieur le baron... — on peut la raconter mieux que moi, mais quant à ce qui est du fond, il n'y a pas un mot à changer...

En achevant ce récit, Lorrain, franche canaille, mais involontairement et sincèrement ému, tira son mouchoir de poche et s'essuya les yeux à deux ou trois reprises.

Il y eut un instant de silence que Lascars rompit en ces termes :

— Six semaines se sont écoulées depuis ce double malheur... — la jeune fille ne se trouve-t-elle point, aujourd'hui, en voie de guérison ?..

— Pour savoir cela, monsieur le baron, il faudrait d'abord savoir où elle est... — répondit Lorrain.

— Est-ce qu'on l'ignore ?

— Absolument.

— Mademoiselle Talbot a donc quitté la maison qu'elle habitait ?..

— Oui, monsieur le baron...

— Quand ?

— Huit ou dix jours après la mort de son père...

— Seule ?

— Non, monsieur le baron, avec la vieille gouvernante... — cette dernière a vendu le peu de meubles ayant appartenu au défunt... — une partie de l'argent lui a servi à payer une petite indemnité au propriétaire et elle a dit au portier, que le médecin ordonnait l'air de la campagne pour la demoiselle et qu'elle la conduisait à la campagne, mais sans savoir où, et que le hasard déciderait... — Là-dessus elles sont parties toutes les deux, et, depuis ce moment, on n'a plus entendu parler d'elles rue de Vendôme...

— On pourra chercher leur trace si monsieur le baron l'ordonne, mais je me permettrai de dire que la piste sera bien difficile à trouver...

— Toute recherche serait évidemment inutile... répondit vivement Lascars — ne vous occupez plus de cela...

Et, d'un geste, le gentilhomme congédia le valet.

Resté seul, Roland ressentit une profonde tristesse, une amère mélancolie, dont il eût quelque peine à triompher. — Il en vint à bout cependant, et il se dit :

— Après tout, que m'importe ? — ce que j'éprouvais pour cette jeune fille n'était pas de l'amour, mais un simple caprice... j'en trouverai d'aussi jolies, aussitôt que je voudrai m'en donner la peine, et, puisqu'elle est devenue folle, mieux vaut que je ne la revoie jamais...

Puis, tout à fait rasséréné par cette pensée philosophique et consolante, le convalescent s'allongea dans son fauteuil et reprit le fil du sommeil réparateur interrompu par le retour de Lorrain.

XVI

UN PROJET DE LASCARS.

Roland de Lascars ne s'était point illusionné dans ses conjectures et ses espérances. — Sa convalescence s'acheva rapidement, et, quinze jours après l'entretien que nous venons de reproduire, il lui fut possible de reprendre, sans danger, ses habitudes et son train de vie. — Il s'occupa tout d'abord de ses affaires, comme il le disait, et il obtint un répit de ses créanciers en leur distribuant une faible partie des sommes considérables avec lesquelles les instigateurs de l'attentat du 30 mai avaient payé son active coopération. — Le reste fut dévoré en débauches et en prodigalités de toutes sortes qui durèrent deux ou trois mois.

Lascars, arrivant à ses derniers rouleaux de louis, se trouva face à face avec des embarras insurmontables. — Les fournisseurs et les créanciers recommençaient à montrer les dents. — Le crédit était bien décidément et bien complétement mort, et le misérable gentilhomme ne pouvait plus compter, pour obvier aux nécessités les plus pressantes, sur les bénéfices d'un jeu déloyal.

La scène violente à laquelle le salon de Cydalise avait servi de théâtre, n'était point oubliée. — Cette scène, jouée en présence de nombreux témoins, faisait encore grand bruit dans le monde des coureurs de tripot et des chevaliers du tapis vert.

Parmi ces derniers, ceux-là même qui ne se sentaient point la conscience bien nette, se trouvaient obligés, par respect humain, d'accueillir un peu plus que froidement le fripon pris en flagrant délit.

Les portes des maisons douteuses, aussi bien que celles des maisons honorables, se fermaient devant Lascars, et personne, excepté les intrigants de bas étage et les chevaliers d'industrie en sous-ordre qui se faisaient ses parasites et vivaient à ses dépens, n'aurait consenti à s'asseoir vis à vis de lui à une table de jeu.

Une telle situation l'exaspérait, et changeait en rage furibonde la haineuse rancune qu'il nourrissait à l'endroit du marquis d'Hérouville.

Volontiers et sans hésiter il aurait recouru à l'assassinat pour satisfaire sa haine et pour consommer sa vengeance, mais Tancrède se trouvait momentanément en Normandie, dans ses terres.

— Son absence ne peut être longue puisque son régiment est en garnison à Paris — se dit Lascars — et, quand il reviendra, j'agirai...

Les créanciers, cependant, ne s'endormaient point. — Lassés de recevoir des promesses menteuses, non suivies d'exécution, et commençant à comprendre qu'ils étaient pris pour dupes, ils devenaient furieux, selon l'invariable coutume de tout créancier qui voit ses intérêts notablement compromis, et ils se mettaient en mesure d'obtenir contre Lascars force jugements et prises de corps.

Déjà tous les huissiers de Paris connaissaient le chemin de l'hôtel de la rue Saint-Louis ; — le papier timbré pleuvait du matin au soir dans la loge du gros suisse si bien galonné, et il devenait évident pour les valets et pour les voisins que la catastrophe décisive était prochaine.

Le baron lui-même ne se faisait à cet égard aucune illusion.

Il restait quelques dernières formalités judiciaires à accomplir pour rendre les prises de corps exécutoires ; aussitôt après ces formalités, le débiteur insolvable n'aurait qu'à choisir entre la fuite et la prison pour dettes...

Roland ne possédait plus, au moment où nous voici parvenus, qu'une somme de quatre mille livres, en or. — Il rassembla ses valets, et secouant devant eux une longue bourse, qui contenait cet or, il leur dit :

— Servez-moi bien jusqu'au dernier moment... — vous serez payés, je vous l'affirme, et, si je suis content de vous, je joindrai au montant de vos gages une ample gratification... — comptez d'ailleurs qu'avant une année ma fortune sera refaite, plus brillante que jamais, et que je vous reprendrai tous à mon service...

Ces affirmations si positives, jointes à l'harmonie métallique des louis agités rassurèrent les valets, qui, depuis quelques jours, s'inquiétaient et devenaient moins exacts dans leur service et moins respectueux dans leur attitude.

Certains désormais, où ce qui revient au même, se croyant

certains de ne rien perdre, ils résolurent d'un commun accord de prendre le parti de leur maître contre les créanciers, et de mériter, par un redoublement de zèle, ses bonnes grâces et ses libéralités.

Sur ces entrefaites, Roland reçut la nouvelle que le marquis d'Hérouville venait de revenir à Paris.

— Je vais me perdre dans l'obscurité et dans l'oubli ! — murmura-t-il — mais auparavant je serai vengé, et mon ennemi aura disparu dans la tombe !...

L'hôtel de Tancrède était situé rue Saint-Dominique.

Roland prit des informations et il apprit que deux fois par semaine, le soir, monsieur d'Hérouville montait à cheval pour se rendre, suivi d'un seul domestique, au château que sa sœur, la duchesse de Randan, possédait à six lieues de Paris, sur les bords de la Seine, dans la direction de Fontainebleau.

La duchesse, veuve à vingt-quatre ans d'un grand seigneur immensément riche, avait auprès d'elle sa toute jeune sœur, Mathilde d'Hérouville, une enfant encore, car elle comptait treize ans tout au plus. Elle servait de mère à Mathilde qui n'avait jamais connu la sienne.

Rien ne se pouvait imaginer de plus charmant, de plus candide, et en même temps de plus spirituel que cette petite fille. — Tancrède l'adorait ; il aurait voulu pouvoir ne s'en séparer jamais ; — il se préoccupait de son avenir et déjà lui cherchait un mari futur parmi l'élite de la jeune noblesse.

Deux routes conduisaient au château de Randan. — L'une, route royale, située sur la rive droite de la Seine, bien entretenue, très-fréquentée, et décrivant de nombreux détours.

— Une avenue, plantée d'une rangée quadruple de tilleuls séculaires la reliait à la grille du parc.

L'autre voie de communication était un chemin de traverse, placé sur la rive gauche, très-étroit, fertile en ornières, tracé tant bien que mal au milieu des champs et des bois, et abrégeant la distance de près de deux lieues.

Tancrède, dont les chevaux arabes étaient incomparables pour la rapidité de leur allure et la sûreté de leurs pieds, prenait de préférence le chemin qui le conduisait à son but en moins d'une heure.

Arrivé en face du château, il s'en trouvait encore séparé par la Seine, très-large et très-profonde en cet endroit.

Il appelait alors le passeur, et ce dernier, généralement endormi, se levait, s'habillait à la hâte, sortait de sa cabane et détachait le bac sur lequel Tancrède s'élançait, toujours à cheval, au grand effroi du bonhomme qui soutenait, non sans quelque apparence de raison, que son bateau plat, de petites dimensions, fabriqué tout exprès pour le transport des paysans, finirait un jour où l'autre par chavirer sous le poids insolite et sous les mouvements brusques de deux chevaux ardents et nerveux.

— Eh bien — répliquait le marquis en riant — si la Seine, par ma faute, engloutit ton bac, je t'en ferai faire un autre tout neuf. — Tu vois donc que tu ne pourras que gagner au change.

— Mon bon seigneur — répondait l'homme — ça n'est pas ça qui m'inquiète — madame la duchesse et vous, c'est connu, vous êtes des nobles bien justes et bien généreux...

— Mais ce beau bac tout neuf, je ne le verrais pas...

— Pourquoi donc?

— Parce que je serais *neyé*...

— Tu ne sais pas nager?

— Comme un chien de plomb, mon bon seigneur...

— Eh bien, moi, je nage comme un terre-neuve, et, si tu coules, je te promets de te retirer... te voilà tranquille, j'espère...

Le bonhomme gardait le silence, mais il hochait la tête d'un air mal convaincu, tout en manœuvrant habilement la longue corde qui traversait la Seine, et en faisant glisser le bac sur les eaux.

Tancrède descendait sur l'autre bord et payait d'une façon toute princière, non-seulement le service rendu, mais encore les terreurs du bonhomme.

Instruit de quelques-uns de ces détails, le baron eut aux lèvres un sourire d'une expression infernale.

— Marquis d'Hérouville, maintenant je te tiens! — se dit-il à lui-même — et, aussi vrai que je m'appelle Roland de Lascars, cette fois tu ne m'échapperas pas!...

Le soir de ce même jour, vers les neuf heures, le baron, parfaitement déguisé, se rendit au cabaret de Sauvageon dans lequel nous avons déjà conduit nos lecteurs pendant la soirée du 29 mai.

Cinq ou six hommes, assis aux petites tables de bois blanc, buvaient et fumaient, en se livrant à une conversation bruyante pleine de formules énergiques et argotiques.

Au moment où Lascars franchit le seuil, cette conversation s'interrompit soudainement et fut remplacée par le silence le plus complet.

En même temps les regards des buveurs, tournés vers le nouveau venu avec une expression peu bienveillante, lui prouvèrent qu'il était l'objet d'une défiance absolue.

Roland s'aperçut à merveille de l'impression produite par son entrée, mais il ne s'en inquiéta point et, s'asseyant devant une table isolée, il demanda de l'eau-de-vie...

— C'est vous qu'on appelle Sauvageon? dit-il ensuite d'une voix très-basse au cabaretier qui venait de le servir.

— C'est moi qui suis Sauvageon... — répondit le petit homme. — Qu'est-ce que vous me voulez?...

— Obtenir de vous un renseignement...

— Un renseignement! — répéta Sauvageon à haute voix, en échangeant un regard significatif avec les hôtes de son cabaret — va pour le renseignement... — de quoi s'agit-il?

— D'un homme qui vient ici presque chaque jour, et que j'ai besoin de voir ce soir-même...

— Comment appelez-vous cet homme?...

— Huber. — Savez-vous s'il doit venir, et pouvez-vous m'indiquer l'endroit où je serai certain de le rencontrer cette nuit?...

— Vous vous adressez mal, — répondit Sauvagaon avec

une indifférence affectée, je ne connais personne qui s'appelle comme vous dites...

— C'est impossible...

— Pourquoi?

— Je sais très-positivement qu'Huber est de vos habitués, et j'ai eu déjà rendez-vous ici, avec lui...

— Alors — demanda le cabaretier — vous prétendez le connaître?

— Je le prétends, parce que c'est vrai...

— Dans ce cas, regardez autour de vous, et voyez si l'un de ces hommes est celui que vous cherchez...

— Inutile — répondit Lascars — c'est dans les ténèbres qu'Huber et moi nous nous sommes rencontrés, et par conséquent, son visage m'est inconnu...

Les buveurs écoutaient attentivement ce dialogue, et, quoiqu'il eut lieu à voix basse, ils n'en perdaient pas une syllabe.

Les dernières paroles de Lascars furent accueillies par un éclat de rire universel.

En même temps un homme court et massif, aux épaules larges, à la figure de boule-dogue, quitta la place qu'il occupait, vint se poser carrément devant le baron, et lui dit d'un ton brutal et goguenard :

— Mille cornes du diable, si monsieur de Sartines nous envoyait toujours des espions de ta force, nous pourrions dormir sur nos deux oreilles!... — Tu ne sais pas ton métier, mon bon garçon, et tu ne le sauras jamais, faute de temps pour l'apprendre, car d'ici à deux minutes tu vas faire dans la Seine un fort joli plongeon, avec une pierre au cou suffisamment lourde pour t'empêcher de remonter...

Lascars ne parut point intimidé par cette menace.

— C'est vous qui êtes Huber... — dit-il, je vous reconnais à la voix...

— Dans ce cas — reprit le chef des Lapins; (car en effet c'était bien lui,) dépêche-toi de me regarder, pour me reconnaître dans l'autre monde... — attention vous autres!... — une!... deux!... y sommes nous?...

— Nous y sommes... — répondirent les buveurs, qui venaient d'entourer Lascars avec une rapidité foudroyante, de le saisir, de le soulever, et qui l'étreignaient de manière à paralyser de sa part toute tentative de résistance.

Le baron comprit alors qu'un péril très-sérieux et très-immédiat le menaçait.

— Prenez garde à ce que vous allez faire!... — s'écriat-il — vous me prenez pour un espion et je suis un des vôtres... — c'est moi qui ai traité avec Huber, sur la grève, à vingt pas d'ici, dans la soirée du 29 mai...

Le chef des Lapins dressa l'oreille.

— Quel était le mot d'ordre? — demanda-t-il.

— *Je viens du Nord, et j'arrive à Versailles;* pardieu!.. — répliqua Lascars.

— Cornes du diable!... — il fallait donc le dire tout de suite! — un peu plus et vous étiez noyé!... — Rendez la liberté à monsieur, mes petits Lapins...

Les lieutenants d'Huber obéirent à l'instant même, et Lascars rentra en possession de sa personne.

XVII

ENTENTE CORDIALE.

— C'est très-désagréable, ce qui vient de vous arriver, mon cher monsieur... — reprit le bandit, — désagréable pour moi tout autant que pour vous, croyez-le bien, et je ne me consolerais point si je vous avais fait jeter à l'eau tout à l'heure, ainsi qu'il s'en est manqué de bien peu, mais, franchement, c'est votre faute... — Une autre fois, quand vous viendrez n'importe où trouver de bons garçons, commencez par vous faire reconnaître, et ne courez plus le risque de passer pour ce que vous n'êtes pas... — vous en reconnaissez les inconvénients.

— Merci de l'avis... répondit Lascars — j'en profiterai, soyez-en certain.

— Et maintenant — continua Huber — parlons un peu de ce qui vous amène, car je ne suppose pas que vous soyez venu me relancer sans motif.

— Et vous avez parfaitement raison.

— De quoi s'agit-il?

— J'ai besoin de vous.

— C'est au mieux... — je suis à votre entière disposition, avec mes lapins, moyennant un prix raisonnable, bien entendu.

— Vous serez largement payés.

— Cela étant, regardez la chose comme conclue... — En quoi pourrons-nous vous être utiles?...

— J'ai un ennemi... — commença Roland.

— Et vous désirez vous débarrasser de lui... — interrompit Huber — rien au monde n'est plus naturel et plus légitime, nous vous débarrasserons, cher monsieur, gardez-vous d'en douter! le personnage en question est-il gentilhomme?

— Oui.

— Il vous en coûtera quelque chose de plus que s'il s'agissait d'un simple bourgeois, c'est dans le tarif.

— Peu m'importe.

— Oh! je sais que vous êtes rond en affaires... — Est-ce à Paris qui nous aurons à travailler?

— Non.

— Où donc, alors?

— A quatre lieues d'ici, environ... sur les bords de la Seine... un peu au-dessus de Villeneuve-Saint-Georges.

— Seulement quatre lieues!... les frais de déplacement seront peu de chose... — y aura-t-il des murailles à franchir?... des portes à briser?

— Rien de tout cela... il ne s'agira que d'attendre notre homme au passage et de ne le point laisser échapper...

— Sera-t-il seul?

— Il n'y aura qu'un domestique avec lui...

— Maître et valets armés jusqu'aux dents, sans doute?

— Point d'autres armes qu'une épée.

— Le gentilhomme est donc sans défiance!

— Tout à fait.

— L'imprudent!... — tel que vous me voyez, moi, j'ai passé ma vie à me défier des hommes et des choses, du connu et de l'inconnu, et je m'en suis bien trouvé... l'attaque aura-t-elle lieu le jour ou la nuit?

— La nuit, ou, du moins, à une heure assez avancée de la soirée.

— De mieux en mieux... — Rien ne donne du cœur à mes lapins comme l'obscurité!... — Vous qui connaissez le lieu de l'action, avez-vous préparé un petit plan?...

— Oui et non... — ma confiance en votre habileté est sans bornes; je compte donc vous laisser une entière liberté d'action, mais j'ai quelques idées que je crois assez bonnes.

— Voulez-vous me les soumettre?

— Les voici...

Lascars mit Huber au fait des particularités relatives aux fréquentes visites du marquis d'Hérouville à la duchesse de Randan.

Il lui parla du bac dans lequel Tancrède traversait la Seine avant d'arriver au château.

— Mon avis — fit-il en achevant — est qu'il faudrait attaquer sur la rivière... — Est-ce aussi le vôtre?

— Sans aucun doute... nous prendrons le bateau de Sauvageon.

Le maître du cabaret n'avait pas perdu un seul mot de l'entretien qui précède.

En ce moment il intervint.

— Mon bateau! — s'écria-t-il — vous prendrez mon bateau! — voilà qui est bientôt dit!... — Et, s'il lui arrive un accident?

— Combien vaut-il, ton bachot?... — demanda Huber.

— Cent livres, tout au moins...

— Eh! bien monsieur déposera dans tes mains cent livres, en or, et tu ne courras nul risque de perte avec un tel nantissement... — Cela te va-t-il ainsi?

— Cela me va, mais à une condition...

— Laquelle?

— C'est que je serai de la partie.

Huber se mit à rire.

— Ah! ça mais — fit-il ensuite — tu es donc un brave à trois poils, bonhomme Sauvageon? qui s'en serait douté?..

Le cabaretier se rengorgea.

— Je suis plus brave, peut-être — répliqua-t-il — que certains dont on parle fort, et qui font beaucoup de bruit et peu de besogne... — J'ai manqué ma vocation, j'étais né pour manier l'épée et le pistolet et pour mener grand bruit sur la terre.

— Soit — répondit le chef des lapins — tu viendras avec nous, je te le promets, et nous jugerons de ton mérite en te voyant à la besogne...

Puis, — se tournant vers Lascars il ajouta :

— A quand l'expédition, s'il vous plaît?

— A demain soir... — répondit le baron...

— Il ne nous reste donc plus à traiter que la question de détails, et nous allons le faire sur-le-champ.

Au bout d'une demi-heure, Lascars quittait le cabaret de Sauvageon, après être tombé d'accord avec Huber sur le prix du sang et lui avoir assigné un lieu de rendez-vous pour le lendemain.

Laissons s'écouler le reste de cette nuit, la journée suivante toute entière, et prions nos lecteurs de vouloir bien nous accompagner vers les rives de la Seine faisant face au parc de la duchesse de Randan.

Il était huit heures du soir.

Un vent assez fort faisait courir sur la surface du ciel des troupeaux de grands nuages que l'imagination d'un poète aurait comparée vraisemblablement à des escadrons lancés au galop.

7.

Des futaies séculaires, aujourd'hui disparues, et dont les plus ardents rayons du soleil de juillet ne parvenaient point à traverser l'épaisse et sombre verdure, s'étendaient sur les deux berges, et semblaient, à cette lueur nocturne, encaisser le fleuve entre de hautes et noires murailles.

Un chemin creux, pratiqué dans la forêt, venait aboutir à une petite éclaircie voisine de l'un des poteaux du bac. La silhouette de ce poteau se profilait d'une façon bizarre sur le ciel et prenait vaguement l'apparence d'un gigantesque et sinistre gibet.

Tout à côté se voyait une maisonnette, ou plutôt une cahutte construite avec des troncs d'arbres, des branchages et de la boue, et semblable à ces abris temporaires improvisés par les bûcherons au milieu des forêts qu'ils exploitent.

A dix pas de la cabane le bac était amarré par une chaîne rouillée, et le courant venait se briser contre sa lourde masse avec un clapotement monotone.

Un peu plus bas, à droite, c'est-à-dire en suivant le fil de l'eau, les regards rencontraient une petite île, ou plutôt un îlot de sable, situé au milieu de la Seine, submergé presqu'entièrement aussitôt que venait une crue d'eau, et couronné d'un panache de saules aux troncs creux.

Enfin, à l'horizon, de l'autre côté de la rivière, derrière les cîmes houleuses des futaies, les rayons de la lune mettaient des traînées d'argent sur les girouettes de métal et sur les toits d'ardoise du château de la duchesse de Randan.

Au moment où nous venons de conduire nos lecteurs auprès du bac, un silence profond régnait dans la forêt et sur les deux rives de la Seine, qui semblaient désertes.

La solitude était loin d'être complète, cependant, et nous allons en avoir à l'instant la preuve.

Côtoyons pendant cinquante ou soixante pas la berge escarpée d'où s'échappent les racines énormes des chênes, trois ou quatre fois séculaires et nous arriverons à une sorte de crique étroite, ensevelie dans une ombre épaisse, et au fond de laquelle un petit bateau plat se trouvait amarré.

Ce bateau était celui de Sauvageon.

Tout auprès de là, sur ce gazon court et touffu qui forme sous les grands arbres un incomparable tapis, quatre hommes accroupis parlaient à voix basse.

L'obscurité ne permettait point de distinguer le visage de ces hommes, mais nous les connaissons déjà, et même dans les ténèbres, nous pouvons les nommer : C'étaient Huber et Sauvageon, d'abord, puis deux lapins de premier choix, Bergamotte et Macaroni.

Ces honnêtes gens causaient sans bruit, et, si grande était leur crainte de trahir par les plus faibles indices leur présence en ce lieu, qu'ils se privaient de fumer comme d'habitude leurs courtes pipes aux fourneaux noirs.

— Chut!.. — fit Huber tout à coup, en accompagnant ce monosyllabe d'un geste impérieux destiné à commander le silence.

— Qu'y a-t-il donc? demanda Sauvageon d'une voix faible comme un soupir.

— Quelqu'un se dirige de ce côté... — répliqua du même ton le chef des lapins.

Sauvageon, sans questionner davantage, appuya son oreille contre le sol et il entendit en effet le faible bruit d'un pas rapide et léger, qui devenait d'instant en instant plus distinct.

A ce bruit se mêla bientôt un craquement de branches sèches, puis un coup de sifflet doux et voilé retentit, et une forme humaine pénétra dans l'étroite enceinte de verdure où nos personnages attendaient.

A cet instant précis, Huber bondit sur ses pieds, en tenant de chaque main un pistolet tout armé et prêt à faire feu, et il dit brusquement:

— Qui va là?.. — réponds, où je te brûle!

XVIII

LE RENDEZ-VOUS.

— Mordieu, maitre Hubert — répliqua Roland de Lascars, — vous avez une manière bien désagréable de recevoir vos amis !.. — hier au soir vous vouliez me jeter à l'eau !.. aujourd'hui vous parlez de me brûler la cervelle !.. pour peu que nos relations continuent, j'aurai de la chance si j'en réchappe...

— La défiance est la mère de la sûreté, cher monsieur ! — fit Hubert d'un ton sentencieux. — Je n'ai point d'ami quand il fait nuit, et, pour toutes sortes de bonnes raisons que vous devinez, quiconque ne m'est pas connu m'inquiète. — J'ai toujours été ainsi, et ça m'a toujours réussi...

— Je le comprends et je vous approuve...

— Vous voyez d'ailleurs — reprit le bandit — vous voyez que nous sommes exacts au rendez-vous et complétement à vos ordres... — voici du temps déjà que nous attendons... — notre homme va-t-il arriver ?

— Nous avons encore une heure devant nous...

— Vous en êtes sûr ?

— Parfaitement sûr... — d'après les renseignements que j'ai obtenus et dont l'exactitude est hors de doute, notre homme ne quitte son hôtel qu'à huit heures, c'est-à-dire au moment même où je vous parle, et met une heure à parcourir la distance qui nous sépare de Paris...

— Dans ce cas, il ne nous reste qu'à attendre encore...

— Oui, mais non pas les bras croisés...

— Que faut-il faire ?

— Réaliser une merveilleuse idée qui m'est venue chemin faisant...

— Et, cette idée ?..

— Je vais vous la dire... mais, d'abord, êtes-vous d'habiles bateliers ?

— Je vous donne *Sauvageon* pour le plus fin marin d'eau douce que la rivière ait jamais porté... — *Macaroni* ne lui cède en rien... — il était canotier jadis sur le golfe de Naples et manie l'aviron aussi bien que le coutelas... — *Bergamotte* et moi, nous sommes moins forts, assurément, mais enfin nous y entendons bien aussi quelque chose...

— Bref — demanda Roland — Sauvageon et Macaroni peuvent suffire pour manœuvrer le bateau dans tous les sens, et avec une suffisante rapidité ?..

— Ah! je vous en réponds... — la barque dans leurs mains, filera docilement comme un bon cheval bien dressé.

— J'avais pensé d'abord, vous le savez — reprit Roland. — à attaquer mon ennemi lorsque le passeur aurait amené le bac au milieu de la rivière.

— Et j'approuvais beaucoup cette façon d'agir... est-ce que, par hasard, vous avez changé d'avis ?

— Non, mais j'ai modifié mon premier projet de manière à rendre le succès de notre entreprise encore plus certain qu'il n'était.

— Ah! ah!... — et comment cela ?

— Nous allons gagner l'autre rive, mettre pied à terre et couper la corde du bac, non pas complètement, mais aux trois quarts, de manière à ce qu'elle n'offre plus qu'une solidité tout à fait insuffisante... — le gentilhomme, le valet, et le passeur s'embarqueront comme de coutume, sans défiance ; — la première moitié du passage s'effectuera facilement, mais, au plus fort du courant, la corde trop tendue se rompra tout à coup; et la lourde machine, lourdement chargée, s'en ira à la dérive... — pendant ce temps Sauvageon et Macaroni maintiendront la barque à une portée de pistolet du bac en détresse, et nous ferons feu tout à notre aise sur l'homme dont je vous ai acheté la vie...

— Mille cornes du diable !! — murmura maître Hubert avec un sincère enthousiasme — c'est superbe !! — Je donnerais volontiers quelque chose de ma poche pour qu'une si belle idée me soit venue! ! — ah! vous n'êtes point un homme ordinaire, cher monsieur, il s'en faut de tout, et vous seriez pour mes lapins un fameux capitaine si je venais à me retirer et si vous vouliez prendre ma place !

Lascars ne répondit pas, mais il sourit, dans les ténèbres, avec une expression d'indicible orgueil. — Au fond il se trouvait très-flatté de l'hommage naïf et spontané rendu par Hubert à son diabolique génie.

— L'heure se passe... — dit-il — embarquons ! ! !

Bergamotte détacha le bateau plat dans lequel les cinq hommes prirent place, et qui, vigoureusement conduit par Sauvageon et Macaroni, fila comme une flèche vers l'autre rive.

Lascars ne voulut s'en rapporter à personne pour accomplir l'exécrable besogne dont nous venons de lui entendre parler.

Il tira d'une gaine de chagrin noir qu'il portait sous sa veste un petit stylet prodigieusement affilé, et avec ce stylet il entama la corde du bac, non point en un seul endroit, mais en dix, de manière à ce qu'il fut impossible qu'elle résistât, lorsqu'une pression violente s'exercerait sur elle.

Ceci terminé, Lascars reprit sa place dans la barque que pendant quelques minutes il avait quittée.

— Faut-il retourner d'où nous venons ? — demanda maître Hubert.

— Inutile... — répondit Roland. — L'ombre de ces grands arbres nous enveloppe d'un voile impénétrable et nous ne saurions être mieux qu'ici pour ce que nous avons à faire.

— Dois-je attacher l'amarre ? — dit Bergamotte.

— Non. — Restez à terre et contentez-vous de maintenir le bateau jusqu'à nouvel ordre...

Le silence se rétablit et, pendant plus d'un quart d'heure aucune parole ne fut prononcée de part et d'autre.

Neuf heures sonnèrent à l'horloge du château de la duchesse et la brise du soir apporta jusqu'aux bandits les vibrations sonores du marteau frappant sur le timbre.

Presqu'en même temps un bruit d'une nature absolument différente se fit entendre de l'autre côté de la Seine.

Ce bruit — (toute oreille exercée devait le reconnaître) — était produit par le galop souple et cadencé de deux chevaux de race lancés à toute vitesse. — de seconde en seconde les chocs réguliers des sabots ferrés sur la terre durcie du chemin creux devenaient plus distincts. — Un instant encore et les cavaliers atteindraient le bord de l'eau.

Un sourire infernal vint aux lèvres de Lascars.

— Cet insolent marquis courrait moins vite — se dit à lui-même l'infâme gentilhomme — s'il pouvait se douter que chaque pas qu'il fait en avant le rapproche de la mort ! — Comme mon cœur bat ! comme mon sang bout ! — ah ! la vengeance est une douce chose !

Tancrède, qu'aucun pressentiment funeste n'avertissait du péril à peu près inévitable dans lequel il allait donner tête baissée, et où, selon toute apparence, il laisserait sa vie — Tancrède, disons-nous, laisser flotter les rênes sur l'encolure nerveuse de sa monture ardente, et s'abandonnait à ce galop d'une rapidité presque fantastique et d'une élasticité incomparable, qui est l'allure caractéristique des chevaux de pure race orientale.

Il ne redoutait aucun danger ; — il ne se connaissait aucun ennemi ; — Lascars était pour lui si peu de chose qu'il ne songeait point que la haine d'un tel misérable pût être à craindre et il se souvenait à peine de l'existence de ce misérable.

Il s'absorbait dans une pensée unique, ou plutôt dans un souvenir, amer et charmant tout à la fois, et qui, loin de s'amoindrir et de s'effacer peu à peu, selon la loi commune, grandissait, au contraire, et devenait plus intense, de jour en jour et d'heure en heure… Cette pensée, ce souvenir, ne l'avaient point quittés depuis la funeste nuit du 30 mai.

Dans la veille aussi bien que dans le sommeil, il lui semblait avoir sous les yeux le pâle et divin visage de la jeune fille aux yeux noirs et aux cheveux blonds, entrevue au milieu des épouvantables scènes de la rue Royale, — sauvée par lui, puis, perdue presqu'aussitôt pour lui.

— Cette fille dont il ne savait pas le nom, et dont il ignorait la demeure et qu'il avait tout lieu de croire morte !

Est-ce à dire que le marquis Tancrède d'Hérouville, le brillant gentilhomme blasé par ses succès auprès des plus grandes dames, aimât d'amour cette enfant inconnue ? — Ceci est un problème qu'il ne nous appartient point de résoudre en ce moment. — Peut-on, d'ailleurs, être épris d'un rêve ? et Pauline Talbot était-elle pour Tancrède autre chose qu'un rêve impalpable, une vision fugitive ?

Toujours est-il qu'il pensait à elle sans cesse, et que, bien loin de se révolter contre l'obsession d'une image qui s'imposait à lui d'une façon si tyrannique et si persistante, il trouvait une joie étrange, une sorte de volupté douloureuse, à ne jamais se séparer de cette image...

Mais, en même temps, il s'imposait la loi de cacher à tous les regards ce qui se passait dans son âme. — La pensée a sa pudeur comme le corps. — Celle de Tancrède s'enveloppait de voiles impénétrables...

Madame de Randan questionnait vainement son frère sur les causes du changement qu'elle croyait remarquer en lui.

— Le marquis répondait à la duchesse qu'elle était dupe d'une illusion et qu'il se sentait toujours le même.

Au fond de cet indéfinissable sentiment qui dominait le gentilhomme, y avait-il un vague espoir de retrouver un jour la jeune fille, de se faire aimer d'elle, de l'associer à son avenir et à son bonheur ? — Nous ne le savons pas, et nous croyons pouvoir affirmer que Tancrède l'ignorait aussi bien que nous... — Comme les Indiens fumeurs d'opium, il n'entrevoyait rien au-delà de son rêve incessant, et les visites du gracieux fantôme suffisaient à peupler sa vie...

. . . .

Cependant les deux cavaliers avaient franchi la courte distance qui les séparaient encore des grèves du fleuve.

Le cheval de Tancrède s'arrêta sur le bord de l'eau, frap-

pa du pied et poussa un hennissement d'impatience. —
C'était un étalon, de la plus merveilleuse et de la plus complète beauté. — Sa robe, d'un noir bleuâtre éclatant, n'offrait d'autre tache qu'une étoile blanche au milieu du front,
sa queue fouettait l'air comme un panache soulevé par le
vent et sa crinière, longue et soyeuse autant qu'une chevelure de femme ruisselait jusque sur son poitrail.

Ce cheval ne nommait *Hadgi* et descendait de la fameuse
jument du prophète par une suite non interrompue d'ancêtres glorieux.

La monture du valet de monsieur d'Hérouville appartenait à la même race illustre, et n'avait guère moins de
mérite.

Le temps d'arrêt brusque et le hennissement d'Hadgi arrachèrent Tancrède à la rêverie dans laquelle il s'absorbait
et le rappelèrent au sentiment de la situation.

Il se tourna vers la maisonette du passeur, et faisant de
ses deux mains arrondies autour de sa bouche une sorte de
porte-voix, il cria :

— Eh ! père Mathias, debout s'il vous plaît !

— Qui, qui m'appelle ? demanda, depuis l'intérieur de la
hutte, une voix endormie.

— C'est moi... c'est le marquis d'Hérouville... — répliqua Tancrède — debout donc, père Mathias, et dépêchez-vous !

— On y va, mon bon seigneur !... on y va ! — reprit vivement la voix du passeur — je suis aux ordres de monsieur le marquis, tout de suite !...

En effet, avant que deux minutes se fussent écoulées, la
porte s'ouvrit et un paysan à demi-vêtu, robuste encore
quoique déjà courbé par l'âge, s'élança au-dehors avec un
vivacité qui prouvait son zèle.

— Que monsieur le marquis me pardonne, s'écria-t-il
— je dormais comme une taupe et je mérite cent coups de
bâton pour l'avoir fait attendre...

XIX

UN DRAME SUR LA RIVIÈRE.

Tout en disant ce qui précède, Mathias le passeur s'empressa de détacher la chaine rouillée qui maintenait le bac, et saisit la corde dont le milieu plongeait sous l'eau, et grâce à laquelle il pouvait, sans trop de peine, conduire d'un bord à l'autre la lourde machine.

Tancrède, au lieu de mettre pied à terre, rendit la maille à sa monture qui d'un seul bond atteignit le milieu du bac dont on entendit gémir et trembler la membrure, comme si toutes les parties de la vieille embarcation allaient se disjoindre...

Mathias poussa un profond soupir d'effroi et de résignation, ainsi qu'il le faisait d'ailleurs chaque fois que monsieur d'Hérouville montait dans le bac.

Le valet, sans doute compatissant aux terreurs du pauvre homme, terreurs qu'il partageait peut-être jusqu'à un certain point, descendit et prit son cheval par la bride pour le faire entrer dans le bac.

Le passeur pesa sur la corde et le radeau pesant, se séparant lentement du bord, se dirigea vers la rive opposée.

Tant que le bac se trouva dans des eaux calmes, tout alla bien et la corde à peine tendue fonctionna comme de coutume, mais au bout de quelques minutes l'embarcation atteignit le milieu du fleuve, l'endroit, par conséquent, où les eaux devenaient profondes et rapides.

La besogne du passeur devenait, sinon plus difficile, du moins plus fatigante, et Mathias devait faire un puissant effort pour lutter victorieusement contre le courant.

Il s'arc-bouta contre le plat bord, et, se cramponnant des deux mains au câble ; il imprima à la machine une vigoureuse impulsion...

Un craquement sourd se fit entendre...

Mathias, frappé au visage par la corde soudainement détendue, poussa un grand cri, et le bac, au lieu de continuer sa marche en droite ligne, oscilla d'une façon brusque et tourna sur lui-même comme un homme pris de vertige et qui va tomber...

Puis saisi et dominé irrésistiblement par le courant, il se mit à descendre le fleuve avec une rapidité prodigieuse.

— Ah! ça, Mathias, qu'y a-t-il donc? demanda monsieur d'Hérouville très-surpris.

— Ce qu'il y a, monsieur le marquis?.. répondit le passeur tremblant, en s'arrachant avec désespoir une poignée de cheveux gris — il y a que nous sommes perdus...

— Perdus! répéta Tancrède.

— Positivement, et il ne nous reste, à l'heure qu'il est, qu'à recommander notre âme au bon Dieu...

— Pourquoi donc cela?..

— Parce que la corde du bac vient de se briser, et que nous nous en allons à la dérive!.. — Ah! c'est le diable qui s'en mêle!.. — un bon cordeau tout neuf qui sert depuis six mois à peine et qui devait servir encore pendant cinq ans, au moins!..

— Je vois bien l'accident, — reprit Tancrède en souriant malgré lui — mais le péril ne me paraît pas, à beaucoup près, aussi grand que vous le faites, père Mathias, nous allons échouer doucement sur un bord ou sur l'autre, et, selon toute apparence, nous en serons quitte pour un bain.

— Oh! que non pas, monsieur le marquis! — répliqua le passeur — le courant nous porte sur la pointe de l'îlot et la pointe de l'îlot est mauvaise! — il y a là de vieilles souches de saules, à fleur d'eau, qui mettront le bac en capilotade, et, tout à l'entour, des herbes si épaisses et si drues qu'elles lient comme des ficelles les jambes du meilleur nageur et le *neyent* en moins de rien! que mon saint patron et tous les saints aient pitié de nous, nous n'en reviendrons pas!..

— Mort de ma vie! — murmura Tancrède — la situation

est grave en effet ! — n'avez-vous donc pas sous la main quelque aviron qui servirait de gouvernail et avec lequel il deviendrait possible de diriger le bac et de lui faire éviter l'îlot ?

— Hélas je n'ai rien de pareil, monsieur le marquis... — à quoi bon m'embarrasser d'un aviron quand j'avais la corde ?.. une corde toute neuve et si solide ! — Ah ! sur le salut de mon âme, je jurerais qu'elle a été coupée par malice ! Et que Dieu punisse comme il le mérite le misérable qui a fait cela !

Tandis que le bac désemparé continuait à descendre le courant avec une rapidité toujours croissante, et que les paroles que nous venons de reproduire s'échangeaient entre le marquis d'Hérouville et le passeur Mathias, le baron de Lascars frémissait d'une joie infernale et ressentait les premières voluptés d'une vengeance qu'il croyait certaine.

— A la besogne, mes compères ! — s'écria-t-il au moment où la corde rompue devenait inutile dans les mains du passeur. Ils sont à nous maintenant comme le lièvre forcé par les chiens est au chasseur !

Sauvageon et Macaroni appuyèrent sur leurs avirons, d'une main savante et exercée, et le petit bateau plat quoique lourdement construit et chargé de cinq personnes, fila presque aussi vite qu'un you-you de la marine royale.

La lune venait de disparaître derrière un rideau de nuages épais ; une obscurité quasi-compacte couvrait la Seine, rendant plus terrible encore la situation des passagers en détresse...

Lascars entrevoyait à trois ou quatre cents pas de lui, comme une masse sombre et flottante sans aucune forme distincte, le bac vers lequel il se dirigeait.

Au bout d'un petit nombre d'instants, grâce à l'ensemble merveilleux et à l'incomparable habileté des rameurs, la distance qui séparait les deux embarcations n'était plus que de quelques toises.

Mathias, malgré l'immense épouvante qui l'absorait, entendit alors derrière lui le bruit cadencé des avions.

Il se retourna ; — il aperçut la barque chargée de monde, t il balbutia avec un délire d'autant plus vif que sa terreur vait été plus intense :

— Un bateau ! c'est un bateau ! — monsieur le maruis, que Dieu soit béni ! — il ne voulait pas notre mort ! nous sommes sauvés ! — on vient a notre aide !...

Tancrède n'eut pas le temps de répondre.

— Etes-vous là, monsieur d'Hérouville ? demanda d'une voix haute Roland de Lascars.

— Je suis là, — répliqua le marquis, je suis là, fort en péril, à ce qu'il paraît. Jetez nous donc une amarre, braves gens, et vous recevrez des preuves éclatantes de ma munificence aussitôt que j'aurai mis pied à terre.

Le baron se mit à rire bruyamment.

— Ah ! monsieur le marquis — reprit-il ensuite d'un ton sardonique — quelle erreur est la vôtre ! nous ne sommes point ici pour vous sauver... tant s'en faut ! — C'est moi qui tout à l'heure ai coupé la corde du bac.

— Malheureux ! s'écria Tancrède — dans quel but avez-vous commis cette action infâme ?...

— Dans le but de régler cette nuit mes comptes avec vous, marquis d'Hérouville ! Je vais vous payer ma dette de haine...

— Vous parlez de haine ! fit le marquis avec une profonde surprise, qui donc êtes-vous ?

— Je suis la vengeance.

En prononçant ces derniers mots, Roland de Lascars pressa la détente de son pistolet ; un éclair raya les ténèbres ; une détonnation retentit et fut suivie d'un cri sourd et lugubre. — En même temps un corps lourd frappa les eaux profondes qui jaillirent et se refermèrent sur lui.

Le valet du marquis, frappé mortellement par la balle destinée à son maître, venait de disparaître englouti.

Huber et Bergamotte firent feu immédiatement après Lascars. — Un des projectiles atteignit le chapeau de Tancrède, l'autre troua le revers de son habit, mais sans toucher sa tête ou sa poitrine.

— Misérables ! lâches assassins ! cria monsieur d'Hérouville avec fureur et avec indignation — je vais vous montrer ce que peut un homme de cœur contre une troupe de bandits !...

En parlant ainsi il tira son épée, et enlevant son cheval, de la bride et des éperons, il lui fit franchir le plat bord, il le précipita dans la Seine et il le contraignit à nager de toutes ses forces à la rencontre du bateau plat...

Le généreux animal obéit avec sa souplesse et son intrépidité habituelles, et bientôt son large poitrail toucha presque la chétive embarcation des assassins.

Une nouvelle décharge, faite à bout portant, enveloppa le marquis de feu et de fumée, mais en le laissant sain et sauf, comme s'il avait été revêtu d'une de ces armures invincibles et impénétrables que les bonnes fées du temps de la chevalerie errante donnaient à leurs protégés.

Quand le nuage de fumée se dissipa, Tancrède prit l'offensive à son tour et poussa Hadgi jusqu'au bateau, par un dernier effort, il frappa de son épée le plus proche de ses lâches agresseurs.

Macaroni eut la mauvaise chance d'être celui-là... — l'ex-canotier du golfe de Naples, touché vigoureusement en pleine poitrine, fit entendre un juron italien, lâcha son aviron et roula sans connaissance au fond de la barque...

En voyant le destin funeste de l'italien, Sauvageon, qui n'était brave que lorsqu'il s'agissait d'un péril éloigné, se sentit pris d'une terreur folle. — Il ne perdit point complétement la tête, néanmoins ; il conserva la faculté précieuse de raisonner la situation aussi bien que s'il eut été de sang-froid, et il se dit :

— Macaroni a son compte ! — Ce diable de marquis frappe comme un sourd et paraît avoir un poignet d'acier

— si je reste à bord, mon tour va venir! — avant une demi-minute il fera mauvais pour moi et je verrai trancher le fil de mes jours dans la plus fine fleur de ma belle jeunesse ! Si, au contraire, je me jette à l'eau, pas le moindre danger à courir... — Je nage mieux qu'une grenouille ; — je ferai le plongeon et je ne reparaîtrai qu'à cent pas d'ici, à l'abri des chances fâcheuses... — N'hésitons pas ! ayons le courage de sauver ma vie !...

Se gardant bien bien d'hésiter une seconde de plus, en effet, Sauvageon lança son aviron loin de lui, puis, se dressant sur son banc de rameur, il *piqua une tête* avec une supériorité incontestable, et s'engloutit comme une flèche, sans faire jaillir une goutte d'eau...

Le bateau, livré à lui-même par l'évanouissement du premier de ses équipiers, et par la fuite du second, se mit à pivoter ainsi que l'avait fait le bac quelques minutes auparavant, et suivit ensuite avec docilité le fil du courant qui l'entraînait.

Hadgi nageait de toute sa vitesse pour se maintenir à son niveau, mais, gêné par le poids de son cavalier qu'alourdissaient ses vêtements trempés d'eau, il restait en arrière malgré ses efforts, et la distance, minime d'abord, qui le séparait de la barque, augmentait de seconde en seconde.

Lascars, Huber et Bergamotte rechargeaient leurs armes.

— Etes-vous prêts ? demanda le baron aux deux bandits.

— Oui... répondit Huber, nous sommes prêts...

— Alors, feu ! feu tous ensemble, et, cette fois, finissons-en !..

Les trois détonations se fondirent en une seule.

Une sourde exclamation de Tancrède leur répondit.

— Touché ! — cria Lascars avec une effrayante expression de triomphe — il est touché ! — le marquis d'Hérouville est blessé à mort !...

XX

UN DRAME SUR LA RIVIÈRE.

Lascars se trompait.

Cette fois encore Tancrède venait d'échapper, d'une façon que volontiers nous appellerions miraculeuse, aux balles dirigées contre lui, mais, avec un désespoir indicible, il sentait le pauvre Hadgi, son cheval bien-aimé, sa monture favorite, tressaillir, frissonner sous lui, aspirer l'air de ses naseaux haletants, et battre l'eau de ses jambes nerveuses...

Deux balles meurtrières traversaient l'encolure du noble animal et le sang jaillissait à flot de cette double blessure.
— L'agonie d'Hadgi commença presque aussitôt; — elle fut courte, mais d'autant plus terrible que ce fier descendant des *rois du Jarret* (selon l'expression orientale) réunissait en lui toutes les conditions de jeunesse, d'énergie, de race et de vitalité puissante, qui devaient lui promettre une carrière presque interminable.

Pendant quelques minutes Hadgi se débattit furieusement contre la mort, puis ses forces s'épuisèrent avec son sang, et bientôt l'un des plus nobles fils de l'Orient qui jamais aient lutté victorieusement de vitesse avec l'éclair, ne fut plus qu'un cadavre inerte, flottant entre deux eaux.

Tancrède, donnant un dernier et amer regret à ce fidèle serviteur, à cet ami loyal dont la perte était irréparable, nageait dans la direction de l'îlot dont quelques brasses tout au plus le séparaient.

Le bac, évitant heureusement ces dangereuses souches de saules dont nous avons entendu le passeur parler au marquis, venait de s'échouer doucement sur la grève sablonneuse de la petite île.

Mathias, agenouillé, et les mains levées vers le ciel, priait Dieu avec ferveur de lui venir en aide et de sauver monsieur d'Hérouville...

Ali, le second cheval arabe, semblant comprendre le malheur arrivé à son compagnon, hennissait d'une façon tout à la fois stridente et douloureuse.

Enfin la barque de Lascars, toujours emportée par le courant capricieux, avait doublé l'îlot au lieu de s'échouer sur lui comme le bac, et se perdait déjà dans les lointaines ténèbres.

Laissons le marquis prendre terre et s'étonner de se retrouver vivant et sans blessure après avoir essuyé un si grand nombre de coups de feu, et rejoignons Sauvageon que nous avons quitté tout à l'heure au moment où il venait d'accomplir son plongeon audacieux...

Ainsi que nous le lui avons entendu dire à lui-même, le propriétaire du cabaret du bord de l'eau, nageait aussi bien qu'une grenouille ; il semblait se trouver dans l'eau au sein de son élément natal, et volontiers il aurait rendu des points au plus agile des brochets...

Qu'on juge de son étonnement et de son effroi, lorsqu'après être descendu rapidement par la violence de son impulsion, jusqu'aux plus extrêmes profondeurs du lit de la Seine, il se trouva dans l'impossibilité subite et absolue, non-seulement de remonter à la surface, mais encore de nager entre deux eaux, ainsi qu'il en avait le projet.

Cette impuissance devait avoir une cause.. — Sauvageon la chercha.

Il crut d'abord qu'il se trouvait engagé dans un réseau de ces herbes perfides qui si souvent causent la mort des plongeurs imprudents...

Il explora rapidement l'espace autour de lui ; il le trouva libre, et cependant un poids incompréhensible continuait à clouer ses pieds sur le sable, tandis que quatre toises d'eau passaient incessamment au-dessus de sa tête..

Pendant la centième partie d'une seconde, Sauvageon se crut victime de quelque surnaturelle influence, de quelque maléfice inouï — et se regarda comme perdu...

Tout autre à sa place, en effet, se serait noyé mille fois

pour une. — Ses artères s'engorgeaient, — sa poitrine se gonflait, devenant trop étroite pour son cœur dilaté, ses tempes battaient à se rompre, — la suffocation était imminente... — Mais Sauvageon, comme les pêcheurs de perles de Ceylan, avait la force de passer sous l'eau près de deux minutes, et, grâce à la puissance de l'habitude, les plus terribles symptômes, n'amenaient point chez lui d'asphyxie immédiate.

D'ailleurs, tout ce que nous venons de dire avait traversé son cerveau avec la rapidité de l'éclair... — Il est des instants suprêmes où l'intelligence de l'homme en péril acquiert une lucidité plus qu'humaine...

Soudain, il frissonna de la tête aux pieds, dans son linceul humide, comme si l'étincelle électrique venait de le toucher.

Il se souvenait !... il comprenait !... — l'incompréhensible phénomène n'avait désormais plus rien d'obscur !...

Au moment de quitter le cabaret du bord de l'eau pour se joindre à l'expédition conduite par Huber, notre personnage n'avait pas cru devoir se séparer de ce qu'il aimait plus que tout au monde, c'est-à-dire de la somme assez rondelette représentant ses économies et ses bénéfices. — Cette somme, en bons écus de six livres, jointe aux cent livres remises par Lascars pour assurer le bateau contre toute éventualité fâcheuse, gonflait outre mesure une ample ceinture de cuir serrée autour des reins de Sauvageon...

Le reste se devine...

L'argent jouait ici le rôle du pavé qu'on attache au cou du chien avant de le jeter à l'eau !... — le trésor noyait son maître !...

La pensée qu'il fallait choisir entre la ruine et la mort fut bien cruelle pour Sauvageon !... il éprouva l'une de ces angoisses poignantes, l'un de ces désespoirs inexprimables qui font blanchir soudainement les cheveux d'un homme... — en un mot, il hésita presque !... — mais le temps pressait... — l'agonie allait commencer... — le misérable s'affaiblissait...

D'une main défaillante il détacha la ceinture, et son corps allégé remonta brusquement, ainsi qu'un bouchon de liége à la surface du fleuve...

Là, l'infortuné reprit haleine, et suffoqué, haletant, asphyxié plus qu'aux trois quarts, à peu près incapable de tout mouvement, il se laissa flotter comme une épave inerte, sans s'inquiéter de savoir où le courant l'entraînait...

. . . .

Une fois sur l'îlot, le marquis d'Hérouville n'avait plus rien à craindre. — Il était d'autant plus certainement sauvé que les assassins, privé d'avirons, se trouvaient dans l'impossibilité absolue de remonter le courant et d'essayer une nouvelle attaque...

Nous devons ajouter que les coups de pistolet, retentissant comme une véritable fusillade dans le silence de la nuit, avaient donné l'alarme au château de la duchesse, et qu'on voyait les lueurs d'un grand nombre de lanternes et de fallots briller à travers les futaies du parc et se diriger vers la rivière.

L'idée d'un guet-apens et d'un assassinat tentés dans de si bruyantes conditions ne se présentait à l'esprit de personne, mais tout le monde croyait à quelque audacieuse expédition de braconnage, et les gardes-chasse préparaient leurs carabines afin d'être prêts à faire feu sur les maraudeurs en cas de collision.

La stupeur et l'indignation de ces braves gens furent au comble lorsqu'ils s'entendirent héler, depuis la petite île, par Tancrède qui les mit en quelques mots au fait de ce qui venait de se passer...

Quelques-uns, la carabine à l'épaule, restèrent en faction sur la berge ; d'autres coururent prévenir la duchesse de Randan, d'autres enfin prirent rapidement la direction de l'embarcadère, situé un demi-quart de lieue plus haut, où les barques du château se trouvaient amarrées.

Ces derniers déployèrent une activité sans pareille.

Un bruit de rames se fit entendre au bout d'un temps incompréhensiblement court, et deux chaloupes abordèrent l'îlot.

Tancrède prit place dans l'une d'elles ; — l'autre se chargea du bonhomme Mathias, mal revenu de son épouvante, et le cheval Ali, hennissant toujours lamentablement pour appeler son compagnon disparu, suivit les barques à la nage...

Un quart-d'heure après ce moment, la jeune duchesse, pâle d'émotion et de terreur, se jetait dans les bras de son frère sur le perron du château, et le conduisait à son appartement où des vêtements secs l'attendaient près d'un grand feu.

— En vérité, ma sœur, s'écria le marquis, c'est miracle que je puisse t'embrasser encore, ainsi que notre chère Mathilde, et Dieu m'a bien visiblement protégé cette nuit, car, selon toutes les prévisions humaines, je devais laisser ma vie dans ce guet-apens infâme où mon fidèle valet de chambre et mon pauvre Hadgi ont laissé la leur...

— Tancrède — murmura la duchesse — raconte-moi bien vite cette terrible, cette hideuse aventure ; — j'ai besoin de l'entendre de ta bouche et je ne puis ni croire, ni comprendre ce que viennent de me dire mes valets...

Le marquis fit à sa sœur un récit rapide des faits accomplis ; — lui non plus ne pouvait les comprendre, et, il se perdait en vaines conjectures sur le but et sur les auteurs d'une machination plus semblable à une embuscade de guerre qu'à une tentative de meurtre dirigée contre un seul homme...

Le chef des assassins, ou du moins celui qui semblait être leur chef, avait parlé de régler un compte de haine et de vengeance. — Qui donc pourrait être cet homme ? — à qui monsieur d'Hérouville avait-il fait un assez sanglant outrage pour s'attirer de telles représailles ?...

Pendant quelques secondes la pensée du marquis s'arrêta sur Lascars, mais le misérable qui vole au jeu n'est pas forcément un assassin, et les soupçons toujours indécis de Tancrède continuèrent à s'égarer...

Le reste de la nuit se passa en une longue causerie entre le frère et la sœur, heureux de se trouver ensemble, comme le sont des gens qui s'aiment et que la mort a failli séparer, et ne songeant ni l'un ni l'autre à goûter une heure de sommeil.

Dès l'aube naissante, monsieur d'Hérouville sortit à cheval, suivi de deux valets, et se dirigea vers les rives de la Seine, afin de revoir au grand jour le théâtre de la lutte nocturne dans laquelle il avait failli périr.

Tout était tranquille... — le bac échoué à la pointe de l'îlot semblait attendre qu'une main officieuse vint le remettre à flot et le ramener à sa place accoutumée ; — de faibles vapeurs s'élevaient au lointain et indiquaient à travers les bois et les prairies le cours sinueux de la rivière.

Tancrède mit son cheval au pas et côtoya lentement, pendant à peu près une demi-heure, les sinuosités du fleuve.

Il atteignit un endroit où la Seine formait un coude brusque comme si ses eaux voulaient retourner en arrière et remonter vers leur source.

Là il s'arrêta, et sans doute il allait tourner bride et revenir au château quand son attention fut attirée par un incident imprévu.

Un homme portant la livrée de la duchesse de Randan, se dirigeait de son côté de toute la vitesse de ses jambes...

8.

XXI

LE DÉPART.

— Eh bien! Giraud — demanda Tancrède, à cet homme qu'il reconnut par un des valets de pied de sa sœur — qu'y a-t-il donc, et d'où venez-vous si vite et de si bon matin?...

— Monsieur le marquis — répondit le valet, rendu haletant par la rapidité de sa course — je viens de faire une grosse découverte...

— En vérité!..

— Oui, monsieur le marquis, une découverte *conséquente*, et qui sera peut-être bien utile pour découvrir les gredins de la nuit passée...

— Ah! ah! de quoi s'agit-il donc?..

— D'un *bachot* qui s'est engravé, à cinq cents pas d'ici, sur le bord de l'eau, au milieu du sable et des herbes...

— Quelque bateau de pêcheur, sans doute?..

— Oh! que nenni, monsieur le marquis... — C'est un bateau de mauvaises gens...

— A quoi diable avez-vous deviné cela, Giraud?

— Ah! monsieur le marquis, c'est bien facile à voir... le fond est tout rempli de sang et, dans ce sang, il y a un homme étendu

— Un cadavre? — s'écria Tancrède.

— L'individu en question a l'air fort mal accommodé, monsieur le marquis... il n'a point sa connaissance, c'est certain... mais je ne sais pas s'il est mort...

Monsieur d'Hérouville se souvint à l'instant du rameur dont il avait entamé la poitrine d'un coup d'épée, et ne douta pas que ce fut lui dont parlait Giraud.

Les réponses de cet homme, s'il vivait encore, l'examen de son cadavre par les agents de monsieur de Sartines, s'il était mort, pouvaient aider puissamment à la recherche de la vérité et mettre la justice sur les traces de l'instigateur du complot.

Bref, à tous les points de vue, la découverte de Giraud offrait une réelle importance.

— Passez le premier, mon ami — reprit monsieur d'Hérouville — et conduisez-moi près de la barque...

Giraud obéit sur-le-champ et montra le chemin au marquis que suivaient deux serviteurs à cheval.

En moins de cinq minutes la petite troupe arriva près de l'anse sablonneuse où Lascars, Huber et Bergamotte avaient abandonné le bateau de Sauvageon.

L'esquif, aux trois quart échoué, s'immobilisait au milieu des joncs.

Le corps inanimé de Macaroni, reposait, étendu sur le dos, dans une mare de sang caillé. — Une pâleur livide couvrait le visage bronzé du bandit, auquel de longues moustaches hérissées et d'un noir violent, donnaient un cachet étrange.

Sur l'ordre de Tancrède, Giraud et l'un des valets se déshabillèrent à demi — entrèrent dans l'eau — soulevèrent le corps ou le cadavre, et le déposèrent en haut de la berge aux pieds du marquis.

Ce dernier descendit de cheval, appuya sa main sur le cœur de Macaroni et constata de faibles battements. — La chair, d'ailleurs, était tiède.

— Cet homme n'est pas mort.. murmura Tancrède — mais vivra-t-il?.. avant tout, examinons la blessure...

Les vêtements écartés laissèrent voir à l'endroit de la poitrine une longue entaille, qui semblait profonde et d'où 'échappaient encore quelques gouttes d'un sang vermeil...

— Est-ce dangereux ? est-ce mortel ? — continua monsieur d'Hérouville — en se parlant à lui-même — je n'ai as la science qu'il faut pour décider cela... — un médecin eul pourra trancher la question...

Puis il ajouta, en s'adressant aux valets :

— Coupez des branches et des rameaux, improvisez de

votre mieux une rivière, et transportez au château ce malheureux...

Ceci fut fait avec une célérité merveilleuse, et moins d'une heure après ce moment, un médecin, qu'on était allé quérir en toute hâte, déclarait que l'épée du marquis, n'ayant atteint aucun organe essentiel, la blessure n'offrait rien de grave par elle-même, et que si le bandit succombait aux suites de cette blessure, il faudrait attribuer sa mort à l'énorme quantité de sang qu'il avait perdue...

— Docteur — dit monsieur d'Hérouville au médecin — la vie de cet homme est pour moi d'un prix énorme... — Lui seul pourra désigner l'ennemi inconnu qui me poursuit de sa haine, qui sans doute, ne se tiendra point pour battu et me tendra de nouveaux piéges !.. — Pour mon salut, sauvez donc ce misérable ! mon existence est dans vos mains...

— Je ferai de mon mieux, monsieur le marquis... répliqua le médecin — et, si modeste que soit mon mérite, j'ai l'espoir de réussir.

. . . .

Lascars, désespéré d'avoir échoué si complétement dans une entreprise dont le succès lui semblait certain, quitta la barque au moment où la force du courant la faisait échouer à l'endroit où nous venons de la retrouver.

Huber et Bergamotte imitèrent son exemple. — Tous trois s'éloignèrent au plus vite, car ils avaient vu les lumières briller dans le parc du château, ils avaient entendu le bruit des voix, et ils éprouvaient la crainte parfaitement naturelle de se trouver, d'une minute à l'autre, traqués comme des bêtes fauves, par de nombreux valets bien armés.

Le chef de lapins et son lieutenant se consolaient de la perte de Macaroni, qu'ils croyaient tué, et de la disparition de Sauvageon qu'il croyaient noyé, par la pensée qu'ils hériteraient de leurs compagnons et toucheraient chacun double part de la somme promise par Roland.

Leur premier soin fut de se faire payer cette somme,

aussitôt qu'ils eurent fait assez de chemin pour se sentir en sûreté ; ils marchèrent ensemble pendant tout le reste de la nuit, mais ils se séparèrent au point du jour, afin d'éviter les soupçons que leur réunion pouvait faire naître, et ils eurent la prudence de rentrer dans Paris par trois barrières différentes.

Lascars, en arrivant à son hôtel, y trouva de fâcheuses nouvelles. — Une lettre du procureur chargé de défendre ses intérêts, lettre arrivée la veille au soir, après son départ, lui apprit que ses nombreux créanciers avaient achevé de se mettre en règle, que les titres exécutoires et définitifs étaient aux mains des recors et des huissiers, et que d'un instant à l'autre, s'il ne se réfugiait dans quelque cachette introuvable, il courait le risque d'être appréhendé au corps et conduit en prison pour dettes.

Ceci n'avait rien d'imprévu pour le baron qui depuis longtemps, nous le savons, se trouvait sous le coup d'une catastrophe inévitable, et pourtant une crise d'effroyable colère s'empara de lui, tandis qu'il lisait cette lettre à laquelle il devait si bien s'attendre.

— Ruiné ! perdu ! — s'écria-t-il avec une rage folle. — Eh que m'importe ? — fuir !.. ce ne serait rien !.. — mais disparaître sans m'être vengé ! voilà le malheur, voilà la honte !.. — Impuissant !.. impuissant contre cet homme ! — Ah ! cette pensée me déchire et me tue !.. il ne me reste qu'un bien : ma vie !.. — Le démon m'est témoin que je la donnerais de grand cœur à qui me donnerait la vengeance !..

Peu à peu, cependant, la fureur du baron s'évapora par sa violence même.

— Après tout — se dit-il rien n'est désespéré... — J'ai tout un long avenir devant moi, et, pourvu qu'un jour la vengeance arrive, il importe peu qu'elle vienne tard !

Ranimé par l'espérance bien ou mal fondée qu'il venait de galvaniser au plus profond de son âme haineuse, Lascars ne songea plus qu'à s'ocuper des préparatifs de son départ.

Il commença par donner à ses valets des commissions qui devait les éloigner de l'hôtel pendant la plus grande partie de la journée. — Il envoya Lorrain lui chercher un carrosse de louage, avec l'ordre de faire stationner ce carrosse dans la ruelle qui se trouvait derrière le jardin près d'une petite porte de sortie.

Ceci fait, Lorrain lui-même reçut une lettre à porter dans le plus lointain quartier de Paris et se mit en route sur-le-champ.

Lascars agissait ainsi pour éviter, au dernier moment, les réclamations de ses serviteurs, qui tous étaient ses créanciers, n'ayant pas reçu un sou de leurs gages depuis plus d'un an.

Dès qu'ils se trouva seul dans ce vaste hôtel où ses aïeux avaient honorablement vécu, comme de bons et loyaux gentilshommmes qu'ils étaient, et d'où il allait sortir perdu de dettes, fugitif et déshonoré, le baron rassembla le peu d'argenterie et les quelques bijoux qu'il possédait encore ; — il s'habilla avec une extrême simplicité ; — il entassa dans une valise de voyage du linge, des vêtements et des armes, puis, prenant cette valise sur son épaule et tenant à la main le paquet de bijoux et d'argenterie, il gagna le fiacre qui l'attendait et il se fit conduire chez un orfèvre à qui il vendit, pour une somme de deux cent cinquante louis, le petit nombre d'objets précieux arrachés au désastre de sa fortune, ou, pour mieux dire, soustraits à ses créanciers, dont ils étaient le gage légitime.

Muni de cette somme et de sa valise, Lascars changea successivement trois fois de voiture, afin de dérouter les recherches, si toutefois quelques recherches devaient être faites...

Le cocher de la dernière voiture lui demanda, selon la formule sacramentelle :

— Où allons-nous, mon bourgeois ?..

Lascars répondit par cette question :

— Combien me prendriez-vous pour me conduire à Bougival ?..

— A Bougival ! — répéta le cocher — diable, la course st bonne !..

— Aussi suis-je disposé — répliqua Roland — à la payer en conséquence... faites donc votre prix et ne perdez pas de temps à réfléchir, car je suis pressé...

— Quatre lieues pour aller — reprit le cocher, — et quatre lieues pour revenir, ça fait huit lieues...

Lascars frappa du pied avec impatience.

— Il ne s'agit pas du nombre de lieues — s'écria-t-il — mais du prix que vous exigez...

— Dam ! il me semble que deux écus de six livres... — est-ce trop, bourgeois ?..

— Je vous les donne...

— Et, un pourboire...

— Vous aurez le pourboire, mais conduisez-moi bon train... Je tiens beaucoup à arriver avant la nuit...

— Soyez en paix... j'ai là deux petits bidets normands qui marchent mieux que la poste du roi...

Lascars s'installa dans l'un de ces étranges véhicules, que, dès cette époque, on baptisait du nom de *fiacres*, mais dont aucune description ne pourrait donner à nos contemporains une idée exacte.

Lascars, on le voit, faisait preuve de résolution et de courage en prenant place avec sa valise dans cette terrible voiture. Le cocher fouetta vigoureusement ses bidets étiques ; — l'attelage se mit en mouvement, tant bien que mal, à un trot incertain, saccadé, et, après quatre heures de marche, une demi-douzaine de stations en face des cabarets borgnes qui bordaient la route, le fiacre atteignit enfin les premières maisons du hameau de Bougival.

XXII

A BOUGIVAL.

A l'époque où se passaient les faits que nous racontons, Bougival ne ressemblait guère à ce qu'il est devenu de nos jours. Les innombrables et élégantes habitations, tout à fait parisiennes, dont les vastes jardins remplis de verdure et de fleurs descendent presque jusqu'aux rives de la Seine, n'existaient point encore. — Des bois touffus s'étalaient sur les flancs de la colline couronnée par le pavillon de Luciennes, cadeau royal de Louis XV à la comtesse Du Barry.

Bougival n'était alors qu'un tout petit village, ou pour mieux dire un hameau presque exclusivement habité par des paysans et des pêcheurs.

Le cocher se pencha vers la portière, que fermaient, au lieu de vitrage, des rideaux de cuir, et demanda :

— Faut-il arrêter, bourgeois ?

— Pas encore, répondit Lascars.

— Nous sommes à Bougival, cependant.

— Continuez jusqu'à l'extrémité du village, et ne faites halte que lorsque vous aurez dépassé de deux cents pas la machine de Marly.

— Voilà qui augmente encore la course ! murmura le cocher en grommelant, selon la coutume à peu près invariable de ses pareils.

Au bout d'un quart d'heure, le fiacre s'arrêtait, laissant derrière lui les constructions énormes, les engrenages bizarres, les échafaudages quasi-fantastiques, de la célèbre machine construite pour Louis XIV par Rennequin Sualem, dans le but d'envoyer jour et nuit aux bassins et aux fontaines jaillissantes du royal Marly d'énormes quantités d'eau.

La machine vient de disparaître, presque en même temps que la *pompe Notre-Dame* qui lui ressemblait un peu, mais son souvenir restera longtemps vivant et distinct dans la mémoire de tous ceux qui l'ont vue, ne fut-ce qu'une fois, car sa masse gigantesque, ses formes étranges, ses roues d'une hauteur prodigieuse, ses tremblantes plate-formes, les rauques clameurs et les craquements sinistres qui s'échappaient sans cesse de sa membrure tourmentée, étaient de nature à frapper vivement les imaginations les plus froides.

Lascars mit pied à terre, il paya le cocher et franchit le seuil d'un petit cabaret tapissé de vigne vierge, situé sur la berge même de la rivière et ombragé par trois tilleuls deux fois séculaires, aux basses branches desquels étaient suspendus des filets de toutes sortes.

Une plaque de fer blanc, accrochée au-dessus de la porte et *illustrée* par un pinceau naif, offrait aux regards une pyramide de goujons frits et dorés sur un plat de faïence blanche et bleue, et un verre énorme rempli jusqu'aux bords d'un liquide violacé qui devait être du vin de Suresne ou d'Argenteuil.

Trois ou quatre petites tables de bois, placées sous les grands arbres, attendaient les amateurs de fritures et de vin violet, et plusieurs bateaux, les uns grossièrement goudronnés, les autres fraîchement peints de couleurs vives, étaient destinés, ceux-ci aux pêcheurs pour les nécessités de leur métier, ceux-là aux promeneurs du dimanche.

Quiconque connaît un peu les environs de Paris, — quiconque a suivi du moins la route impériable conduisant à Saint-Germain par Courbevoie, Nanterre et Rueil doit savoir que la Seine, à la hauteur de Bougival, se divise en deux bras qui se rejoignent presqu'en face du village de Port-Marly, et qui étreignent entre leurs ondes jumelles une île étroite et longue, appelée aujourd'hui, nous le croyons du moins, *l'île d'Aligre*.

Au bord de cette île, de l'autre côté du premier bras de Seine et précisément en face du petit cabaret dont nous venons de parler, s'élevait, moitié sur pilotis et moitié sur la terre ferme, une maison assez vaste au-devant de laquelle une large estacade s'étendait dans la rivière.

Cette maison, vue depuis la rive où se trouvait Lascars, offrait un aspect de délabrement d'une tristesse indicible. Les lichens et les mousses rongeaient les tuiles de son toit. Les pierres avaient pris une teinte sombre — les pilotis et les planches de l'estacade étaient devenues noires comme de l'encre.

Un mur en grossière maçonnerie, percé d'une ouverture dont la porte n'existait plus, entourait un terrain de deux arpents, attenant à la maison, terrain inculte depuis un grand nombre d'années et encombré de broussailles luxuriantes et de végétations parasites d'une incomparable vigueur.

Il suffisait de jeter un coup-d'œil sur la construction dont nous venons de tracer un croquis rapide, pour se convaincre qu'elle était inhabitée, et probablement inhabitable.

Il pouvait être cinq heures de l'après-midi. — Le soleil à son déclin répandait des traînées de poudre d'or sur les méandres prochains de la Seine et noyait au sein d'une buée lumineuse les horizons lointains.

Seule, au milieu de cet étincelant ensemble, la maison déserte se trouvait dans l'ombre, et son toit lépreux, ses noires murailles, ses étroites fenêtres aux vitres brisées, formaient un sombre repoussoir, et évoquaient involontairement dans l'esprit des idées lugubres et de fâcheux augure.

Roland de Lascars, nous l'avons dit — franchit le seuil du cabaret et se trouva dans une pièce assez malpropre, servant tout à la fois de salle commune et de cuisine, et dont les murailles blanchies à la chaux avaient pour tout ornement des images d'Epinal remarquables par la crudité de leurs violentes enluminures.

Il se trouva en face d'une vieille paysanne qui distribuait sur le carrelage quelques poignées de grain à deux grosses poules blanche et noire, accompagnées de leurs couvées abondantes.

Lascars était vêtu simplement, nous le savons, mais malgré la modestie de son costume, il avait grand air ; la bonne femme du cabaret lui trouva tout à fait la physionomie d'un seigneur et se dit qu'il devait être clerc de procureur pour le moins.

— Qu'y a-t-il pour votre service, mon beau monsieur ?

— lui demanda-t-elle avec une révérence pleine de déférence et de respect.

Par suite des circonstances que nous connaissons, Lascars était à jeun depuis la veille au soir, après avoir passé sur pied la nuit toute entière. Il mourait littéralement de faim.

— Ma bonne femme, répondit-il en posant sa valise sur la table, — je voudrais dîner...

— Dîner ! répéta la paysanne d'un air consterné.

— Est-ce que ça ne se peut pas ? — demanda le baron non sans quelque inquiétude.

— Oh ! quand à ce qui est de se pouvoir, ça se peut tout de même... mais...

Elle s'interrompit.

— Mais, quoi ? reprit le baron.

— Vous tombez bien mal aujourd'hui, mon digne monsieur... Pendant la semaine nous ne voyons jamais personne, aussi c'est seulement le dimanche que nous avons de la viande et du pain blanc... nous faisons venir ça de la ville.

— Enfin, aujourd'hui, que pouvez-vous m'offrir ?

— Pas grand'chose... J'ai du pain bis de la semaine dernière... Je vous ferai une omelette, avec une friture et des écrevisses... aurez-vous assez de ça ?

— Eh ! bonne femme, c'est un festin de prince que vous me proposez-là ! — servez-moi vite, et je n'aurai rien à désirer...

— Dame ! il faut le temps d'allumer le feu, de battre les œufs et d'aller chercher les poissons et les écrevisses dans la boutique (1) ... Mais je vas m'y mettre tout de suite, et, foi de mère Durocher, je ne perdrai pas une minute.

— Dans combien de temps serez-vous prête ?

---

(1) Les pêcheurs de la Seine appellent *boutiques* les caisses flottantes, percées de trous, dans lesquelles ils conservent leur poisson vivant.

— Aux alentours d'une-petite demi-heure, vous pourrez vous mettre à table.....

— D'ici là je vais donc tuer le temps de mon mieux.

— C'est ça, mon digne monsieur... — Il y a un proverbe qui dit : — *Il faut tuer le temps, de peur qu'il ne nous tue !*... — Le proverbe a raison...

— Vous avez des bateaux ?

— Oui, oui, oh ! nous en avons, des petits et des grands.

— Détachez-en un, je vous prie, je vais faire une promenade.

— C'est que voyez-vous, — reprit la vieille — les bateaux ne manquent pas, mais il n'y a personne pour les conduire, attendu que mes deux fils sont à la pêche, du côté du Pecq, et qu'ils ne reviendront qu'à la nuit tombée.

— Peu importe... je sais manier les avirons.

— Alors, c'est différent... — descendez avec moi... — je vas vous décrocher un bachot.

Lascars et la mère Durocher sortirent de la petite auberge, et, foulant un gazon d'une incomparable finesse, ils arrivèrent au bord de l'eau.

La bonne femme décrocha la chaîne d'une embarcation de moyenne grandeur, peinte en rouge vif, avec une bande blanche à la ligne de flottaison. — Lascars s'installa sur le *banc de nage* et saisit les rames lourdes que de gros anneaux de fer unissaient aux tolets.

— Surtout, ne vous en allez pas trop loin, dit la vieille.

— Je ne ferai que traverser la rivière — répliqua le baron — et visiter la maison déserte qui se trouve en face de nous.

— *Le Moulin Noir !* — s'écria la mère Durocher avec une expression d'effroi.

— Oui, *le Moulin Noir*, puisque c'est ainsi que vous appelez ce logis antique.

— Mon digne monsieur, reprit la vieille femme — si

vous voulez m'en croire, vous vous garderez bien d'en rien faire.

— Pourquoi donc ?

— Parce que le Moulin Noir est une maison maudite... Le diable s'en est emparé, et il y revient des esprits (1).

— Qui dit cela ?

— Tout le monde dans le pays.

— Ces esprits dont vous parlez, les avez-vous vus ?

— Mon digne monsieur, il y a trois ou quatre ans j'avais un de mes deux garçons bien malade, et je le veillais... une nuit, en regardant par la fenêtre, j'ai vu comme je vous vois, une petite lumière allant et venant dans le Moulin Noir... — il est bien clair que c'était le diable, car enfin, je vous le demande, qui donc auriez-vous voulu que ça *fusse* ?

Lascars, au lieu de répondre, haussa les épaules, et, maniant les avirons d'une main vigoureuse, il fit voler la barque sur les eaux profondes et transparentes de la Seine.

XXIII

LE MOULIN NOIR.

— Croyez-moi, mon digne monsieur... croyez-moi!... — répétait la mère Durocher d'une voix de plus en plus haute, tandis que le baron s'éloignait rapidement. — N'allez point au Moulin Noir... — c'est une maison qui porte malheur...

Lascars ramait avec un redoublement de vivacité.

En quelques minutes il eut franchi les trois-quarts de la rivière et il engagea sa barque dans le dédale de pieux à moitié pourris qui formaient une sorte de périlleux archipel en avant de l'estacade.

Après avoir fait preuve de beaucoup d'adresse et d'une singulière justesse de coup-d'œil dans cette dernière partie

(1) Voir la deuxième partie de cet ouvrage : *Les Pirates de la Seine.*

de sa traversée, il atteignit un escalier moussu et disjoint dont les plus basses marches disparaissaient sous l'eau, et qui conduisaient à la maison.

Il passa la chaîne du bateau dans un anneau de fer rongé par la rouille, et il regarda, pendant quelques secondes, de grandes roues disloquées qui se trouvaient de beaucoup au-dessus du niveau actuel de la rivère, et qui prouvaient jusqu'à l'évidence que la maison abandonnée avait été jadis un moulin.

Ce moulin, ainsi que l'enclos qui en dépendait, appartenait depuis un temps immémorial à la famille des barons de Lascars. — Il s'était vu, pour ainsi dire, condamné à mort, sous le règne de Louis XIV, par les travaux de Rennequin-Sualem et par le barrage immense sur lequel reposaient la machine de Marly.

Le grand père de Roland, largement indemnisé, aux frais de la cassette royale, du préjudice que lui causaient le changement de niveau des eaux de la Seine, métamorphosant son moulin en une maison presque sans valeur, avait donné l'ordre de louer cette maison pour le prix qu'on en trouverait, mais l'isolement d'un logis situé dans une île absolument déserte, éloignait les amateurs ; — aucun locataire ne se présenta.

La maison, que les teintes sombres de sa toiture et de ses murailles faisaient nommer le Moulin Noir, resta par conséquent déserte pendant une longue suite d'années, — elle se délabra peu à peu, et en raison de cette solitude, de cet abandon, de ce délabrement, elle devint matière à légendes...

Il est remarquable qu'à toutes les époques et chez tous les peuples, les logis déserts ont passé pour être hantés par le diable... — Rien au monde, d'ailleurs, ne nous semble plus illogique que cette superstition, car enfin n'est-il pas de la dernière évidence que si le diable se donnait la peine de quitter son royaume infernal et de se manifester parmi nous, il rechercherait de préférence les cités populeuses, les grandes agglomérations humaines, et dédaignerait profondément les lieux isolés ?..

Le diable, au sein de la solitude, ne se comprend pas !..
Qu'y ferait-il ?.. — à moins qu'il ne se fit ermite !..

Lascars se savait propriétaire du Moulin Noir, et il connaissait la situation exacte de cet *immeuble* — (comme on dit en style d'acte notarié) — mais il n'en avait jamais franchi le seuil.

A maintes reprises il s'était livré à des tentatives d'emprunt, en offrant au prêteur pour gage fallacieux, le Moulin Noir et ses dépendances...

Hélas ! renseignements pris, les Juifs les plus Juifs, les usuriers les plus aventureux, avaient refusé de prêter la moindre somme sur cette masure à moitié croulante, dont dont on ne pouvait tirer parti, et qui ne représentait aucune valeur positive.

Lascars était donc resté propriétaire, bien à son corps défendant, et, pour la première fois de sa vie, il songeait à utiliser sa propriété.

Il gravit les marches de l'escalier, il souleva le loquet d'une porte vermoulue et il entra dans une grande pièce où se voyaient sous une épaisse couche de poussière et de toiles d'araignées centenaires, les meules à moudre le grain, les auges de pierre à recevoir la farine, les rouages de fer et de bois multipliés, enfin tout l'outillage d'un moulin de quelque importance.

Quatre portes latérales donnaient accès dans des chambres dévastées qui n'offraient aucune trace d'ameublement, et dont les fenêtres conservaient une moitié, tout au plus, de leurs petits carreaux verdâtres.

L'une de ces chambres, au bon vieux temps, avait été destinée sans doute à loger le maître lorsqu'il daignait venir visiter les travaux du moulin.

Une boiserie de noyer, d'un assez bon style, couvraient les murailles. — Le plafond, coupé dans sa largeur par deux maîtresses poutres, était divisé en une foule de petits compartiments, enluminés de couleurs vives, et enfin, au couronnement de la haute cheminée de pierre polie, se voyait l'écusson des Lascars sculpté en relief.

— Mes ancêtres avaient-ils donc prévu qu'un de leurs descendants viendrait un jour ici chercher asile contre les huissiers et les recors ? — se demanda le baron avec amertume.

Après avoir achevé rapidement son examen de l'intérieur du Moulin Noir, Lascars voulut visiter l'enclos, mais il lui fut impossible de pénétrer dans cette véritable forêt vierge de ronces et d'épines, dans ce fouillis inextricable de chardons, d'orties, de plantes parasites de toutes les espèces et de toutes les tailles.

On ne pouvait deviner la place occupée jadis par les allées rectilignes du petit jardin.

Quelques arbres fruitiers démesurément développés, jouaient, dans l'enclos, le rôle d'arbres de haute futaie dominant un épais fourré.

Un poirier, surtout, était devenu gigantesque et ressemblait de loin à un chêne de la plus vaste envergure.

— Affreux séjour ! pensa Lascars en soupirant.

Mais presqu'aussitôt, il ajouta :

— Que m'importe, après tout ?.. — quoiqu'il arrive je souffrirai peu de temps ici, car où je trouverai moyen d'en sortir bientôt pour rentrer dans le monde, triomphant et plus riche que jamais, ou du moins j'y mourrai vite d'ennui et de chagrin !..

Après avoir formulé les réflexions philosophiques que nous venons de reproduire, Lascars remonta dans son bateau et reprit le chemin de l'autre rive où il arriva sans encombre.

La mère Durocher venait de mettre le couvert dans la salle basse du cabaret.

Une petite table, couverte d'une nappe bien blanche, supportait un quartier de pain bis et une cruche de vin d'Argenteuil.

— On entendait crépiter l'omelette et pétiller la friture ; — le court-bouillon fortement assaisonné, où les brunes écrevisses s'empourpraient, répandait dans l'atmosphère un parfum de bon augure, très-capable de faire venir l'eau à la bouche d'un gourmand.

Lascars mourait de faim, nous le savons ; — il se mit à dévorer et il lui sembla faire le meilleur repas de sa vie entière.

La mère Durocher le regardait d'un air de satisfaction manifeste.

— Vertu de ma vie ! — se disait-elle tout bas avec un légitime orgueil. — Au moins voilà un digne monsieur qui rend justice à ma cuisine !

Lorsque Lascars eut à peu près satisfait les premières exigences de son appétit, il se renversa sur sa chaise, et, se tournant vers son hôtesse, il lui demanda :

— Ma brave femme, pouvez-vous me donner un lit dans votre maison pour cette nuit ?..

— Vous voulez coucher ici ? — s'écria la mère Durocher.

— Oui — s'il vous est possible de me loger...

— Pour ce qui est d'être possible, ça n'est pas impossible... — nous avons une chambre vide, et dans cette chambre il y a un lit, seulement c'est un lit de pauvres gens qui semblera peut-être un peu dur à un monsieur de la ville comme vous...

— Bonne femme — répliqua Lascars en souriant. — Je suis certain d'avance que je trouverai votre lit tout aussi bon que votre dîner...

— Si c'est comme ça, mon digne monsieur, il est bien à votre disposition, et la maison entière par-dessus le marché... — s'écria la mère Durocher que la courtoisie de son hôte enthousiasmait.

— Je me propose de mettre demain votre complaisance à l'épreuve — reprit Lascars — et je compte sur vous pour une foule de services...

— Je ne demanderai pas mieux, mon digne monsieur, c'est certain !... — quoiqu'il faudra faire ?

— Il faudra d'abord me vendre un de vos bateaux...

— Ah ! par exemple, quant à ça, ce n'est pas moi que la chose regarde.

— Et qui donc ?

— Ce sont mes deux fils... — Les bateaux, voyez-vous, c'est leur affaire... — mais vous n'aurez point de peine à vous accommoder ensemble... — ils vous arrangeront au plus juste prix...

— Ce n'est par tout... — poursuivit le baron — je vous demanderai d'acheter pour moi, soit à Bougival, soit à Saint-Germain un mobilier bien simple, bien rustique, c'est-à-dire un bois de lit et ses matelas, une table, un buffet et quelques siéges... — Je vous remettrai l'argent nécessaire pour ces emplettes...

— Ça ne sera pas malaisé d'acheter tout ça, et ça ne vous coûtera pas gros... — mais dites-moi, mon digne monsieur, vous avez donc l'intention de vous établir dans le pays ?

— Oui, ma brave femme...

— C'est-il à dire que vous allez louer ou acheter une maison, sans vous commander ?...

— Ni l'un ni l'autre... — répondit Lascars en riant.

— Vous ne vous camperez cependant point à la belle étoile, peut-être bien ?

— Non, sans doute, mais je m'installerai dans une propriété qu'un de mes amis met à ma disposition...

— Où donc qu'elle se trouve, cette propriété-là ? — demanda la mère Durocher dont la curiosité grandissait à chaque réponse de son interlocuteur.

— Pas loin de cette maison... — répliqua Roland.

— Est-ce que, depuis ici, on la voit ?

— Très-bien...

La vieille femme se tourna successivement vers les quatre points de l'horizon, et sembla les interroger du regard.

— J'en donne ma langue aux chats... — reprit-elle après quelques seconds de silence, impossible de deviner!... — Il n'y a pas de maison tout près d'ici, et, de quelque côté que je regarde, je ne vois que le Moulin Noir...

— C'est que c'est justement du Moulin Noir qu'il s'agit, ma brave hôtesse... — répliqua Lascars.

Une expression de stupeur épouvantée se peignit sur le visage hâlé et ridé de la vieille femme, puis à cette stupeur succéda une visible incrédulité.

— Ah! mon digne monsieur, vous vous gaussez de moi, bien sûr!... — balbutia-t-elle d'un air un peu confus.

— Ce que je vous dis, — répliqua le gentilhomme, — est la vérité même... — Dès demain j'habiterai le Moulin Noir...

— Alors, que le bon Dieu vous prenne en pitié, car il est très-sûr et très-certain que vous ne tarderez guère à vous en repentir...

— Eh! que voulez-vous qui m'arrive?...

— Tout ce qui peut arriver dans une maison maudite... et, pour ne pas parler d'autre chose, le diable en personne viendra vous tordre le cou...

— Ma foi — fit Lascars en riant — voilà une catastrophe qui me garantira certainement des autres périls! — Aussitôt étranglé par le diable, je défie le reste du monde...

La mère Durocher fit le signe de la croix.

— Mon digne monsieur, balbutia-t-elle — gardez-vous de plaisanter avec ces choses-là!... — on commence par rire, voyez-vous... on finit par pleurer! — Ne risquez point le salut de votre corps et celui de votre âme! Renoncez à habiter le Moulin Noir.

XXIV

LES LAPINS A L'ŒUVRE.

Nous avons laissé Sauvageon flottant, à demi noyé et à peu près sans connaissance, sur les eaux calmes de la Seine, à une faible distance du théâtre des scènes dramatiques racontées par nous précédemment.

En sa qualité de nageur émérite et de premier ordre, le propriétaire du cabaret des Lapins faisait machinalement le petit nombre de mouvements nécessaires pour ne pas couler, mais son intelligence était voilée d'un nuage, il ne se souvenait de rien et ne se rendait aucun compte de sa situation.

Pendant plus d'une demi-heure il obéit sans résistance au courant qui l'entrainait et qui finit, à un détour de la rivière, par le faire échouer sur une plage sablonneuse.

La sensation pénible causée par l'air froid de la nuit qui engourdissait ses membres à travers ses vêtements mouillés, le rappela complétement à lui-même.

Il se leva, il regarda autour de lui, en cherchant à se rendre compte de l'endroit où il se trouvait et de la façon dont il y était venu, et son premier mouvement réfléchi fut de porter la main à la lourde ceinture pleine d'argent qui devait se boucler autour de ses reins...

Nous savons déjà que cette ceinture était au fond de la rivière.

Sauvageon fit un geste de désespoir.

— Ah! malheureux! — s'écria-t-il d'une voix très-haute — malheureux! je suis volé!

Mais, au moment précis où il prononçait ces paroles, la mémoire lui revint, — et il se souvint distinctement de l'immense péril qu'il venait de courir, et du terrible sacrifice au prix duquel il avait été contraint d'acheter son salut...

La nature de Sauvageon était essentiellement cupide et avare. — Une fois hors de danger il se persuada sans peine qu'il avait eu grand tort de sacrifier son argent pour sauver sa vie, l'argent étant plus précieux que la vie! — Il se reprocha violemment son manque d'énergie, sa couardise, son irréflexion, et il se démontra d'une façon sans réplique qu'il lui aurait suffi d'un dernier effort pour triompher de l'obstacle et pour remonter à la surface de l'eau avec son trésor.

Le résultat de ses réflexions, et des reproches que Sauvageon s'adressait, fut de le décider à cotoyer la Seine jusqu'à l'endroit où il s'était élancé hors du bateau pour piquer une tête; — aussitôt arrivé là se disait-il — je plongerai dix fois de suite s'il le faut, et j'explorerai le lit du fleuve jusqu'à ce que j'aie reconquis ma ceinture et son contenu...

Fort heureusement pour lui, Sauvageon ne vint point à bout de retrouver la place où le sacrifice s'était accompli, puis, comme il entendit des bruits de voix, comme il vit briller des torches sur la rive opposée, il se résigna à abandonner ses recherches, il fit de nécessité vertu, et prit le parti fort sage de regagner Paris au plus vite.

— Après tout — se dit-il chemin faisant pour se consoler — j'aurais tort de me livrer complètement au désespoir. — Certes, le coup qui me frappe est très douloureux et très imprévu, mais enfin le malheur est réparable. — J'ai perdu mon cher argent, et je crains bien que mon pauvre bateau ne soit compromis, mais il me reste un cabaret bien achalandé, et comme je possède le grand art de me procurer sans bourse délier le vin et l'eau-de-vie que je vends à mes pratiques; je ferai de nouvelles économies et je releverai les brèches...

Malheureux Sauvageon!

Combien alors il était loin de soupçonner le dernier et épouvantable coup que lui gardait le sort!... — Mais n'anticipons pas...

Voici ce qui s'était passé la veille au soir, tandis que Sauvageon et Macaroni remontaient la Seine à force de rames, pour se rendre, avec Huber et Bergamotte au rendez-vous donné par Lascars.

A l'heure habituelle, c'est-à-dire un peu après la tombée de la nuit, deux lapins de belle humeur et la poche agréablement garnie, Subtil et Jarret d'Or étaient arrivés bras dessus, bras dessous, à la porte du cabaret voisin de l'esplanade des Invalides.

Ils avaient trouvé cette porte fermée.

— Eh! Sauvageon — s'était écrié Subtil en frappant au volet — ouvre-nous, mon bonhomme, et dépêche-toi... — ce sont des amis...

Pour les meilleures de toutes les raisons du monde, Sauvageon ne pouvait répondre.

Subtil et Jarret d'Or, légèrement ébriolés l'un et l'autre par suite de précédentes libations, commençaient à s'impatienter, et même à s'irriter quelque peu, lorsque Liseron, Casque-à-Mèche et Patte-Poule les rejoignirent.

— Qu'y a-t-il? — demanda Patte-Poule à Jarret d'Or qui faisait retentir et craquer la porte sous une série de coups de pied et de coups de poing appliqués vigoureusement. — Et pourquoi menez-vous céans si grand tapage mes petits Lapins?

— Parce que — répliqua Jarret d'Or — ce bélître, ce malavisé de Sauvageon s'entête à nous laisser dehors!...

— Qu'est-ce à dire? reprit Patte-Poule. — Eh! quoi, le drôle se permet de clore la porte de sa bicoque, qui, étant cabaret, par conséquent lieu public, nous appartient aussi bien qu'à lui?...

— Le faquin s'octroye cette licence!...

— C'est illégal et c'est inconvenant!... s'écria l'orateur.

— Oui... oui... — répondirent les lapins avec un ensemble parfait.

— Sauvageon n'est qu'un maroufle qui mérite une leçon... — poursuivit Patte-Poule — je propose de la lui donner... — il ne veut pas nous ouvrir la porte... — entrons malgré lui! — est-ce votre avis, camarades?...

— C'est notre avis... — dirent toutes les voix.

— Alors, en avant, et un peu d'ensemble... — une!... deux!... trois!... – Ça n'est pas plus difficile que ça!...

Un long craquement venait de se faire entendre et la porte attaquée par les solides épaules des bandits, tombait en-dedans avec fracas.

Les lapins se précipitèrent, et, à leur grand étonnement,

ils trouvèrent le cabaret désert. — (Notons en passant que ceux qui, la veille au soir, avaient entendu parler d'une expédition conduite par Huber, ignoraient complétement que Sauvageon dût faire partie de cette expédition.)

— Tiens! — fit Jarret d'Or — la cage est vide! — Je me demande où diable est l'oiseau?...

— Peu importe... — répliqua Patte-Poule — ne nous occupons pas de Sauvageon... qu'il coure le monde cette nuit si bon lui semble, ça ne nous regarde ni peu ni beaucoup... — l'essentiel est que les liquides soient à leur poste, et nous allons nous en assurer tout de suite... — battez donc vite le briquet, vous autres! — il ne fait clair ici non plus que dans un four!...

Une chandelle allumée par l'un des bandits laissa voir, à leur place habituelle, deux futailles ventrues de vin de Collioure, et un petit baril d'eau-de-vie.

— Joie et bombance! — s'écria Patte-Poule avec une contorsion grotesque en frisant sa moustache rousse — nopces et festins!... — camarades, nous allons porter la santé de Sauvageon, qui pour la première fois de sa vie nous régalera gratis!... — Tapons sur les tonneaux mes petits enfants! — désaltérons-nous selon notre soif! — Tout le monde est invité et personne ne payera! — j'espère que c'est généreux et économique!...

Ces paroles furent un signal auquel on obéit avec enthousiasme. — Les lapins saisirent les gobelets de fer blanc rangés en bon ordre sur une planche clouée au mur. — Ils se ruèrent ensuite vers les barriques qui furent en quelques secondes mises debout et défoncées pour rendre la curée plus facile...

Le vin et l'eau-de-vie formant un infernal mélange coulèrent à grands flots dans ces gosiers de bronze. — Au bout de dix minutes les têtes les plus solides furent à l'envers et l'ivresse ne tarda point à devenir bruyante et batailleuse.

Quelques lapins d'humeur acariâtre échangèrent des gros mots; — aux gros mots succédèrent les coups de poing; les couteaux furent tirés... — le sang coula...

Patte-Poule, qui semblait jouir sur ses compagnons sinon d'une autorité réelle, du moins d'une certaine influence, empêcha ces querelles particulières de dégénérer en rixe générale.

— Camarades — dit-il d'une voix assez haute pour dominer le tapage — il est tout à fait réjouissant de se casser un peu les reins entre soi, comme de bons garçons, je ne prétends pas le contraire, mais vous vous amusez à la bagatelle, et nous avons présentement mieux que ça à faire...

Ces premières paroles excitèrent la curiosité générale et firent naître l'attention. — Un silence presque complet succéda au plus étourdissant de tous les vacarmes.

Patte-Poule continua :

— Avez-vous réfléchi quelquefois que Sauvageon, qui ne donne point à boire à crédit, gagne de grosses sommes dans son cabaret et qu'il ne dépense jamais rien ?... donc il est riche, très-certainement...

— Oui... oui... s'écrièrent les lapins nous savons cela...
— Sauvageon est un richard...

— Que fait-il de son argent ? poursuivit l'orateur — vous l'ignorez... je l'ignore aussi... mais je le devine...

A cet endroit du discours l'attention et la curiosité des auditeurs redoublèrent.

Patte-Poule se garda bien de les laisser languir.

— Il est clair comme le jour — reprit-il — que Sauvageon ne place point ses fonds chez les notaires et chez les banquiers pour les faire fructifier... — je le connais bien, ce paroissien-là ! — il est soupçonneux et défiant comme pas un... — il doit cacher son boursicot quelque part, et la cachette doit être ici... — Cherchons donc et nous trouverons, et, quand nous aurons trouvé, nous nous partagerons un argent qui vient de nous et qui par conséquent nous appartient en toute propriété...

Un tonnerre d'acclamations accueillit cet axiome de morale bizarre, et les recherches conseillées par Patte-Poule commencèrent à l'instant même.

On les vit alors fouiller les moindres recoins, et, le couteau à la main, percer à jour les murailles fragiles et démolir la maison un peu plus qu'aux trois quarts, dans l'espoir de découvrir entre deux planches la cachette de Sauvageon.

Nos lecteurs savent déjà que cette exploration ne pouvait avoir aucun résultat, et que Sauvageon, défiant à bon droit, avait emporté sa fortune entière avec lui.

Les recherches durèrent plus d'une heure. — Au bout de ce temps les bandits désappointés furent contraints de reconnaître qu'il fallait renoncer à tout espoir, et que la cahutte du bord de l'eau ne renfermait aucune somme petite ou grosse, en argent, en cuivre ou en or...

Cette certitude les exaspéra. Sauvageon leur parut coupable, à leur endroit, du plus indigne abus de confiance, de la trahison la plus inqualifiable... — ils se répandirent contre lui en injures, en vociférations, en menaces, et nul doute, que si, dans ce moment, le malheureux cabaretier fut tombé entre leurs mains, il n'en serait pas sorti vivant, déchiré par eux comme Orphée, jadis, par les nymphes de Thrâce.

L'idée mise en avant par Jarret d'Or, de brûler la maison, fut accueillie avec de véritables transports.

— Oui... oui... — s'écrièrent frénétiquement les lapins, — mettons le feu à la baraque, et nous rôtirons ce gredin de Sauvageon dans sa bicoque, si le diable nous l'envoie à temps...

Raillerie de la destinée !...

Les deux éléments les plus contraires semblaient conjurés, cette nuit-là, contre l'infortuné cabaretier.

L'eau et le feu le menaçaient à la fois ! — la Seine et l'incendie s'unissaient pour lui préparer de mortels périls !...

XXV

SAUVAGEON.

Aussitôt leur résolution prise, et elle le fut à l'instant même, les lapins l'exécutèrent avec une promptitude incomparable.

Sauvageon gardait dans un vieux bahut quelques poignées d'étoupes destinées à radouber son bateau. — Ces étoupes imbibées d'eau-de-vie, devinrent des torches incendiaires et attachèrent la flamme aux quatre coins de la toiture de chaume et de planches sèches, qui se mit à flamber comme une boîte d'allumettes.

Une colonne de feu monta dans les airs ; — une grande lueur rouge illumina l'espace ; les eaux du fleuve se colorèrent de reflets sinistres et semblèrent charrier du sang...

Les bandits abandonnèrent alors le cabaret qui, d'une minute à l'autre, pouvait s'écrouler et les ensevelir sous ses débris. — En sortant ils emportèrent avec eux le baril d'eau-de-vie, et ils reprirent sur les berges de la Seine l'orgie interrompue.

Lorsque parut le jour, on ne voyait plus qu'un amas de cendres grises à l'endroit qu'avait occupé le cabaret, et, par instants des filets de fumée blanchâtre s'échappaient de ces cendres mal refroidies.

Aucune forme humaine ne se montrait d'ailleurs sur la grève déserte, et depuis longtemps les lapins avaient regagné leurs terriers.

A peu près à ce moment Sauvageon, épuisé de fatigue, et brisé moralement par le chagrin de la perte qu'il avait faite, rentrait dans Paris après avoir marché toute la nuit, et suivait lentement la ligne des quais en se dirigeant du côté de sa demeure.

Absorbé dans ses pensées dont nous connaissons la nature pénible, il n'acordait aucune attention, ni aux lieux qu'il traversait, ni aux rares passants qu'il rencontrait sur sa route.

Cependant, lorsqu'il fut arrivé à la hauteur des terrains que le ministère des affaires étrangères occupe aujourd'hui, il lui fallut sortir de sa préoccupation pour chercher la coupure pratiquée dans le talus et conduisant à la berge.

Il s'engagea dans cette coupure située presqu'en face de son cabaret, et, après cinq ou six pas, il s'arrêta et se frotta les yeux, comme un homme mal éveillé qui surpris par quelque événement imprévu et invraisemblable, se croit encore le jouet d'un songe...

La stupeur et le doute de Sauvageon nous semblent choses faciles à comprendre... — il avait laissé la veille sa maison à cette place, debout, intacte, bien fermée... — il revenait — tout avait disparu ; — la maison s'était, en quelques heures, évanouie comme un rêve ! — ceci n'était rien moins que croyable, et Sauvageon n'y croyait pas !

— Je me serai trompé... — se dit-il — j'ai le cerveau troublé — je suis à moitié fou ! — j'y vois mal ! je suis allé trop loin, ou je me suis arrêté trop tôt... la maison était solide et n'a pu s'envoler...

Et, de la meilleure foi du monde, il se mit à regarder à droite à gauche, cherchant sa demeure anéantie.

Il ne trouva pas ce qui n'existait plus, mais un objet qui frappa ses yeux fut pour lui la première révélation d'une catastrophe accomplie... — C'était le poteau auquel, chaque jour, il attachait la chaîne de sa barque. — Il ne pouvait méconnaitre ce poteau placé à cinquante pas, tout au plus, de la porte du cabaret... — il suivit le chemin tracé dans l'herbe par ses pas quotidiens et il arriva, muet, anéanti, foudroyé, jusqu'à l'amas de cendres fumantes...

Là une lumière soudaine se fit dans son esprit ; — la vérité lui apparut toute entière ; — il se rendit compte, avec une lucidité merveilleuse de ce qui s'était passé la veille au soir.

— Oh! ma maison... ma pauvre maison... — balbutia-t-il — les misérables ! ils l'ont brûlée ! que leur avais-je fait ?

Alors, saisi d'un accès de désespoir indicible, Sauvageon, dépouillé en quelques heures de tout ce qu'il possédait, redescendit jusqu'au bord de l'eau, s'assit, ou plutôt se laissa tomber sur la berge, et là, cachant sa tête dans ses deux mains, il se mit à pleurer à chaudes larmes...

Le pauvre diable de coquin était assurément fort à plaindre ; cependant nous engageons nos lecteurs à garder leur compassion pour des douleurs plus intéressantes.

Sauvageon appartenait à la catégorie nombreuse de ces gredins mal chanceux, auxquels le crime ne réussit pas.
— Il aurait eu tout à gagner non-seulement au point de vue moral, mais encore à celui des intérêts matériels, à rester ou à redevenir honnête homme, mais il ne le comprenait pas, et combien de gens, hélas ! dans une situation identique, ne le comprennent guère mieux que lui !

Pendant deux heures il ne bougea non plus que s'il avait été changé en statue.

Au bout de ce temps il releva la tête et une lueur douteuse rayonna sur son front pâle.

— Ça ne peut pas continuer comme ça — murmura-t-il avec conviction — un jour ou l'autre la chance tournera !
— L'homme qui se laisse abattre comme une femmelette et qui jette le manche après la cognée n'est point un homme ! — Je vas *me procurer* un autre bateau, rebâtir une autre maison, et recommencer ma fortune sur nouveaux frais.

Ce peu de paroles renfermait tout un programme, car nos lecteurs savent de quelle manière opérait Sauvageon pour *se procurer* les objets dont il avait besoin... — Donc l'avenir allait continuer le passé.

L'ex-cabaretier ajouta, en homme qui possède une connaissance approfondie du cœur humain :

— Pour le moment je quitterai Paris, car les lapins ne me pardonneront pas de sitôt le mal qu'ils m'ont fait cette

uit, mais si le diable me prête vie, je les retrouverai tôt
u tard, et quelque chétif que je sois, je leur rendrai ce
al au centuple !

?

Laissons s'écouler un intervalle de deux ou trois jours,
et retournons au Moulin Noir, où nous retrouverons le
baron de Lascars installé.

La mère Durocher et ses fils, séduits par les manières
gracieuses et familières, et surtout par la générosité de
Roland qu'ils considéraient comme un personnage, avaient
fait preuve du plus grand zèle. — Les meubles indispensables, achetés chez un brocanteur de Rueil, garnissaient
la pièce aux boiseries de chêne ; — un petit bateau plat,
tout neuf et peint en vert, dormait au bas de l'escalier, attaché par sa chaîne à l'un des pilotis ; — enfin les deux
jeunes gens, munis de haches et de pioches, avaient ouverts quelques sentiers dans la forêt vierge de l'enclos, et
placé de grosses pierres sous les plus grands arbres de
manière à improviser des bancs.

Il était en outre convenu que l'un d'eux, chaque matin,
apporterait à Roland les provisions nécessaires pour sa
nourriture de la journée.

A peine cette installation achevée, le baron ressentit les
premières atteintes d'un mal terrible entre tous, et inévitable après le changement complet et subit qui venait de
se faire dans son existence. — On devine que nous voulons
parler de l'ennui...

Ces atteintes furent si vives et si soudaines que Lascars
frissonna malgré lui.

— Si je m'abandonne, — se dit-il, — je suis un homme
perdu ! — il faut donc user de toute mon énergie pour la
résistance pendant un temps d'épreuve qui ne sera pas
long... — la vie de Paris est si dévorante, on est entraîné
malgré soi dans un tel tourbillon d'activité fiévreuse, que

le temps manque pour se souvenir, et qu'on oublie vite les absents. — C'est à peine, dans six mois, si mes meilleurs amis et mes ennemis les plus chaleureux se souviendront de mon nom... — Mes créanciers me croyant mort ou expatrié, auront porté le deuil de leurs créances et se trouveront très-heureux d'accepter avec enthousiasme les arrangements que je leur ferai proposer. — Alors je reparaîtrai sans rien craindre, et quelque brillant mariage avec une fille de finance me remettra plus que jamais à flot ! — N'en déplaise à mes ancêtres, vive une mésalliance qui nous enrichit ! — Il ne me reste que mon nom... C'est une valeur, je le vendrai cher ! — Six mois d'exil, après tout, ne sont point l'éternité ! — l'ennui est un fâcheux ennemi, mais la pensée d'un radieux avenir me donnera le courage de le combattre et de le vaincre... — Je veux me cuirasser de toutes pièces... occuper toutes mes heures... ne lui laisser aucune place à prendre... — et, d'abord, pour commencer, je me fais pêcheur dès demain...

Lascars avait raison, l'homme occupé peut défier l'ennui, — l'ennui vaincu s'enfuit devant le travail de l'intelligence ou du corps.

Les fils de la mère Durocher, fort épris de leur profession qu'ils considéraient de très-bonne foi comme l'une des plus belles du monde, ne pouvaient manquer d'approuver le projet de Roland.

Ils se mirent à son entière disposition et prirent l'engagement formel de lui révéler, sans en réserver un seul, tous les secrets du métier.

Dès le jour suivant il partit avec eux, pour commencer son apprentissage, et il goûta quelque plaisir à tendre les lignes, à lever les nasses, à jeter les filets et à les retirer de l'eau, gonflés de poissons frétillants aux écailles argentées.

Tout en pêchant, les fils Durocher ne se condamnaient point au silence et racontaient à leur élève les menus incidents et les petits bruits du pays, qu'il écoutait avec attention, sinon avec intérêt.

— Faut vous faire à savoir, mon digne monsieur — dit l'un d'eux, après avoir effleuré successivement divers sujets, — faut vous faire à savoir qu'il y a présentement, de nos côtés, de mauvaises gens...

— De quelle façon l'entendez-vous ? — demanda Lascars.

— Je l'entends de rôdeurs et voleurs de nuit, qui viennent de Paris, bien sûr, avec des intentions malhonnêtes... — répliqua le jeune pêcheur.

— Ah ! ah !.. et comment savez-vous cela ?..

— Nous avons failli, hier au soir, sur le coup de onze heures et demie, être dévalisés d'un bateau...

— En vérité !

— C'est comme je vous le dis, mon digne monsieur ! — Je revenais de Marly-le-Roi ; il faisait noir plus qu'au fond d'un four, — j'allais rentrer à la maison quand j'entends tout à coup grincer une chaîne du côté de la rivière, — je dresse l'oreille, je descends la berge, et, qu'est-ce que je vois tant bien que mal à travers la nuit ? un gaillard accroupi sur le sable et en train de limer le cadenas de notre meilleur bâchot...

— Alors qu'avez-vous fait ?

— J'ai fait une bêtise... — au lieu de ne rien dire, de marcher tout doucement, et de tomber sur mon drôle à grands coups d'aviron, j'ai crié : *Au voleur* ! de toutes mes forces...

— Et le coquin a pris la fuite ?

— Naturellement...

— Vous l'avez poursuivi ?

— Bien entendu... — mais il faisait si noir qu'au bout de deux minutes j'avais perdu sa trace et qu'il court encore... — il reviendra peut-être la nuit prochaine, et je le voudrais de tout mon cœur, car mon frère et moi nous serons sous les tilleuls, avec de bons fusils, pour le recevoir comme il le mérite et lui souhaiter la bien-venue ! — Défiance, mon digne monsieur, je vous le conseille... — ouvrez l'œil de votre côté, ne fermez pas l'oreille, et faites attention nuitamment, rapport à votre bateau, qui est un beau bateau, et qui vaut son prix...

XXVI

RENCONTRE PRÉVUE.

Pendant toute la journée les habitants de Bougival purent voir assis sur la berge, les jambes pendantes, les pieds à fleur d'eau, dans un état d'immobilité complète, un petit homme roussâtre, assez mal vêtu et doué d'une physionomie médiocrement engageante.

Ce petit homme pêchait à la ligne avec un instrument d'une simplicité toute primitive, consistant en une ficelle attachée au bout d'une gaule et terminée par une épingle recourbée, à laquelle une grosse mouche ou quelque fragment de vermisseau servait d'amorce...

Mais sans doute l'habileté du pêcheur suppléait aux défectuosités de l'engin, car de seconde en seconde le petit homme roussâtre détachait de son épingle un goujon, une ablette ou une perche.

Le soir venu, il entra dans le cabaret le plus proche avec son butin qui représentait pour le moins cinq ou six livres de poissons de toutes les tailles, et il offrit d'abandonner la moitié de ce butin, à la condition qu'on lui ferait cuire le reste et qu'on y joindrait un morceau de pain et un verre de vin.

Le cabaretier n'eut garde de refuser un marché aussi avantageux, — le petit homme soupa longuement, et, quand il reprit son chapeau de paille et son bâton, la nuit était déjà venue.

— Où diable vous en allez-vous comme ça, si tard, mon brave garçon? — lui demanda le cabaretier.

— Je vais où je veux... répondit le pêcheur d'un ton bourru — les chemins sont à tout le monde...

Et, sans attendre d'autres questions, il s'enfonça dans les ténèbres.

— Drôle de paroissien tout de même !... — murmura le cabaretier.

Puis, s'adressant à sa femme, il ajouta :

— Ce petit homme ne me revient guère... s'il se fait cette nuit par hasard quelque mauvais coup dans Bougival ou aux environs, ça ne m'étonnera pas beaucoup...

L'habile pêcheur avait pris, du moins, en apparence, la route conduisant à Saint-Germain...

. . . .

Après avoir tour à tour manié l'aviron et jeté l'épervier pendant cinq ou six heures, Lascars rentra au Moulin-Noir aussi complétement brisé que s'il avait reçu sur tout le corps une volée de coups de bâton.

— Je vais dormir tout d'un somme jusqu'à demain matin... — se dit-il en se jetant sur son lit. — Il me semble déjà que je dors debout...

Lascars se trompait...

Excédé par une agitation nerveuse qu'il crut devoir attribuer à la pesanteur de l'atmosphère dans la chambre qu'il occupait, Lascars se leva, ouvrit la fenêtre, appuya ses coudes au rebord, et baigna ses tempes dans l'air refroidi.

Un silence profond régnait, interrompu seulement par le murmure monotone des eaux de l'écluse et par le grondement sourd et continu des grands rouages de la machine de Marly.

Lascars écoutait distraitement ces vagues rumeurs qui semblaient les voix de la solitude et de la nuit, lorsqu'un bruit soudain, à la nature duquel il paraissait impossible de se méprendre, le fit tressaillir et prêter l'oreille avec attention.

Ce bruit était très-évidemment produit par l'action d'une lime d'acier sur un morceau de fer.

Le baron se souvint à l'instant même du vol tenté pendant la nuit précédente, de l'autre côté de la Seine, à l'embarcadère des fils Durocher, et il ne mit point en doute que le voleur, espérant prendre une prompte revanche de son précédent insuccès s'occupait avec zèle et activité à couper la chaîne du bateau.

— Voilà un gaillard qui me paraît avoir une singulière tenacité dans l'esprit, et beaucoup de suite dans les idées ! — murmura Lascars. — Je suis curieux de faire sa connaissance...

Au lieu de crier sottement : *Au voleur !...* comme le fils Durocher, la veille au soir, le baron quitta sa chambre à pas de loup, ouvrit, non sans des précautions infinies, la porte extérieure du Moulin-Noir, descendit, avec une légèreté de fantôme, l'escalier de pierre dont les dernières marches se perdaient sous l'eau, et arriva jusqu'à deux pas de la barque sans avoir donné l'éveil au nocturne dévaliseur qui continuait paisiblement sa besogne et faisait preuve d'une quiétude inaltérable.

La lime mordait le fer d'une façon tout à la fois vigoureuse et régulière ; — l'homme accompagnait son travail d'une espèce de ranronnement qui rappelait, tant bien que mal, un pont neuf alors en vogue.

— Tudieu ! — pensa Lascars — voilà le plus beau sang-froid du monde ! — Ce gaillard-là n'en doit pas être à son coup d'essai !... — je crois que sa figure tout à l'heure, sera réjouissante !...

En même temps il se pencha vers le voleur qui s'était agenouillé sur la dernière marche de l'escalier afin de fonctionner plus à son aise, et le saisissant au collet d'une main ferme, de manière à rendre inutile toute tentative de fuite, il lui dit :

— Pas de résistance, mon bonhomme, pour peu que vous teniez à la vie !... — je suis armé, et tout disposé, je vous assure, à faire usage de mes armes...

— Au nom du ciel, mon charitable monsieur, prenez

pitié d'un pauvre père de famille sans ouvrage ! — ne me perdez pas ! — je n'avais point d'intention mauvaise... — je ne voulais que vous emprunter votre bateau cette nuit, afin de pêcher un peu de poisson pour mes nombreux enfants, et je vous l'aurais sans faute ramené demain matin...

Dans le but d'ajouter à l'éloquence de ces paroles, le voleur crut devoir y joindre malgré les ténèbres, une pantomime attendrissante. — Il joignit donc les mains et il les tendit vers Lascars, autant du moins que le lui permit l'étreinte du poignet de fer qui le maintenait par derrière et paralysait ses mouvements.

— Il me semble que cette voix ne m'est point inconnue... — se dit le baron en écoutant les supplications de son prisonnier. — Sans aucun doute je l'ai entendue, et même il n'y a pas longtemps... — j'éclaircirai cela tout à l'heure...

Puis il répondit avec ironie.

— Vous êtes très-honnête, mon bonhomme... — vous l'affirmez, et je me garderais bien d'en douter... Donc, non-seulement vous ne serez pas puni, mais vous serez récompensé... — cette récompense, je ne vous la ferai point attendre... — venez chez moi... nous en causerons...

— Allez-vous me mettre à mort ? — s'écria le voleur effaré... — Allez-vous m'égorger sans pitié ?...

Le baron ne put comprimer un éclat de rire.

— Vous mettre à mort ! — répliqua-t-il ensuite — et pourquoi faire, grand Dieu ? — est-ce que vous me prenez pour un ogre ? — non... non... venez sans crainte, mon bonhomme... votre peau ne court aucun risque...

Un peu réconforté par cette assurance, le voleur, dont les jambes flageolaient sous lui comme celles d'un homme ivre, gravit sur ses pieds et sur ses mains les marches de l'escalier, et franchit avec Lascars le seuil du Moulin-Noir.

Arrivé dans la chambre qu'il habitait et dont il referma la porte derrière lui, le baron poussa son captif dans un coin et, faisant jouer la batterie d'un pistolet, il dit brusquement :

— Si vous faites un pas, bonhomme, je vous brûle la cervelle ! — agissez en conséquence !

Inutiles paroles et vaine menace ! — l'infortuné prisonnier ne songeait qu'à se tenir coi !...

Lascars battit le briquet, attacha la flamme à la mèche d'une petite lampe, et la chambre se trouva faiblement éclairée...

Le baron et le voleur échangèrent alors un regard rapide et curieux ; ils se reconnurent ; — une double exclamation jaillit de leurs lèvres.

— Sauvageon ! s'écria Lascars stupéfait.

— Le gentilhomme de l'autre nuit ! — murmura Sauvageon, dont le visage, un instant contracté par l'inquiétude et par l'effroi, reprit aussitôt son expression accoutumée. — Foi de bon garçon, continua-t-il, j'aime mieux que ce soit vous que tout autre, et je suis même très-content de vous voir, attendu que j'ai des réclamations à vous adresser...

— Des réclamations ! — Vous ?... à moi ?...

— Parfaitement bien...

— Je suis curieux de les connaître...

— Je ne vous laisserai pas languir... — mais d'abord commençons par le commencement... — Savez-vous ce que je faisais, tout à l'heure, au bord de la rivière ?...

— Pardieu ! ce que vous faisiez ! — vous étiez en train de me voler mon bateau !

— Certainement... — mais savez-vous pourquoi je volais votre bateau ?...

— Parce que vous êtes un voleur...

— Je suis un voleur aujourd'hui, c'est vrai... — mais il y a deux jours, j'étais un homme établi... un homme ayant pignon sur rue... un homme dont les affaires marchaient bien... un homme enfin à qui la fortune souriait.... — tout cela s'est écroulé en quelques heures — je n'ai plus rien...

je ne suis plus rien... rien qu'un voleur, comme vous dites !
et c'est à vous que je le dois...

— A moi ! répéta Lascars au comble de l'étonnement.

— Oui, monsieur... à vous-même...

— Perdez-vous la tête ?...

— Non monsieur... j'ai tout mon bon sens, et je le répète, c'est à vous seul que je dois ma ruine et ma détresse !
— C'est vous qui m'avez porté malheur !

— Comment cela ?...

— Je vais vous le dire...

Sauvageon, sans perdre une minute, entama le récit des mésaventures que nous connaissons déjà et dont le baron était bien réellement la cause indirecte.

Il termina par cette péroraison pathétique :

— Vous le voyez, monsieur, mon zèle pour votre cause, mon dévouement pour votre service, ont attiré sur mon innocente tête tout un ouragan d'infortunes !... — par suite de la fatalité qui m'accable, je me vois réduit à voler pour vivre, et j'en rougis de honte, car je fus honnête jusqu'ici, et je m'étais juré de l'être toujours ! — Sans vous, monsieur, sans cette entreprise funeste dont j'ai voulu prendre ma part, je serais en ce moment très-heureux, très-vertueux, à la tête d'un établissement prospère et de quelques épargnes rondelettes ! — je vous demande avec confiance de réparer le mal que vous avez fait... — vous me devez un dédommagement, et vous êtes doué d'un trop grand cœur pour ne point souscrire sans retard à ma juste requête...

Lascars avait écouté attentivement l'odyssée du malheureux cabaretier, et c'est à peine si, de temps en temps, un sourire bien vite réprimé s'était dessiné sur sa bouche.

Au lieu de répondre tout de suite, lorsque le récit fut achevé, il garda le silence pendant quelques secondes et parut réfléchir.

— Eh bien, monsieur — demanda Sauvageon inquiet de ce silence — Eh bien, monsieur, vous ne me dites rien ?...

XXVII

LE CHEMIN DE LA FORTUNE.

Lascars, ainsi mis en demeure, releva la tête et regarda son interlocuteur bien en face.

— Je ne vous cacherai point — fit-il — que vous m'intéressez vivement... je suis plein du désir de vous tirer de peine.

— Ainsi, s'écria Sauvageon déjà radieux, vous ferez quelque chose pour moi ?

— Je ferai votre fortune si vous voulez.

— Ah ! monsieur, je ne demande pas autre chose.

— Seulement — poursuivit Lascars — il faut savoir si vous remplissez certaines conditions indispensables...

— Lesquelles, monsieur ? dites-moi lesquelles ! je serai fort surpris, foi de Sauvageon, si je ne les remplis pas du premier coup, et parfaitement bien.

— Etes-vous discret ?

— Autant qu'un poisson !... on ferait plutôt parler un mur que de m'arracher une parole, quand il s'agit de la chose d'un mystère qu'il ne faut pas qu'on sache...

— Etes-vous actif ?

— Je rendrais des points à un écureuil.

— Susceptible d'attachement et de fidélité ?

— Ah ! monsieur, je suis comme *le lièvre...* du proverbe, *je meurs ou je m'arrache !...* — et, pour ce qui est de la fidélité, il n'y a pas beaucoup de caniches en France qui pourraient me damer le pion... j'en réponds !

— Jusqu'ici, tout va bien... continua le baron en souriant — je crois en outre que vous ne manquez pas d'une certaine intelligence.

Sauvageon prit un air de fausse humilité.

— Il ne m'appartient point de faire mon éloge, dit-il, et je serais mal avisé si je me donnais les airs de chercher à influencer monsieur, mais, étant tout petit, j'avais déjà de l'intelligence gros comme moi... On me trouvait malin comme un singe... ça n'a fait que croître et embellir depuis ce temps-là, et aujourd'hui j'ai plutôt trop d'esprit que pas assez, car il y a des moments où ça me gêne.

— Je comprends cela... fit Lascars en conservant admirablement son sérieux, le trop d'esprit doit en effet vous gêner parfois... — Surtout si vous y joignez la modestie...

— La modestie, monsieur, c'est mon fort !... — je laisse aux autres le soin de découvrir mon mérite, mais je n'en parle jamais moi-même.

— A merveille !... je pense que vous êtes l'homme qu'il me faut, et que nous pourrons nous entendre.

— Nous nous entendrons, monsieur, c'est certain !.. — quel sort me destinez-vous ?

— Le plus brillant que vous puissiez rêver, maître Sauvageon... — Je me charge de votre avenir et je vous attache à ma personne.

— En quelle qualité ?

— En qualité de factotum, présentement, et de majordome, un peu plus tard, avec les pouvoirs les plus étendus sur tous les gens de ma maison.

La physionomie de Sauvageon, triomphante et rayonnante jusqu'à ce moment, exprima certaines nuances de désappointement. Il promena ses regards autour de la pièce dans laquelle il se trouvait et la simplicité toute spartiate de l'ameublement sembla produire sur lui une impression réfrigérante.

La surintendance de la maison d'un homme si piètrement logé ne lui semblait pas devoir être le chemin le plus direct pour arriver à la fortune promise.

Lascars se mit à rire aux éclats de la mine piteuse de son auditeur.

— Je vois ce qui se passe dans votre pauvre cervelle !...
— dit-il — la confiance manque, et je ne saurais vous en vouloir, car, si je vous connais bien, vous ne me connaissez pas encore !... — apprenez donc que je suis un grand seigneur, immensément riche, forcé par suite d'une intrigue de cour de me cacher pendant quelque temps, de taire mon nom et d'afficher les dehors de la pauvreté... — mais ceci durera peu... — bientôt mon étoile reparaîtra, plus brillante que jamais, je reprendrai ma place et je pourrai récompenser d'une façon large et digne de moi, ceux qui l'auront mérité par leur dévouement... il dépend de vous d'être de ceux-là, et le premier entre tous... Seulement décidez-vous vite, car une hésitation équivaudrait à un refus, et je ne vous ferais pas, deux fois de suite, une offre si belle.

— Une seule question, mon bon seigneur !... — s'écria Sauvageon, ébloui par les paroles pleines de fascinations et de rayonnements qu'il venait d'entendre — quand votre étoile aura reparu... quand je serai le majordome de votre maison, quels gages me donnerez-vous, s'il vous plaît ?

— Vous tenez à le savoir ?

— Beaucoup, mon cher seigneur, je l'avoue.

— Eh ! bien, je vais, d'un seul mot, vous donner la mesure de ma générosité. Je vous accorde pour gages tout ce que vous pourrez voler chez moi... — Cela vous va-t-il ?

— Parfaitement... répondit Sauvageon avec une naïveté incomparable.

— Ainsi, nous sommes d'accord ?

— Oui, monseigneur.

— Appelez-moi monsieur.

— Oui monsieur...

— A partir de ce moment, vous m'appartenez... — je vous prends à ma remorque, et je vous mènerai loin, comptez-y.

— J'irai aussi loin que vous voudrez, pourvu que la fortune soit au bout du chemin.

— C'est convenu... Donc, ne vous inquiétez plus et reposez-vous de tout sur moi... — dès demain vous entrerez en fonctions auprès de ma personne... quelqu'un vous connaît-il dans ce pays?

— Personne.

— Vous y êtes depuis deux jours, cependant?

— J'y suis arrivé avant-hier au soir très-tard... — il faisait déjà presque nuit, hier j'ai pêché à la ligne toute la journée, et je n'ai montré mon visage qu'au cabaretier dont la femme a fait cuire mon poisson...

— Nous ferons en sorte de vous rendre méconnaissable... — vos cheveux sont trop longs; — il faudra les couper... — Vous êtes misérablement vêtu, ce qui vous donne une piètre mine; je vous procurerai des vêtements plus convenables... — êtes-vous un pêcheur habile?

— Ce n'est pas pour me vanter, monsieur, mais s'il n'y n'y avait qu'un poisson dans une rivière, je trouverais moyen de le prendre.

— Voilà un talent qui nous sera fort utile!... Savez-vous un peu de cuisine?

— Ah! monsieur, je n'ai pas mon pareil au monde pour sauter un lapin ou pour accommoder une matelotte.

— Ah! ça, mais Sauvageon, vous me semblez décidément un sujet précieux! — s'écria Lascars en riant.

— Je me suis toujours dit cela, et je crois que monsieur, de son côté, ne tardera point à s'en dire autant... — quand monsieur me verra à la besogne, monsieur en sera lui-même étonné...

— Il m'est impossible, cette nuit, de vous offrir autre chose que le plancher pour couche... reprit Roland — mais j'aviserai, dès demain, à vous procurer un lit passable.

— Ah! monsieur — répliqua Sauvageon — je n'ai pas toujours eu toutes mes aises.. — Je sais prendre le temps comme il vient, et les choses commes elles sont.

— De la philosophie ! bravo ! — un mot encore.

— Deux cents si ça convient à monsieur... — je suis à ses ordres, c'est pour l'écouter tant qu'il voudra.

— Vous avez des instincts pillards... — vous êtes d'une nature friponne...

— Ah ! monsieur, — s'écria Sauvageon d'un air piteux et d'un ton vexé.

— Ne m'interrompez pas, — je ne vous fais aucun reproche, je constate un fait, et vous voyez que ma conviction à cet égard ne m'empêche point de vous prendre à mon service... — Je suis au-dessus des préjugés vulgaires, mais, dans la situation particulière qui m'est faite en ce moment, je ne veux pas être compromis... Tenez donc avec soin la bride haute à toute velléité de larcin... —·Que le bien d'autrui vous soit sacré... Enfin, si par hasard une bourse pleine tombait devant vous, poussez le scrupule jusqu'à ne la point ramasser, et prévenez le propriétaire qu'il risque de perdre son bien.

Sauvageon fit une grimace. La règle de conduite tracée par Lascars lui causait une violente révolte intérieure et il n'était point assez maître de lui-même pour dissimuler son impression. — Il répondit cependant :

— Puisque monsieur l'exige, on s'y conformera !... — je promets à monsieur de ne m'oublier ni peu, ni beaucoup, et d'avoir l'air plus honnête qu'un honnête homme... ça sera peut-être difficile, mais à force de bonne volonté on vient à bout de tout.

— J'aime à vous entendre parler ainsi, digne Sauvageon... répliqua Lascars avec un sourire — et maintenant, bonne nuit. Allez dormir et faites des rêves dorés.

Le lendemain une heureuse transformation s'opéra dans la personne de l'ex-cabaretier des lapins. — Il se rendit au Pecq avec le bateau de son maître ; les ciseaux d'un perruquier modeste émondèrent ses cheveux rouges en désordre ; sa barbe qui ne contribuait pas peu à lui donner l'aspect d'un bandit, fut soigneusement rasée ; enfin des vêtements simples, mais presque neufs et très-propres, complétèrent sa métamorphose, et ces vêtements lui donnèrent, sinon bonne mine, du moins une de ces apparences placides et inoffensives, qui passent inaperçues et n'éveillent ni l'attention, ni le soupcon.

C'était ce que voulait Lascars et il se déclara satisfait.

L'introduction d'un nouveau personnage au Moulin-Noir apporta de grandes et immédiates modifications dans la manière de vivre du gentilhomme.

Sauvageon, très-habile pêcheur et cuisinier passable, remplaça naturellement les fils Durocher dont les rapports avec le baron devinrent aussi rares qu'ils avaient été habituels pendant les deux ou trois jours précédents.

Lascars et son étrange serviteur passaient sur la rivière les journées entières, tendant des lignes et jetant des filets, et chaque soir ils reprenaient le chemin du Moulin Noir en rapportant plus de poisson qu'ils n'en n'auraient pu consommer en une semaine avec un prodigieux appétit.

Lascars prit d'abord un plaisir assez vif à ces pêches miraculeuses et s'étonna de subir sans trop d'ennui l'immense changement survenu dans son existence et dans ses habitudes.

Cet étonnement fut d'ailleurs de courte durée. — Au bout de quinze jours à peine, l'ennui, momentanément tenu à distance, grâce à des occupations nouvelles et imprévues, reprit ses droits imprescriptibles, s'empara de Lascars par tous les côtés à la fois, à la façon d'un conquérant qui met à sac une ville conquise, et usa de sa victoire sans modération, sans générosité, sans merci...

XXVIII

OU SAUVAGEON VEUT SE RENDRE UTILE.

Sauvageon n'était point un aigle ; il s'en fallait même beaucoup : — il ne manquait pas, néanmoins, d'une certaine finesse dans l'esprit ; — il s'aperçut bien vite du changement de son maître et il n'eut aucune peine à deviner la nature et la cause du mal subit et cruel qui s'emparait de lui et le dominait de plus en plus.

Un beau matin, Lascars refusa d'accompagner son serviteur à la pêche, ainsi qu'il l'avait fait chaque jour jusqu'à ce moment, quoiqu'avec un commencement de satiété et de dégoût bien manifeste.

— Le temps est beau cependant, — fit observer Sauvageon — et le poisson se laissera prendre, que ça fera plaisir à voir...

Le baron répondit par un baillement expressif...

Sauvageon poursuivit :

— Monsieur veut-il que je reste auprès de lui ?..

— Et pourquoi faire, bon Dieu ? — demanda Lascars.

— Pour tenir compagnie à monsieur...

— Non... non... — s'écria vivement le baron — je n'ai besoin de personne...

— Ainsi, monsieur restera seul toute la journée ?..

— Oui.

— Ce ne sera pas gai...

— J'adore la solitude... — répliqua Lascars — et je ne trouve pas votre société fort réjouissante, maître Sauvageon, ajouta-t-il — tenez vous cela pour dit...

— Ah ! mon Dieu, je le sais bien... — murmura Sauvageon — je n'ai point de vanité... — je m'offrais comme cela, tout bonnement, parce que monsieur n'a que moi sous la main, et parce que je sais un vieux proverbe qui dit : *Faute de grives, on mange des perles...*

— Des merles... — rectifia Lascars en souriant malgré lui.

— C'est bien possible, monsieur... — moi, j'ai toujours cru que c'étaient des perles... — je ne suis pas un savant comme monsieur...

Sauvageon sortit du Moulin Noir, prit les avirons, monta dans la barque et s'éloigna.

Au lieu de revenir dans l'après-midi pour s'occuper du repas de son maître, il resta dehors jusqu'à une heure très-avancée de la soirée. — Lascars commençait à croire qu'il avait disparu pour toujours, en s'appropriant le bateau et les filets...

Quand il reparut enfin, il trouva son maître fort irrité de ce manque absolu de convenance, et il fut accueilli par une bordée sonore de ces épithètes dont le dix-huitième siècle possédait une si riche collection.

— Je vois bien que monsieur est en colère...

— Eh! n'y a-t-il pas de quoi, maroufle? ne mériteriez-vous pas, au bas mot, cent coups de bâton, bélître?..

— Il est possible que tout à l'heure, monsieur ne soit plus de cet avis.... répliqua Sauvageon de l'air le plus humble.

— Et pourquoi changerais-je d'opinion, s'il vous plaît?..

— Parce que monsieur est un homme juste et qu'il verra très-clairement que je n'ai rien fait aujourd'hui que par grande bonne volonté pour le bien de son service.

— Ainsi, c'est pour le bien de mon service que vous m'avez mis dans la nécessité de dîner, Dieu sait comment, avec quelques rogatons d'hier?..

— Oui, monsieur...

— Ah! par exemple, je serais curieux de voir de quelle façon vous vous y prendriez pour me démontrer cela...

— Monsieur le verra tout de suite, s'il veut me permettre de lui parler librement...

— Dites tout ce que vous voudrez...

— Monsieur ne s'irritera point dès les premiers mots?..

— Je vous promets de vous écouter avec patience et avec calme...

— Eh bien, — commença Sauvageon — depuis quelques jours je m'apercevais que monsieur n'était pas dans son état naturel... — Monsieur devenait sombre et maussade, monsieur se fâchait à propos de rien... — Naturellement, comme je m'intéresse beaucoup à monsieur, j'ai voulu savoir le pourquoi de ce changement...

— Et l'avez-vous découvert ? — demanda Lascars, à qui le début de son valet paraissait original.

— Oui monsieur, je l'ai découvert...

— Et c'est ?..

— C'est l'ennui, pour appeler le mal par son nom... vilain mal, très-dangereux, qu'il faut combattre au plus vite en administrant de bons remèdes, d'un infaillible effet.

Lascars se mit à rire.

— Ah ! ça, maître Sauvageon, vous êtes donc médecin ! — dit-il.

— Dam ! monsieur, on est ce qu'on peut...

— Et, ces remèdes d'une irrésistible puissance ?..

— J'ai passé toute la journée d'aujourd'hui à les chercher...

— Sans résultat, j'imagine ?..

— Je demande pardon à monsieur de le contredire... — le résultat que j'ai obtenu me semble tout à fait satisfaisant...

— Ah ! ah ! — fit Lascars dont la curiosité se trouvait excitée au plus haut point, vous pensez avoir réussi ?

— Oui, monsieur...

— Par conséquent, vous vous chargez de guérir l'ennui prétendu qui, selon vous, s'est emparé de moi ?..

— Je m'en charge... — à la condition ; bien entendu, que monsieur suivra mes conseils, comme le malade suit ceux de son médecin...

— C'est trop juste. . — et, quand commencerez-vous la cure ?..

— Le plus tôt possible... dès demain, si monsieur le permet...

— Puis-je savoir le nom du remède ?..

— Il s'appelle : *distraction*...

Lascars fit un haut-le-corps...

— Eh quoi — s'écria-t-il — vous prétendez me distraire dans ce pays de loups !..

— Je prétends cela, oui monsieur...

— Et, à l'aide de quel sortilége ?

— A l'aide d'une aventure qui sera piquante, j'en réponds...

— Aventure d'amour ?..

— Oui, monsieur...

Lascars secoua la tête.

— Grand merci pour votre bonne volonté... — dit-il — je vous en sais gré, maître Sauvageon, mais je ne la mettrai pas à l'épreuve... — je connais la population féminine de Bougival... mères de famille brulées par le soleil et portant barbe au menton !... — filles hâlées, aux jambes nues !.. — paysannes et pêcheuses !.. — tout cela n'a rien qui me tente... — Je ne suis pas un homme primitif, moi qui vous parle, et j'ai le mauvais goût de n'aimer que les amours aristocratiques... — Donc, n'en parlons plus, et, si vous voulez absolument me distraire, cherchez autre chose et trouvez mieux...

— J'insiste — reprit Sauvageon — parce que monsieur est dans l'erreur... — il ne s'agit ni d'une paysanne, ni d'une pêcheuse, et la personne de qui j'entretiens monsieur n'habite pas Bougival..

— Dans ce cas, je retire ce que j'ai dit, fit Lascars — voyons un peu de quoi il est question, et contez-moi la chose à votre manière...

— Monsieur a-t-il remarqué, sur le bord de l'eau, de l'autre côté de la route de Saint-Germain, à un quart de lieue d'ici, entre Bougival et Port-Marly, une assez grosse ferme, et, tout à côté de la ferme, une maisonnette grande comme rien au milieu d'un petit enclos rempli de grands arbres qui la cachent aux trois quarts ?..

— J'ai remarqué tout cela, en passant, par hasard, sans y attacher la moindre importance... — répondit Lascars.

— On appelle cet endroit, *le Bas-Prunet*, continua Sauvageon — ce matin, j'ai attaché le bateau à une touffe de broussailles, au pied de la berge, et je suis monté à la ferme pour acheter des œufs et du lait... — il y avait dans la cour avec la fermière une vieille petite dame, tout en noir, ni belle ni laide, mais qui n'est pas une personne du commun, j'ai vu cela tout de suite. — Au moment où j'entrai les deux femmes causaient :

« — Et, comment donc va maintenant votre chère demoiselle, ma bonne dame? demandait la fermière.

» — Tout à fait bien, et mieux même que je ne pouvais l'espérer... — répondait la dame en noir — sa guérison est complète et, grâce au ciel, il ne reste aucune trace de la terrible maladie...

» La fermière reprit d'un ton joyeux et d'un air attendri...

» — Oh! moi je m'attendais à cela... — je vous demande un peu si le bon Dieu pouvait abandonner une pauvre chère créature qui est aussi belle et aussi bonne que les anges?.. — Certainement, ma bonne dame, il ne le pouvait pas...

» — Dieu nous a prises en pitié — répliqua la dame en noir — et qu'il en soit béni!... — il était temps!.. — après tant de souffrances, un peu de consolation, c'était la vie...

» — Pourquoi n'amenez-vous pas quelquefois à la ferme votre chère demoiselle? nous lui ferions visiter les étables, les bergeries... elle verrait le poulailler et le colombier... ça la distrairait toujours un peu...

» — Sans doute, et je le lui ai proposé déjà, mais il est impossible de l'y décider... que voulez-vous, elle se complaît dans une sorte de mélancolie douce qui ne la quitte guère, et elle redoute les distractions comme un autre redouterait la solitude...

» — Ne sort-elle jamais du petit jardin ?..

» — Jamais pendant le jour, mais tous les soirs, quand il fait beau et quand vient la nuit, nous allons nous promener sur le bord de la Seine...

» — C'est une singulière idée, convenez-en, d'attendre l'obscurité pour sortir, et ça doit être mortellement triste...

» — Mon Dieu, je ne dis pas le contraire ; — c'est triste en effet ; — mademoiselle le veut ainsi afin d'être certaine de ne voir personne et de n'être point vue...

» — Je comprends, mais est-ce que vous n'avez pas peur, en vous promenant à la nuit tombée ?

» — Peur de quoi ?

» — De faire de mauvaises rencontres....

» — Mademoiselle n'y a jamais pensé, ni moi non plus... — est-ce que c'est à craindre ?..

» — J'espère que non... — on entend rarement parler de mauvais coups dans nos environs... — les gens du pays sont généralement tranquilles et honnêtes, mais il peut y avoir par mal chance des étrangers, des rôdeurs, des gueux de Paris... — et, ceux-là, je n'en réponds pas...

» — Vous avez raison. — Je dirai ça à mademoiselle, mais je suis presque sûre d'avance qu'elle n'en tiendra pas compte...

» Là-dessus la dame en noir s'en alla, et aussitôt seul avec la fermière, je la questionnai sans en avoir l'air ; elle aime à causer, la bonne personne, et elle m'apprit volontiers tout ce qu'elle savait... — Il paraît que la vieille dame est comme qui dirait la gouvernante de la jeune fille. — Elle sont venues dans le pays il y a quelques mois... — elles ont pris à bail, pour presque rien, la maisonnette qui n'a que deux chambres, et elles y vivent à peu près de l'air du temps, car elles ne sont pas riches du tout, et économisent tant qu'elles peuvent... — la demoiselle était très-malade en arrivant, mais elle est guérie présentement et plus belle, à ce que prétend la fermière, que tout ce qu'il y a au monde de plus beau...

» Elles ne reçoivent pas un chat ; — la fermière ignore d'où elles viennent, comment elles se nomment et quels sont les malheurs terribles dont la vieille dame parle de temps en temps avec de grands hélas, avec de gros soupirs et en essuyant ses yeux rouges !.. »

XXIX

OU SAUVAGEON VEUT SE RENDRE UTILE.

Sauvageon s'interrompit, et garda le silence pendant un instant.

— Pourquoi ne continuez-vous pas ? — demanda Lascars.

— J'attendais un ordre... — répliqua l'ex-cabaretier d'un ton qu'il voulait rendre malin. — Si par hasard, mon histoire ennuyait monsieur, je me ferais un devoir de ne plus ajouter un mot...

— Eh ! — s'écria le baron en haussant les épaules — si je ne prenais quelque plaisir à vous entendre, je vous aurais déjà fait taire !.. Auriez-vous la sottise de croire que je me gêne avec vous ?..

Sauvageon salua.

— Monsieur est bien bon pour moi... dit-il ; puis il reprit : « — Donc je remontai dans le bateau, je me laissai aller à la dérive, et, tout en jetant l'épervier, je ruminai au fond de ma tête ce que je venais d'entendre... — Monsieur m'ayant promis de faire ma fortune je lui suis certainement plus attaché qu'un quidam qui le servirait depuis sa tendre jeunesse... — Ce qui l'intéresse m'intéresse, et je brûle du désir de me rendre utile par quelque signalé service, et de prouver mon dévoûment sans bornes... Or je voyais bien que monsieur s'ennuie, et je résolus de saisir aux cheveux la bonne occasion qui se présentait de distraire monsieur comme il faut... — Mais il importait de n'agir qu'à bon escient et d'éviter de rendre dupe monsieur d'une mystification involontaire...

Il s'agissait, pour cela, de voir la jeune personne de mes propres yeux, afin de m'assurer qu'elle était véritablement digne de l'attention de mon maître... »

— Ah ça ! — demanda Lascars en souriant — vous êtes donc connaisseur en fait de beauté ?..

— Eh mon Dieu ! je sais bien que je ne suis pas beau, ce qu'on appelle beau, mais je possède un physique chiffonné qui plaît aux femmes, et je n'ai point à me plaindre de ces chères créatures... les témoignages de leur bienveillance ne m'ont pas manqué... — Oui, monsieur, oui, je crois m'y connaître...

« — J'abrège, afin de ne pas fatiguer monsieur... — reprit Sauvageon — le soir venu, je me tins à peu près ce langage : — *Au risque d'être grondé sans l'avoir mérité, j'en aurai le cœur net aujourd'hui même !..* — J'attachai la barque au même buisson que le matin. — Je grimpai sur la berge et j'allai me coucher au fond du fossé qui borde la route, à vingt pas de la porte de la maisonnette... — Ce fossé est rempli de grandes herbes qui cachaient mon corps ; — je ne laissai passer que ma tête, et il était impossible de me découvrir à moins d'être instruit positivement de ma présence...

« La nuit tombait...

« La route restait déserte...

« Le temps commençait à me paraître un peu long dans mon fossé dont l'humidité glaciale engourdissait mes membres...

« Enfin j'entendis une porte s'ouvrir et se refermer...

« Les deux femmes sortirent, et, dirigeant leur promenade du côté où je me trouvais, elles passèrent à trois pas de moi...

« La jeune personne était habillée de noir, du haut en bas, comme la vieille dame...

« Je ne vis pas son visage, par deux bonnes raisons, — la première, c'est qu'il faisait déjà très-sombre ; — la seconde, c'est qu'elle portait un grand voile d'épaisse dentelle qui cachait ses traits, mais je vis sa taille et sa tournure !.. Ah ! monsieur, quelle tournure et quelle taille !.. et son pied !.. quel pied ! — monsieur n'est pas sans avoir entendu parler du pied de Cendrillon qui donna dans l'œil à un fils de roi... — Eh bien ! je mettrais volontiers ma tête à couper, qu'il ne pouvait valoir celui-là !..

« Quand les deux dames furent un peu loin je me relevai et je les suivis, mais à distance, sans faire de bruit, de manière à ne point attirer leur attention...

« Elles marchèrent pendant à peu près une heure, puis elles revinrent sur leurs pas...

« Je fis comme elles. — Je m'étais promis de savoir tout à fait à quoi m'en tenir... je connaissais la tournure de la demoiselle... Je voulais voir sa figure...

« Les deux femmes rentrèrent dans le jardin et fermèrent la porte derrière elles. — Il faut dire à monsieur que ce n'est point une muraille qui ferme la clôture du petit enclos, mais une haie vive, une haie d'épines, très-touffue, très-haute et très-hérissée... ça n'a l'air de rien du tout, n'est-ce pas?.. — Et bien! moi qui m'y connais, je déclare que pour une escalade, un mur est cent fois plus commode!.. — il n'y a rien que je déteste comme les épines!.. — On a beau faire, on y laisse toujours un peu de sa personne... »

Sauvageon interrompit son récit pour dire à Lascars :

— Monsieur veut-il prendre la peine de me regarder avec attention ?...

Roland fit droit à cette requête. Il approcha la lampe du visage de son valet et il reconnut que la peau du front et des joues était sillonnée par une multitude de déchirures encore saignantes.

— Qu'est-ce donc que cela? — demanda-t-il — avez-vous eu maille à partir avec une douzaine de chats enragés?

— Non monsieur, mais j'ai eu affaire à la haie d'épines, et j'en porte les marques... — ne pouvant passer par-dessus, j'ai fait un trou tout au beau milieu et je me suis glissé comme une couleuvre, non sans un notable préjudice pour mes avantages extérieurs, ainsi que monsieur peut le voir de ses propres yeux... — mais, du moment qu'il s'agit du service de monsieur, je me ferais volontiers mettre en capilotade !... — monsieur a promis de faire ma fortune, et j'ai confiance...

Bref, il m'en cuisait, mais j'étais dedans... — Je voyais briller une petite lumière à travers les volets entre-baillés... — la maisonnette n'a qu'un rez-de-chaussée; c'est commode...

Je m'approchai tout doucement, à pas de loup, — je collai mon visage à l'ouverture des contrevents et j'eus toutes les peines du monde à ne pas pousser un cri de surprise et d'admiration, en voyant la demoiselle assise vis-à-vis de moi, à côté d'une petite lampe qui l'éclairait en plein.

— Cette jeune fille est donc véritablement bien belle? — demanda Lascars.

— Ah monsieur, la fermière n'en avait pas dit trop!... elle n'en avait pas même dit assez !... — Je ne sais point faire de phrases, moi... je suis un bon jeune homme tout simple et bien incapable de manier la parole comme un seigneur... — ce que je puis affirmer seulement, c'est que c'est une beauté qui dépasse toute idée !... une vision !... un soleil !... un éblouissement !...

Lascars sourit malgré lui du lyrisme de Sauvageon et de l'expression d'enthousiasme rayonnant sur sa figure chafouine et déchirée.

— Peste!... quel feu!... murmura-t-il.

— Ah monsieur! je ne me serais pas permis de m'enflammer!... — Le modeste garde-chasse doit respecter le gibier du maître, mais je parierais de grand cœur ma fortune à venir contre un écu rogné, que, lorsque monsieur verra la jeune demoiselle, il flambera pour elle tout de suite, ni plus ni moins qu'un fagot d'épines sèches sur un feu de la Saint-Jean...

— Me croyez-vous donc le cœur si facile, maître Sauvageon?... — demanda Lascars.

— Ah monsieur! on ne résiste pas à des enchantements de cette force là !... — Tous ceux qui regarderons la demoiselle en tomberont fous d'amour !... — En voilà une, foi de Sauvageon, qui fera des malheureux dans sa vie !...

— Quel âge donnez-vous à cette jeune fille?...

11.

— Seize à dix-sept ans, tout au plus...
— Est-elle brune ou blonde?
— Aussi blonde que les blés mûrs...
— Son teint?...
— Des roses pâles, effeuillées, voilà ses joues...
— Ses yeux ?...
— Ah! ses yeux, monsieur, ils sont noirs et brillants comme si sa chevelure n'était pas couleur d'or...

Lascars tressaillit.

Le portrait rapidement esquissé de cette enfant blonde aux yeux noirs lui remettait en mémoire le divin et triste visage de sa victime, Pauline Talbot.

— Si c'était-elle?... — se demanda-t-il.

Mais il éloigna cette pensée. — Etait-il vraisemblable en effet, était-il même admissible, que l'orpheline eût été ramenée, par le hasard, si près de lui?

— Enfin, reprit au bout d'un instant Sauvageon voyant que son maître gardait le silence — ma conscience me dit que j'ai travaillé aujourd'hui en bon serviteur, et je suis bien certain que monsieur ne s'ennuiera plus, dès que monsieur sera amoureux, ce qui ne tardera guère...

— Pour m'éprendre de cette personne, répliqua Lascars — il faudrait d'abord la voir...

— Monsieur la verra...

— Comment?...

— Mon Dieu, la chose ira d'elle-même...

— Mais pas déjà tant, ce me semble, puisque la jeune fille ne sort que la nuit, rigoureusement voilée, et qu'elle ne reçoit personne... — sous quel prétexte, d'ailleurs, me présenter chez elle?...

— J'ai pensé à tout cela... — répliqua Sauvageon. — J'ai prévu les difficultés... J'ai trouvé le moyen de les réduire à néant, et, si monsieur veut me faire l'honneur de s'en rapporter à moi, je me charge de l'introduire dans la maison, du consentement de la vieille dame et de la jeune fille, et cela pas plus tard que demain au soir...

— Vous feriez cela, Sauvageon? — s'écria Roland.
— J'en donne l'assurance à monsieur...
— Etes-vous donc sorcier?...
— Non monsieur, mais je suis zélé...
— Eh bien ! apprenez-moi vos projets, et, s'ils me paraissent acceptables, ils sont acceptés d'avance...

XXX

PAULINE.

Sauvageon avait un plan, le fait est positif, et ce plan, que nous allons bientôt connaître par ses résultats, ne manquait pas d'une certaine habileté.

La mise à exécution des projets de Sauvageon avait été fixée au lendemain soir. — La journée s'écoula sans amener d'incidents qu'il soit utile de mettre sous les yeux de nos lecteurs. — A la nuit tombante, Lascars et son valet se préparèrent.

Leurs préparatifs furent courts. — Le baron, qui depuis son installation au Moulin Noir négligeait absolument sa toilette, s'habilla avec un soin tout parisien, et attacha à son côté une épée de parade.

Sauvageon reprit, au contraire, les haillons qu'il portait lors de sa première entrevue avec Lascars, et baigna son visage, à plusieurs reprises, dans une dissolution de suie destinée à le rendre méconnaissable.

Quand sa métamorphose lui parut suffisante, il vint se présenter à son maître.

— Monsieur me trouve-t-il bien ainsi? — lui demanda-t-il.

— Si le diable venait sur terre — répondit Lascars en riant — il prendrait cette figure...

— C'est tout justement ce qu'il faut, monsieur... — Les choses iront d'autant mieux, que la frayeur sera plus grande...

— Alors tout ira bien, car ce visage sombre aux yeux blancs épouvanterait les plus résolus...

— Nous partirons quand monsieur voudra...

— Je suis prêt...

Lascars et Sauvageon s'installèrent dans le bateau, qui descendit rapidement la Seine jusqu'à la hauteur du Bas-Prunet.

Là il fut amarré. — Le maître et le valet mirent pied à terre, gravirent la berge et se trouvèrent vis-à-vis la maisonnette servant de demeure aux deux inconnues.

A ce moment précis, on entendit, derrière la haie du petit jardin, le bruit de pas légers et le frou-frou d'étoffes traînantes, puis la porte de l'enclos s'entrebâilla.

Sauvageon murmura à l'oreille de Lascars :

— Cachez-vous, monsieur !... les voici.

En même temps il se jeta derrière le tronc de l'un des vieux ormes qui bordaient la route. — Le baron en fit autant de son côté.

Les deux femmes sortirent, refermèrent avec soin la porte derrière elles ; — passèrent devant la cachette de Lascars et de Sauvageon, et s'éloignèrent avec lenteur pour leur promenade de chaque soir.

Lorsqu'elles eurent disparu dans les ténèbres, le maître s'approcha du valet et lui demanda :

— Faut-il les suivre ?...

— Inutile... répliqua Sauvageon — c'est seulement au retour que nous agirons... — restez où vous êtes, et jouez votre rôle quand le moment en sera venu. — Moi, je vais me mettre à mon poste...

Et le bandit s'éloigna dans la direction prise par les deux femmes, mais il marcha peu de temps, et lorsqu'il eût fait environ cent cinquante à deux cents pas, il s'arrêta et s'assit sur le revers d'un fossé.

Rejoignons les promeneuses qui n'étaient autres — (nos lecteurs l'ont deviné déjà) — que Pauline Talbot et madame Audouin.

La jeune fille, nous le savons, avait quitté Paris dans un état déplorable. — Sa raison, meurtrie, ou plutôt brisée par des chocs terribles, avait fait naufrage au milieu d'une tempête de malheurs, et la fidèle gouvernante qui tenait lieu de mère à Pauline, s'était dit avec une profonde terreur, que peut-être la pauvre enfant resterait folle toute sa vie...

Grâce au ciel — ou malheureusement — (c'est ce que l'avenir nous apprendra) — il n'en avait point été ainsi... (1) quelques semaines de séjour à la campagne, une complète solitude, un air pur, les chants des oiseaux, la vue du soleil et des fleurs, avaient suffi pour rendre le calme à l'organisation ébranlée de l'orpheline, et pour ramener l'ordre dans son esprit troublé.

— Ma bonne Audouin — dit-elle à sa gouvernante — je viens d'être bien malade, n'est-ce pas ?

— Oui, chère enfant, tu as été malade en effet... Pourquoi me demandes-tu cela ?...

— Parce que j'ai conscience d'un long affaiblissement de de toutes mes facultés, et, quand je regarde derrière moi, mon esprit se perd au milieu d'une étrange obscurité... — Il me semble que j'ai longtemps dormi, et que j'ai fait des rêves horribles... mais ces rêves, hélas! je le comprends trop bien, c'était la triste réalité...

Madame Audouin baissa la tête et ne répondit pas.

— Oh! ne crains rien — poursuivit Pauline en se jetant dans les bras de sa gouvernante et en l'embrassant avec effusion — j'ai le courage de tout entendre... j'ai la force de tout savoir... Apprends-moi donc ce que je ne dois pas, ce que je ne veux pas ignorer... — Dis-moi comment mon père est mort...

Madame Audouin hésita. — Un instant elle eut la crainte de causer à Pauline, par ce déchirant récit, des émotions dangereuses, mais elle réfléchit bien vite que le véritable péril était ailleurs, c'est-à-dire dans le travail incessant de

(1) Voir la deuxième partie de cet ouvrage : *Les Pirates de la Seine.*

la pensée qui s'efforçait en vain de voir clair à travers les ténèbres et de reconstituer le fil brisé des souvenirs...

— Chère enfant — dit madame Audouin après ces réflexions rapides — écoute-moi donc... Je ne te cacherai rien...

Elle tint parole; tout ce qu'elle savait, elle le répéta fidèlement à l'orpheline.

Pauline, en l'écoutant, pleura longuement ; — elle pleura avec amertume ; — il lui sembla que son cœur tout entier se fondait en larmes ; — elle souffrit de telles angoisses qu'il lui sembla qu'elle allait mourir...

Puis, comme Dieu a voulu — (sans doute par pitié pour la faiblesse humaine) — que les grandes douleurs s'évaporent par leur violence même, Pauline éprouva une sorte de soulagement et elle abandonna son âme à une douce et rêveuse mélancolie qui ne la quitta plus...

Il ne lui semblait point que son père fut mort. — Sans cesse elle évoquait son image ; — sans cesse elle le voyait auprès d'elle ; — elle croyait lui parler ; — elle l'entendait lui répondre...

Ceci n'était d'ailleurs ni un retour de folie, ni le résultat d'une sorte d'hallucination... — C'était une illusion de filiale tendresse... — Qui donc, après une perte irréparable et profondément sentie, n'a cru vivre encore avec un mort bien-aimé ?...

A côté de l'image du vieillard, presque toujours présente, à côté de son noble visage encadré dans les longues boucles de ses cheveux blancs, une autre figure, à peine moins distincte, apparaissait souvent...

C'était celle de cet héroïque jeune homme, resplendissant de générosité chevaleresque, d'audace et de dévouement, par qui Pauline avait été défendue dans la rue Royale, pendant la nuit du 30 mai, et sur le bras duquel elle s'était appuyée... — le marquis Tancrède d'Hérouville !

La jeune fille mêlait naïvement le souvenir de cet inconnu au souvenir de son père, et dans son innocence absolue, le ne cherchait point à éloigner ce gracieux fantôme, qu'elle n'évoquait pas non plus, mais dont l'apparition la charmait toujours et la troublait parfois...

Telle était la situation morale de l'orpheline, au jour et l'heure où nous la retrouvons, en compagnie de madame Audouin, faisant sa promenade de chaque soir, sur la route qui conduit de Bougival à Port-Marly et qui ne s'écarte guère des rives de la Seine.

La vieille dame et la jeune fille marchaient l'une à côté de l'autre, silencieusement.

Un quart-d'heure, à peu près, se passa ainsi, puis madame Audouin rompit un silence qui semblait lui peser, quoique, certes, l'excellente femme ne fut point bavarde.

— Pauline, mon enfant — murmura-t-elle — pourquoi ne me parles-tu pas? à quoi penses-tu donc ainsi?

La jeune fille tressaillit, comme au moment d'un brusque réveil.

— Ma bonne Audouin — répondit-elle — je regardais le ciel, je pensais à Dieu, à mon père qui est auprès de Dieu, et je leur demandais à tous deux de veiller sur nous, de nous protéger, de ne nous abandonner jamais... — Que deviendrions-nous, hélas, si Dieu et mon père ne nous soutenaient pas, nous qui sommes seules, seules sur la terre?

Ces paroles furent prononcées d'une voix basse et plaintive; — leur intonation désolée prouvait jusqu'à l'évidence qu'elles s'échappaient d'un cœur dont les blessures étaient poignantes et douloureuses.

— Ma chère enfant — dit madame Audouin avec inquiétude — il me semble que tu es, ce soir, plus découragée, plus abattue que de coutume... — est-ce que je me trompe?

Pauline secoua la tête, comme si sa compagne avait pu voir ce mouvement.

— Non, tu ne te trompes pas... — murmura-t-elle ensuite. — J'éprouve en ce moment, c'est vrai, un redoublement de tristesse...

— Pourquoi?

— Je l'ignore et il me serait tout à fait impossible d[e] l'expliquer... — au chagrin si profond et si légitime que t[u] partages avec moi se joint ce soir un malaise moral dont le[s] causes me sont inconnues... — J'ai entendu parler jadis d[e] pressentiments, mais je ne puis croire qu'ils existent, puis[que] que le 30 mai, insouciante et joyeuse, j'entraînais, malgr[é] lui, mon père à cette horrible fête! — Eh bien! il m[e] semble aujourd'hui qu'un pressentiment sombre pèse su[r] mon âme... — il me semble que nos infortunes ne son[t] point à leur terme, il me semble enfin qu'un nouveau mal[heur] heur est près de nous atteindre...

— Pauline, mon enfant, — s'écria madame Audouin ave[c] un commencement d'épouvante — ne dis pas cela, je t'e[n] supplie!... — tu me fais trembler! — Quel malheur crains[-] tu donc?

— Je te répète que je l'ignore... — répliqua la jeun[e] fille — je ne comprends absolument rien à ce qui se pass[e] en moi, et, sans ta question de tout à l'heure, je ne t'e[n] aurais point parlé...

— Tu m'as troublé l'âme et l'esprit avec tes prévision[s] sinistres; — poursuivit la gouvernante — voici que je m[e] sens toute agitée... toute tremblante... — cette obscurit[é] me paraît lugubre... — Je trouve que ces grands arbre[s] noirs ressemblent à des fantômes géants...

— Ma bonne Audouin — dit Pauline — puisque l'ave[u] de ma faiblesse involontaire te trouble et t'agite ainsi, veu[x-] tu ne pas continuer ce soir notre promenade et reprendr[e] tout de suite le chemin de la maison?...

— J'allais t'adresser cette prière..

— Viens donc, et surtout calme-toi, car s'il est au mond[e] une chose certaine, c'est qu'aucun danger ne nous menac[e] et que mon imagination malade prévoit des maux imagi[-] naires...

La jeune fille et la vieille dame revinrent alors sur leur[s] pas, et, pendant quelques minutes, aucune parole ne fu[t] échangée entre elles...

XXXI

ROUERIE.

Tout à coup Pauline sentit le bras de madame Audouin trembler légèrement sur le sien.

— Qu'as-tu donc? lui demanda-t-elle. — Est-ce que tu souffres ?

— Non, mais j'ai peur... — murmura la vieille dame d'une voix à peine distincte.

— Peur! — répéta la jeune fille — et, de quoi mon Dieu ?...

— Il me semble qu'on marche derrière nous...

L'orpheline tourna la tête à demi, pour écouter, et le bruit d'un pas lourd frappa distinctement son oreille.

— C'est vrai — dit-elle au bout d'un instant — on marche...

— Fuyons, alors!... fuyons!... — balbutia la gouvernante affolée.

Pauline, malgré la disposition d'esprit dans laquelle elle se trouvait, ne put s'empêcher de sourire.

— Ma bonne Audouin — répliqua-t-elle ensuite — rassure-toi, je t'en supplie... — la présence d'un voyageur sur cette route n'a rien qui doive nous alarmer, ni même qui puisse nous paraître suspect... — la personne dont nous entendons les pas est sans doute un paysan de Bougival qui rentre chez lui... — peut-être même est-ce un habitant de la ferme...

— Tu parles de la ferme... — sais-tu ce que, pas plus tard qu'hier, la fermière me disait?

— Que te disait-elle?

— Ceci, en propres paroles : — *défiez-vous! — vous sortez trop tard! — prenez garde aux fâcheuses rencontres... — il y a des rôdeurs de nuit... des mauvaises gens... des gueux de Paris...* — je voulais te répéter ces paroles aujourd'hui... — je voulais te demander de changer nos heures de promenade... Cela m'est sorti de l'esprit... — plaise à Dieu que ce ne soit pas pour notre malheur...

Rien n'est contagieux comme l'épouvante...

Pauline, très-brave malgré la délicatesse apparente de sa nature, l'éprouva.

Elle sentit un frisson passer dans ses cheveux, et elle répondit, d'une voix presqu'aussi tremblante que celle de madame Audouin :

— Mais alors, s'il en est ainsi, hâtons-nous... — deux cents pas, tout au plus; nous séparent de notre demeure... — ne laissons point à cet homme le temps de nous rejoindre... courons...

La bonne dame ne demandait assurément pas mieux, mais ses jambes n'étaient ni jeunes ni solides, et la peur les affaiblissait encore — Après une course de peu de durée, qui cependant n'avait point été bien rapide, elle dut se ralentir, haletante, et fut presque contrainte de faire halte.

La marche lourde continuait à retentir derrière les deux femmes et devenait de plus en plus distincte. — Evidemment l'homme hâtait le pas et se rapprochait...

— Au nom du ciel, ma bonne Audouin — balbutia Pauline en saisissant le bras de sa gouvernante pour l'entraîner — faites un dernier effort... continuons... ne vous arrêtez pas...

— Je n'en puis plus... je suffoque... je vais tomber...

— Du courage! — vous vous remettrez au logis..,

Madame Audouin galvanisée en quelque sorte par les tentatives et les supplications de la jeune fille essaya de reprendre une allure plus rapide, mais il était déjà trop tard.

Une voix, rendue à dessein rauque et brutale — (celle de Sauvageon) — retentit à quelques pas des deux femmes, et, glaçant leur sang dans leurs veines, anéantit leurs forces et paralysa leurs mouvements...

— Eh ! bien! Eh ! bien, mes divinités — disait cette

oix — qu'est-ce que c'est, on se sauve quand j'arrive ! — 'est une chose qui ne se fait pas ! — halte-là, mes pouettes ! — vous m'appartenez par droit de conquête ! — ous allons faire ensemble plus ample connaissance, et, our commencer, je vais vous embrasser toutes les deux...

Le misérable, joignant l'action aux paroles, étendit les bras et prit par la taille Pauline et madame Audouin qui, parvenues au comble de l'épouvante, se serraient l'une contre l'autre en tremblant...

La gouvernante fit une tentative désespérée pour crier à l'aide, mais sa voix expira dans sa gorge contractée...

Pauline se débattait en gémissant sous l'étreinte de Sauvageon et s'efforçait de se dégager.

— Des manières ! — reprit ce dernier — à quoi que ça ert avec moi ! — bas les pattes, mes petites chattes ! — j'ai dit que je vous embrasserais et je vous embrasserai... t si ce n'est pas de bon gré, ça sera de force, j'en fais serent de par tous les diables !

L'excès du désespoir, de l'effroi et de la honte ranimèent Pauline. — Elle eut la force de crier à deux reprises :
— Au secours ? au secours !

Sauvageon répondit par un éclat de rire farouche.

— Egosillez-vous, la belle ! — continua-t-il — Criez, ppelez, passez-vous-en la fantaisie si ça vous amuse ! — e m'en moque pas mal ! — la route est déserte. — Peronne ne viendra... — et d'ailleurs, si quelqu'un arrive, nt pis pour lui, je le tuerai comme une mouche ! — Ah ! ous ne me connaissez pas... — je suis bon enfant tant ue ça va comme je veux, mais pour si peu qu'on me réiste, faut changer de gamme... je deviens terrible !...

— Monsieur, au nom du ciel, ayez pitié de nous !... balutia madame Audouin.

— Nous vous implorons, Monsieur, dit Pauline à son our — nous sommes à vos genoux !... — au nom de votre ère soyez miséricordieux pour deux pauvres femmes...

— Tiens ! tiens ! tiens ! — reprit Sauvageon avec un

nouvel éclat de rire — heureusement encore qu'elles ont parlé toutes les deux !.. sans ça j'allais être volé ! — ce que c'est pourtant quand on n'y voit goutte ! — j'ai sous la main une vieille chouette et une jeune colombe... — au diable la chouette et à moi la colombe !..

Il repoussa brutalement madame Audouin qui tomba presque inanimée sur le sol, puis, saisissant dans ses bras Pauline, malgré sa résistance désespérée et malgré les coups de ses faibles mains, il l'enleva de terre et fit mine de s'éloigner en l'emportant.

— Mon Dieu — cria la jeune fille dont la raison chancelait de nouveau et qui se sentait mourir — mon Dieu, ne viendrez-vous point à mon aide ! — oh ! mon père, mon père, n'enverrez-vous pas un défenseur à votre enfant !

— Qui donc appelle à l'aide ? — qui donc a besoin d'un défenseur ?..

Cette intervention inattendue parut providentielle à la jeune fille déjà presque évanouie, et la ranima.

— On outrage des femmes ! — répondit-elle — C'es Dieu qui vous envoie pour nous défendre... — pour nou sauver !...

— Au large ! — hurla Sauvageon — et qui que vous soyez, si vous tenez à la vie, croyez-moi, ne vous mêle pas de mes affaires...

On entendit ce bruit particulier produit par une épée qu siffle en sortant du fourreau.

En même temps l'inconnu, — qui n'était autre qu Lascars, — répliqua d'une voix indignée et pleine de me naces :

— Au large vous-même, misérable ! — hâtez-vous d fuir ! — il y a un homme en face de vous, et vous êt lâche puisque vous insultez les femmes !

— Pour la dernière fois — dit Sauvageon — prene garde !.. livrez-moi passage !

Lascars ne répondit que par un éclat de rire sardoni que.

Sauvageon dénoua l'étreinte qui retenait Pauline captive.

La jeune fille se sentant libre, poussa une exclamation de joie et courut se réfugier derrière son défenseur improvisé.

Sauvageon, de son côté, fit le geste de tirer de sa ceinture un couteau, et bondit vers Lascars qui l'attendait de pied ferme et qui soutint le choc sans broncher...

Alors s'engagea entre les deux hommes une lutte corps à corps, d'autant plus formidable en apparence qu'elle était plus inoffensive en réalité, et que les adversaires, tout en ayant grand soin de se ménager réciproquement, ne négligeaient rien pour donner à la rixe une apparence farouche et dramatique...

Pendant ce simulacre de combat, qui se prolongea pendant plusieurs minutes, Pauline et madame Audouin, tremblant de voir succomber le généreux inconnu qui s'était constitué leur chevalier et qui pour elles jouait sa vie contre le couteau d'un lâche assassin, Pauline et sa gouvernante, disons-nous, faisaient retentir l'air de leurs cris les plus aigus, et appelaient à l'aide de toute la force de leurs poumons ranimés...

Ces clameurs amenèrent un résultat auquel, assurément, ni Lascars, ni Sauvageon ne pensaient.

La scène de violence que nous racontons se passait à une faible distance des bâtiments de la ferme.

La porte charretière s'ouvrit tout à coup ; — des clartés vives, succédant sans transition aux ténèbres opaques, inondèrent la route, et trois vigoureux garçons, suivis de la fermière elle-même, s'élancèrent au-dehors avec une ardeur incomparable.

Deux d'entre eux portaient des lanternes et brandissaient des fourches. — Le troisième tenait un vieux mousquet rouillé.

— Alerte ! — dit tout bas Lascars à Sauvageon — jouez des jambes... — il n'est que temps !

L'ex-cabaretier des Lapins ne se fit pas répéter deux fois cette prudente recommandation. — Il tourna sur ses talons et prit la fuite en agitant au-dessus de sa tête le long couteau inoffensif dont il était armé.

Il espérait que la vue de ce formidable coutelas tiendrait à distance les assaillants et refroidirait leur zèle...

Il n'en fut rien, malheureusement pour lui ! — Les trois garçons de ferme prenaient au sérieux leurs rôles de justiciers. — Il voyaient d'ailleurs que le nombre et la force étaient pour eux, en même temps que le bon droit, et ils commencèrent la poursuite avec une rapidité de funeste augure pour l'infortuné qui, cette fois encore, sans doute allait porter la peine immédiate de sa coquinerie...

Le péril était réel, — il était imminent ; Sauvageon le comprit et redoubla de vitesse, mais ses persécuteurs avait des jambes de cerfs, et de seconde en seconde, le fugitif, comme le lièvre sur ses fins qui sent la meute lui souffler au poil, s'apercevait d'une notable diminution de distance entre lui et les jeunes paysans...

Cette distance devint bientôt si courte que les pointes acérées des fourches traversèrent les vêtements de Sauvageon et firent connaissance avec ses reins.

— Ces gens-là ne voudront entendre à rien ! se dit-il — ils vont me tuer comme un chien enragé !.. — je n'ai qu'une ressource, c'est de gagner l'eau... — la rivière les arrêtera peut-être...

Aussitôt il quitta la route ; — il gagna le sommet de la berge en quelques élans, avec cette force nerveuse que donne le désespoir — il descendit d'un seul bond le talus rapide et haletant, suffoqué, n'en pouvant plus, il se précipita dans la Seine et fit un plongeon...

Les trois paysans, prodigieusement désappointés, restèrent immobile sur le bord. — Ni les uns ni les autres ne savaient nager et leur proie leur échappait !...

Volontiers ils se seraient pris aux cheveux pour se punir de leur insuccès...

— C'est-il en vérité Dieu possible de laisser filer un pareil gredin, quand on le tient si bien que nous le tenions! s'écria l'un deux en frappant du pied — aussi, c'est ta faute, grand dadais de Nicolas que tu es! — pourquoi donc que tu n'as pas tiré dessus? — à quoi que ça te servait d'avoir un fusil, puisque tu n'étais point tant seulement capable de t'en servir?

— Tais ton bec, Bonaventure! répliqua Nicolas pris à partie — j'ai cru, moi, que vous lui feriez son affaire à vous deux avec vos fourches! — fallait prévenir que vous ne saviez courir non plus que des limaces!.. — je comptais sur vous comme une bête, mais, si c'était à refaire, on verrait...

Bonaventure poussa un cri.

— Qué qu'il y a?.. — demandèrent vivement les deux autres garçons de ferme.

— Le voilà... — répondit Bonaventure.

— Où?

— Là-bas... — tenez.. tenez... voyez-vous sa tête?...

— Oui... oui... ça pourrait bien l'être tout de même... — c'est sa tête pour sûr — nage-t-il crânement, ce mâtin-là! — dirent les paysans convaincus.

Sauvageon en effet, après avoir glissé entre deux eaux pendant quelques secondes, venait de reparaître, à une distance de vingt-cinq ou trente pas, pour reprendre haleine.

— Attention! — fit Nicolas — je ne vous dis que ça mes compères... — vous allez voir ce que vous allez voir!

Il épaula son vieux mousquet, il visa longuement et il appuya sur la détente.

La charge était énorme; — une traînée de feu raya les ténèbres; — une détonnation formidable se fit entendre dans le silence de la nuit et Nicolas fit la grimace en secouant son épaule talée par le recul du mousquet.

— Il en tient! — crièrent à la fois les trois paysans, en étendant leurs mains vers le fleuve, dans la direction de Sauvageon.

Ce dernier venait de pousser un gémissement sourd ; — ses bras battaient l'eau, qu'ils faisaient jaillir avec violence autour de son corps ; — il tournait convulsivement sur lui-même comme un marsouin qui fait la roue...

Cette agitation suprême ne dura d'ailleurs que la vingtième partie d'une seconde, puis le bandit devint immobile et disparut dans les profondeurs de la Seine.

XXXII

LES SUITES D'UNE ROUERIE

Une clameur triomphale des garçons de ferme accueillit ce dénoûment.

— Eh ! bien — fit ensuite Nicolas, en frappant d'un air orgueilleux sur le canon rouillé de son vieux fusil, — qu'est-ce que je vous disais tout à l'heure ? — Ça y est-il, hein, mes garçons ? — pensez-vous qu'on sache jouer un peu de la clarinette de cinq pieds ?.. Je crois, sans me vanter, que je lui ai fait son affaire assez proprement, à ce *guerdin*-là et qu'il ne demande pas son reste...

Bonaventure et Pancrace — (le troisième paysan se nommait Pancrace) — se montrèrent bons compagnons ; — ils ne témoignèrent aucune jalousie et ils applaudirent fraternellement au triomphe de leur camarade.

— Ah ! dam ! oui, dit Pancrace, faut être juste !.. tu lui as donné son compte comme il faut !

— C'est toujours un scélérat de moins ! appuya Bonaventure — et, quant à ce qui est de faire des mauvais coups, la chose est certaine, celui-là n'en fera plus...

— Ça lui apprendra ! — reprit Nicolas — s'il en arrivait autant à toutes les vilaines gens, le monde ne serait pas si méchant.

— C'est dommage tout de même qu'il ait coulé si vite à à fond... — hasarda Pancrace — j'aurais voulu voir de plus près la frimousse du particulier.

— Bah! nous l'avons bien assez vu!.. — répliqua Bonaventure — il était noir comme le diable et plus laid que les sept péchés!.. les écrevisses vont le manger présentement; — grand bien leur fasse... que Dieu ait son âme!

— Ils ne doivent point savoir, là-bas, tout de même, ce qui se passe par ici... — poursuivit le vainqueur Nicolas — faut aller raconter la chose à la *fármière*... — *àlle* sera joliment contente... ah! dam! oui.

Nos trois héros regagnèrent la route et se dirigèrent vers le petit groupe de personnages loin duquel la poursuite avait entraîné les chasseurs et le gibier.

La fermière portait une lanterne en sortant de sa demeure, de telle sorte que le lieu de la Seine resta faiblement éclairé, même après le départ des trois jeunes gens.

Pauline Talbot toujours enveloppée d'un voile noir à travers lequel il était impossible de distinguer ses traits, s'approcha vivement de Lascars qui, dans une attitude à la fois fière et modeste, s'appuyait sur son épée nue.

— Ah! monsieur — balbutia-t-elle d'une voix brisée par l'émotion — comment vous remercier dignement de ce que vous venez de faire pour deux pauvres femmes!

En entendant la voix de la jeune fille, Lascars tressaillit malgré lui, sous le choc d'un souvenir inattendu. Mais il se remit aussitôt, et cacha son trouble,

— Vous ne me devez rien, mademoiselle — répondit-il en s'inclinant d'un façon courtoise et respectueuse... — Je n'ai fait que mon devoir! Tout gentilhomme, tout galant homme, aurait agi comme je viens d'agir.

— Votre modestie vous abuse!.. — reprit Pauline — il est très-grand, très-beau, très-héroïque, d'exposer sa vie ainsi que vous l'avez fait... — Mais que vois-je? — ajouta-t-elle, saisie d'un tremblement soudain — que vois-je, monsieur? vous êtes blessé! votre sang coule!

— Je crois mademoiselle, que vous vous trompez... — répliqua le baron en s'efforçant d'appeler un sourire sur ses lèvres, sans y parvenir toutefois, car en ce moment une vive inquiétude s'emparait de lui... — il voyait les paysans gagner du terrain sur Sauvageon, — il commençait à trembler que ce dernier ne se laissât prendre, et l'on comprend quels devaient être les inconvénients et les dangers résultant de cette capture, pour lui-même autant que pour son valet.

De là le trouble et l'inquiétude dont nous venons de parler.

— Non, monsieur, je ne me trompe pas... — reprit Pauline avec une extrême vivacité — regardez votre main... elle est toute sanglante !. — Oh ! mon Dieu ! mon Dieu ! pourvu que la blessure ne soit pas profonde et dangereuse !

Lascars, un peu surpris, abaissa ses yeux vers sa main, et la vit en effet marbrée de taches rouges. Quelques larges goutelettes de sang filaient depuis le poignet jusqu'au bout des doigts et tombaient une à une sur la poussière de la route.

Dans la chaleur du combat simulé avec Sauvageon, le baron, sans s'en apercevoir, s'était fait à l'avant-bras gauche une entaille légère qui ne lui causait aucune souffrance, quoique suffisante pour alarmer cruellement la jeune fille.

— Vous voyez bien, monsieur... continua-t-elle, vous voyez !

— Je conviens, mademoiselle, que vous seule aviez raison... — répliqua Lascars — mais, je puis vous l'affirmer, le pansement le plus simple suffira pour faire disparaître jusqu'à la moindre trace de cette égratignure.

— Ce pansement, dont vous parlez, monsieur, il faut le faire tout de suite...

— Aussi, mademoiselle, vais-je reprendre le chemin de mon logis... — J'ai là, tout près, un bateau... dans une demi-heure je serai chez moi.

— Non, monsieur, répliqua Pauline — ce n'est point ainsi que je l'entends... — Voici la porte de la maisonnette que j'habite avec ma chère gouvernante, madame Audouin.. — entrez dans notre pauvre demeure... je laverai votre blessure et j'attacherai sur votre poignet une bande de fine toile bien blanche...

— Comment — murmura Lascars dont cette proposition comblait tous les vœux, comment, mademoiselle, vous voulez...

Pauline ne lui laissa pas le temps d'achever.

— Ah! dit-elle — c'est bien le moins que je panse moi-même une blessure reçue pour moi... — Venez donc, monsieur, je vous en prie... ce sera l'affaire d'un instant... — Songe qu'il nous faut de la lumière, ma bonne Audouin, — ajouta la jeune fille en s'adressant à la vieille dame, allume bien vite la petite lampe.

Les paysans et le fugitif avaient disparu dans les ténèbres; — on n'entendait plus le bruit de leurs pas et le murmure de leurs respirations haletantes.

Déjà Pauline se dirigeait vers sa maisonnette, et le baron se disposait à l'accompagner.

C'est en ce moment que retentit dans l'éloignement le coup de feu de Nicolas.

Lascars eut un nouveau tressaillement. Les trois femmes poussèrent un cri.

— C'est drôle tout de même !.. dit la fermière, je croyais que le vieux fusil n'était pas chargé !..

— Il se passe là-bas quelque chose de terrible... murmura Pauline en joignant les mains, oh ! mon Dieu... mon Dieu... pourvu qu'ils n'aient pas tué ce malheureux !..

— S'ils l'ont tué — reprit la fermière — ma foi, tant pis pour lui !.. la perte ne sera pas grande....

— Mademoiselle — demanda Roland à l'orpheline — êtes-vous d'avis comme moi d'attendre ici le retour de ces braves jeunes gens qui nous apprendront ce qu'ils ont fait ?

Pauline répondit par un signe affirmatif.

Enfin les souliers ferrés de Nicolas, de Bonaventure et de Pancrace, retentirent sur la route durcie ; — leurs lanternes brillèrent au loin comme des feux follets et se rapprochèrent rapidement ; les jeunes gens furent bientôt à portée de la voix.

— Eh ! bien, leur cria la fermière dès qu'elle supposa qu'ils pouvaient l'entendre, qu'est-ce que vous avez donc fait du brigand ?

— Mam'Mathurine, répondit fièrement Nicolas — soyez paisible ! — Celui-là ne vous empêchera plus de dormir!.. vous pouvez vaquer à vos affaires le long des routes, nuitamment, sans courir le risque de le rencontrer!.. il ne violentera personne, ni cette nuit, ni demain, ni jamais...

— Vous l'avez tué ! s'écria Pauline.

— Un peu, mam'zelle... — répliqua le vainqueur avec orgueil.

La jeune fille cacha dans ses deux mains sa figure pâle sous son voile.

— Ah ! balbutia-t-elle — c'est affreux !.. Certes, cet homme était bien coupable, mais il ne méritait pas la mort.

— Faites excuse, mam'zelle — reprit le garçon de ferme un peu honteux de cette désapprobation si manifeste — impossible de faire autrement... — Le *guerdin* ne voulait entendre à rien... Il avait sauté dans la rivière, où il plongeait comme un canard, et il allait nous brûler la politesse le mieux du monde, quand j'ai tiré dessus... vous voyez bien, présentement, que ce n'était point pour le plaisir... — C'était à lui de s'arrêter, de se rendre, et de nous dire : *Je suis un mauvais gueux, un vrai coquin, une franche canaille ! qu'on me mène en prison, qu'on me juge et qu'on me pende ! j'y souscris !* S'il avait dit ça, mam'zelle, au lieu de se jeter à l'eau, foi de Nicolas, il serait encore à l'heure qu'il est aussi bien en vie que vous et moi !

— Est-ce que vous avez tué raide ce malheureux ? demanda Lascars.

— Pour ce qui est de ça, oui monsieur... répondit le jeune paysan — il a fait le tourniquet un moment, comme un homme qui se *neye*... et puis, couic ! il a coulé au fin fond de la rivière !.. — bonsoir la compagnie !.. plus personne !..

— Je l'aime mieux mort que blessé... pensa Roland — dont la poitrine était soulagée d'un poids énorme — au moins ainsi, je n'ai rien à craindre.

Puis il ajouta, par réflexion.

— Le pauvre diable m'était très utile, il le serait devenu plus encore, et je le regrette sincèrement.

Telle fut la courte oraison funèbre de Sauvageon.

La fermière reprit :

— Depuis quand donc, Nicolas, le fusil était-il chargé?

— Depuis hier, mam'Mathurine, pour tirer sur la gueuse de fouine qui vient au poulailler manger nos poules... répliqua le paysan — j'avais mis dans le canon une forte charge de poudre et une grosse poignée de petit plomb.,. — aussi, ça m'a donné une fière tape! Dieu de Dieu! j'ai failli tomber à la renverse!

— Vous plait-il maintenant me suivre, monsieur? — demanda Pauline à Lascars, votre blessure n'a déjà que trop longtemps attendu.

— Je suis à vos ordres, mademoiselle, répondit le baron — et ma reconnaissance pour vos bontés est d'autant plus grande que ma blessure est plus légère.

La jeune fille, précédant Lascars, se dirigea vers la maisonnette ; où madame Auduoin était entrée avant eux.

Sur la table, à côté de la lampe, était ouvert un gros livre, — lecture habituelle des deux femmes — la Bible...

XXXIII

PAULINE ET LASCARS.

— Vous le voyez, monsieur — dit la jeune fille avec un triste sourire. — Vous le voyez, la maison est pauvre... — que mon sauveur y soit pourtant bien venu! — Je suis orpheline, mais, du haut du ciel, mon père vous remercie et vous bénit.

En même temps elle releva son voile.

Lascars attendait avec une vive impatience le moment où les traits, si chaleureusement vantés par Sauvageon, lui apparaîtraient enfin.

En les voyant, une mortelle pâleur envahit son visage...
— Ses pressentiments ne l'avaient point trompé ; il se trouvait bien réellement en présence de Pauline Talbot dont il avait déjà, à plus d'une reprise, crut reconnaitre la voix, et la vue de cette malheureuse enfant, portant un deuil qui était son ouvrage, évoquait dans sa mémoire tous les souvenirs sinistres de la nuit du 30 mai...

— Vous pâlissez, monsieur !.. — s'écria Pauline prise d'un soudain effroi — vous souffrez davantage... je le vois. — j'en suis sûre...

— Je souffre un peu, c'est vrai... — murmura Lascars, saisissant le prétexte qui s'offrait à lui pour expliquer son trouble manifeste.

— Vite... vite... ma bonne Audouin — poursuivit la jeune fille — déchire de la toile et taille des bandes, — je vais préparer de l'eau salée...

Le pansement fut fait en trois minutes par Pauline d'une main légère et délicate, et une longue bande de toile fine, soigneusement cousue, s'enroula autour du poignet du gentilhomme.

Ce temps si court avait suffi à Lascars pour effacer les traces de son émotion, pour reprendre son calme et redevenir maître de lui-même.

— Vous trouvez-vous mieux maintenant, monsieur ? lui demanda la jeune fille.

— Je me trouve complétement bien, mademoiselle... — répondit le baron — toute souffrance a disparu, grâce à vous... — Mais c'est beaucoup trop vous occuper de moi — ajouta-t-il — la frayeur qu'une agression infâme a dû vous causer pouvait avoir des suites bien autrement graves qu'une blessure insignifiante comme la mienne... Rassurez-moi sur votre compte, je vous en supplie...

— Ma frayeur a été grande, je l'avoue ; — murmura

Pauline — il m'a semblé que j'allais mourir d'épouvante et de saisissement lorsque je me suis vue livrée sans défense au misérable qui vient de payer de sa vie un crime inachevé... — Je suis un peu ébranlée, voilà tout... — je me sens faible comme à la suite d'un accès de fièvre. — Mais ceci ne m'inquiète guère, et demain, après quelques heures de sommeil, je serai redevenue ce que j'étais ce soir avant cette terrible aventure... — Ainsi monsieur, je vous dois la vie, car sans vous, certainement je n'existerais plus à cette heure...

— Vous avoir sauvée, mademoiselle, sera la joie et l'orgueil de toute mon existence ! — s'écria Lascars avec feu.

— Mon sauveur veut-il me permettre de lui adresser une question — demanda timidement Pauline.

Pour toute réponse, le baron s'inclina.

— Je suis fille d'Eve... — continua l'orpheline avec un demi sourire, et, en cette qualité curieuse... — Par quel miracle du hasard, par quel prodige incompréhensible pour moi, se fait-il que vous soyez arrivé si providentiellement à mon secours ?

— Ce qui vous semble miraculeux est en réalité la chose la plus simple du monde, — répliqua le baron — depuis quelques jours, mademoiselle, je suis presque votre voisin.

— Ah ! — fit la jeune fille avec une sorte de joyeux étonnement, — vous demeurez à Bougival ou à Portarly ?..

— Pas précisément, mais j'habite de l'autre côté de la Seine, presqu'en face de la machine, une vieille maison délabrée qui se nomme le Moulin-Noir...

— De grandes déceptions, d'amers chagrins, la trahison de ceux que j'aimais, l'ingratitude de gens à qui je m'étais dévoué ; m'ont chassé de Paris et je suis venu enfermer au fond d'une retraite absolue mon cœur et mon âme froissés tous deux douloureusement...

Dans cette solitude volontaire je n'ai qu'une seule distraction, qu'un plaisir unique, la promenade, et je choisis presque toujours pour goûter ce plaisir, les heures sombres où la tristesse de la nature est d'accord avec ma propre tristesse.

— Comme moi... — balbutia Pauline d'une manière à peine distincte, — comme moi...

— Presque chaque soir — continua le baron — je monte dans ma barque et je me laisse entraîner à la dérive par le fleuve. — Aujourd'hui, au moment où je venais de passer devant votre maison, il m'a semblé entendre des plaintes, des gémissements, des appels, sur la route qui domine la rivière...

» Je ne pouvais hésiter un seul instant. — J'ai amarré mon bateau au premier buisson qui s'est rencontré sous ma main le long du bord, j'ai franchi rapidement la berge, et, grâce au ciel, il m'a été permis d'arriver assez tôt pour vous venir utilement en aide. — Vous savez le reste, mademoiselle, et vous voyez que rien n'est plus simple...

— Rien ne serait plus simple en effet, monsieur — répondit Pauline — si le courage intrépide et la générosité chevaleresque étaient les vertus de tout le monde, mais comme par malheur il n'en est rien, laissez-moi croire et laissez-moi dire que cette chose si simple dont vous parlez est une grande et belle action...

Lascars eut un sourire aux lèvres.

— La reconnaissance que vous croyez me devoir, mademoiselle — répliqua-t-il — joue en cette circonstance le rôle de verre grossissant. — Elle exagère singulièrement ce qui ne saurait être un mérite qu'à vos yeux. — Enfin, cette reconnaissance, je l'accepte comme si je la méritais, et j'use des droits qu'elle me donne en vous adressant une prière...

— Laquelle, monsieur? — demanda vivement Pauline.

— Celle-ci : — Permettez-moi de venir de temps e temps prendre de vos nouvelles, et, quoique vous ne me connaissiez que depuis un instant, daignez me faire l'honneu de me traiter en vieil ami...

Cette demande imprévue causa un trouble extrême à auline, dont le doux et beau visage un peu pâle devint oudainement pourpre.

Elle échangea avec madame Audouin, non moins troublée u'elle, un regard où se lisait le plus immense embarras ;
elle hésita avant de répondre, et, pendant quelques secondes, elle resta muette.

Lascars rompit ce silence significatif.

— Ai-je donc été trop ambitieux ? — dit-il — et me réservez-vous le chagrin et l'humiliation de voir ma requête repoussée ?..

L'embarras de Pauline redoubla, — le feu de ses joues devint comparable aux teintes ardentes du cactus.

— Que puis-je vous répondre ? balbutia-t-elle — suis-je maîtresse d'écouter mes désirs ?.. d'obéir à ma volonté ?..
— ne dois-je pas, même au prix d'un réel sacrifice, respecter cette loi suprême que le monde appelle *Convenance*...
— madame Audouin et moi, nous vivons dans un isolement complet... nous n'avons pas de protecteurs, pas d'a-
is... nous ne recevons personne... — Ne serait-on point en droit de s'étonner si nous faisions une exception à notre ègle de conduite ?

— Eh ! mademoiselle, qui donc s'étonnerait ? — s'écria Lascars — ne vous faut-il pas un défenseur en raison même de votre isolement ?... — n'en avez-vous pas eu ce soir la reuve irrécusable, — d'ailleurs la maison d'une jeune fille eut et doit être ouverte à son frère...

Pauline poussa un soupir.

— Hélas ! — fit-elle ensuite — vous n'êtes pas mon rère...

— Je suis prêt à le devenir — répliqua le baron — si vous daignez m'accorder le titre de votre ami... — et ja-iais, je vous en donne ma parole de gentilhomme, jamais affection fraternelle ne se sera montrée plus pure et plus respectueuse que la mienne...

Pauline secoua doucement la tête.

— Vous refusez... — demanda Lascars d'une voix altérée.

— Il le faut, monsieur.. murmura la jeune fille, et je vous jure que cela me coûte !... mais mon seul bien en ce monde est le nom sans tache que m'a laissé mon père... — Je dois à celui qui n'est plus, je me dois à moi-même, d'éviter toute démarche imprudente qui puisse faire naître des soupçons injustes... — Je vous en conjure, monsieur, dites-moi que vous me comprenez, dites-moi que vous m'approuvez, et que rien, dans mes paroles, ne vous blesse et ne vous offense...

— Vous êtes cruelle pour moi, mademoiselle ! — répondit Roland avec amertume — et je mentirais en vous laissant croire que je reste insensible à la blessure que vous me faites ! — mon nom, comme le vôtre, est sans tache... — le baron Roland de Lascars n'a pas une honte dans son passé, et votre honneur, je l'atteste, était en sûreté sous la garde du mien ! — Je courbe la tête cependant devant l'arrêt qui me frappe... — J'aurais dû le prévoir et ne point m'exposer à l'entendre de votre bouche ! — Hélas ! je le savais depuis longtemps, en ce monde, la reconnaissance est toujours sur les lèvres et jamais dans le cœur ! — Au risque de ma vie j'ai sauvé la vôtre, et votre première action est de me bannir à jamais d'une existence que vous me devez... — Adieu, mademoiselle — que Dieu vous protége, soyez heureuse et si quelque nouveau péril venait plus tard à vous menacer, appelez hardiment à votre aide celui que vous chassez aujourd'hui... — appelez-le sans crainte et sans hésitation, — il viendra !..

Ayant ainsi parlé, Roland prit son chapeau qu'il avait posé sur la petite table de bois blanc en entrant dans la maisonnette.

Il s'inclina devant madame Audouin, témoin muet de l'entretien auquel nous venons d'assister ; — il salua respectueusement Pauline Talbot, et il se dirigea vers la porte.

Pendant la véhémente réplique du baron, la jeune fille ait été visiblement en proie à une agitation et à une émoon violentes ; — elle pâlissait et rougissait tour à tour, et s grands yeux se remplissaient de larmes.

Enfin elle prit son parti soudainement.

— Monsieur le baron... — balbutia-t-elle.

— Mademoiselle ? — demanda Lascars en s'arrêtant.

— Pardonnez-moi mon ingratitude apparente... — pouruivit Pauline d'une voix à peine distincte — vous venez de e faire comprendre à quel point j'étais coupable envers ous. . — J'accepte avec joie, avec honneur, cette affection, devouement que vous m'avez offerts... — Soyez mon rotecteur, soyez mon ami, soyez mon frère, l'orpheline et son honneur sous la garde du vôtre... — elle ne vous it plus : — Adieu... — elle vous dit : — Au revoir... — lle vous dit : — à demain...

— Ah ! — s'écria Roland avec une indicible expression 'enthousiasme — maintenant, mademoiselle, vous me rémpensez trop ! — ces paroles si touchantes et si nobles, e n'ai rien fait encore pour les mériter, mais si Dieu le ermet, je vous prouverai, ma sœur, que j'étais digne de s entendre...

Pauline, avec une adorable expression de confiance inénue tendit à Lascars sa main blanche, aux ongles roses, ur laquelle il n'appuya ses lèvres qu'à peine...

Puis, passé maître depuis longtemps dans le grand art es *sorties*, il n'ajouta pas un seul mot, — il salua de noueau et sortit de la maisonnette.

— Ma bonne Audouin — demanda l'orpheline tout à up, que penses-tu de ce qui vient de se passer ?..

— Je pense, — répliqua l'excellente femme — que le viage de ce courageux gentilhomme exprime la franchise et loyauté, et que nous n'aurons qu'à nous louer de la conance qu'il nous inspire...

— Moi aussi, je le crois... — murmura Pauline — oh ! oui, je le crois... — mais alors, pourquoi donc suis-je si triste sans raison ? — pourquoi donc mon cœur est-il oppressé comme si le pressentiment d'un malheur pesait sur moi? — Comprends-tu cela, ma bonne Audouin, et peux-tu me l'expliquer?..

Cette question était superflue. — La gouvernante ne comprenait point et se trouvait tout à fait incapable de donner à Pauline l'explication demandée.

— Je ne sais pas... — répondit-elle — comment veux-tu que je puisse savoir ces choses-là?..

Pauline fondit subitement en larmes, — de longs sanglots soulevèrent sa poitrine. Madame Audouin, très-inquiète de cette crise inattendue, se rapprocha d'elle, la prit dans ses bras et s'écria :

— Chère enfant, qu'as-tu donc?

— C'est à mon tour de te répondre : — *Je ne sais pas...* — murmura la jeune fille en s'efforçant de sourire à travers ses pleurs.

— Ce sont les nerfs très-certainement, — reprit alors la gouvernante — tu as éprouvé un grand effroi, et tu t'en ressens — c'est tout naturel... — il ne s'agit que de bien dormir cette nuit, et demain matin il n'y paraîtra plus, j'en réponds...

XXXIV

OU SAUVAGEON REPARAIT.

Lascars, — au moment où, après avoir quitté la petite maison du Bas-Prunet, il sautait dans sa barque et reprenait les avirons pour retourner au Moulin-Noir, Lascars, disons-nous, était animé d'une joie sauvage.

— Décidément — se disait le gentilhomme en faisant glisser le bateau sur les eaux tranquilles — le hasard devient mon complice!.. Avec quelle infatigable complaisance il me rend cette jeune fille que je ne cherchais plus, cette jeune fille qui m'appartient maintenant, car je la trouve isolée, sans défiance, sans défense, et j'ai pour allié son propre cœur que va me livrer la reconnaissance?.. — Pauline rêvera de moi cette nuit... — Demain elle commencera à m'aimer... — avant la fin de la semaine, son amour sera devenu une passion, sa petite tête flambera, et j'aurai soin d'exciter la flamme!.. allons, je commence à croire que mon temps d'exil me semblera court, et qu'au lieu de trouver, comme hier encore, les heures trop longues, elles me paraîtront désormais trop rapides... — Sauvageon était décidément un bon serviteur que j'aurai peine à remplacer!.. Pourquoi faut-il que le pauvre diable ait payé de sa vie son idée triomphante!..

Tout en monologuant de la sorte, Lascars avait franchi la plus grande partie de la distance qui le séparait de son habitation délabrée. — La sombre silhouette du moulin, plus noire que les ténèbres elles-mêmes, se dessinait à l'horizon...

On sait qu'un rameur, assis sur son banc de nage et maniant les avirons, tourne forcément le dos à l'endroit vers lequel il se dirige.

Ceci nous explique comment il put se faire que le baron ne leva point les yeux sur le bâtiment sinistre avant le moment où, parvenu au terme de sa course, il changeait de position et se retournait pour amarrer l'esquif à l'un des pilotis de l'estacade...

Mais alors, au lieu de s'occuper sans retard de cette besogne, il resta pendant quelques secondes muet, immobile, la bouche béante, les yeux largements ouverts, dans l'attitude enfin d'une statue de la Stupeur.

Cette stupeur s'explique le plus facilement du monde.

Lascars savait le logis désert, et cependant il voyait briller une lumière à travers l'une des fenêtres étroites qui trouaient le pignon pointu...

Qui donc s'était introduit dans le Moulin-Noir, et, ne

songeant point à s'y cacher, trahissait sa présence par des lueurs indiscrètes ?..

Il était malaisé de répondre pertinemment à une question de ce genre, aussi Lascars passa successivement en revue une foule de suppositions qui ne semblaient, ni les unes ni les autres, conformes à la vraisemblance, et il finit par s'arrêter à celle-ci que des vagabonds, des gens sans aveu vivant de rapines, avaient envahi pour y passer la nuit, et peut-être pour y faire orgie, le Moulin-Noir qu'ils croyaient sans doute tout à fait abandonné.

Le baron prêta l'oreille.

Tout était silencieux... — aucun bruit, pas même le plus léger murmure ne s'échappait des vieilles murailles...

— Dans une minute — se dit Lascars — je saurai à quoi m'en tenir !..

Il attacha rapidement la barque ; il gravit les marches de l'escalier de pierre et, tirant son épée hors du fourreau pour être prêt à l'attaque ou à la défense en cas de mauvaise rencontre, il pénétra dans le moulin, il entra et il se dirigea à travers les ténèbres vers la pièce éclairée...

Cette pièce était celle qui précédait sa propre chambre. — Au moment d'en franchir le seuil, il lui sembla qu'un gémissement arrivait jusqu'à lui, et que ce gémissement n'avait rien d'humain...

Lascars ne sut point se défendre, cependant, d'un premier mouvement de terreur nerveuse.

Ceci fut d'ailleurs l'affaire d'une minute à peine. — Lascars eut honte de lui-même, il rougit et sourit de sa faiblesse, et, faisant appel à toute sa résolution, il poussa la porte de la chambre lumineuse...

Rien n'était moins rassurant que le spectacle qui s'offrit à lui ; rien n'était plus propre à le confirmer dans la pensée qu'un fantôme se présentait à ses regards...

Sauvageon avait été tué roide, d'un coup de fusil, une heure auparavant, — Lascars croyait en avoir la certitude,

— et néanmoins Sauvageon se trouvait là, ou plutôt son fantôme, pâle comme un mort, enveloppé dans une sorte de suaire taché de sang, étendu sur un matelas, et poussant des plaintes sourdes.

Le baron sentit un petit frisson glacé courir sur son épiderme, et il chercha dans sa mémoire les paroles avec lesquelles on fait disparaitre les spectres... — Tel était le désordre momentané de son esprit, qu'il ne put trouver autre chose que la formule des exorcismes, et qu'il murmura, en étendant vers l'apparition sa main armée d'une épée:

— *Vade retro, satanas!*...

Ces mots attirèrent l'attention du prétendu spectre. — Il fit un mouvement infructueux pour se soulever, et il s'écria, avec un juron retentissant :

— Oh! que je souffre!.. — de par tous les diables de l'enfer, que je souffre!..

— Ah! ça — demanda Lascars — suis-je le jouet d'un rêve?.. — est-ce vous que je vois, Sauvageon?..

— Eh! oui, monsieur, c'est bien moi... ça n'est que trop moi, hélas!..

— Vivant!!!

— Très-vivant, mais je n'en vaux guère mieux, car je souffre comme un damné... — monsieur veut-il m'apprendre d'où vient la surprise qu'il me semble lire sur son visage?..

— Cette surprise est bien naturelle!.. je vous croyais mort, mon pauvre garçon, et je vous regrettais sincèrement.

— Ah! monsieur, quelle reconnaissance je vous dois!.. — mais qui donc a fait courir si vite le bruit que j'étais défunt?..

— Les trois garçons de ferme du Bas-Prunet.

— Voyez-vous, les gredins!.. — cria Sauvageon en grinçant les dents et en serrant les poings — si je suis de ce monde à l'heure qu'il est, ce n'est pas leur faute! — quelle chasse enragée ils m'appuyaient! il me semble encore sentir les pointes de leurs fourches chatouiller mes reins, et quelles fourches, monsieur !.. — si je n'avais pris le parti de piquer une tête dans la Seine, j'étais embroché comme un lapin !.. — mais c'est égal, foi de Sauvageon, ils me revaudront cela quelque jour.

— Ne pouvant vous arrêter — reprit Lascars — l'un d'eux a fait feu sur vous, n'est-ce pas ?..

— Oui, monsieur, sans plus de façon qu'un chasseur sur une perdrix ou sur un lièvre...

— Vous a-t-il manqué ?..

Sauvageon fit un haut-le-corps.

— Ah ! que non pas ! — répliqua-t-il avec véhémence — il ne m'a point manqué, le brigand !..

— Où vous a-t-il atteint ?..

Sauvageon prit un air embarrassé et pudibond.

— Où peut-on atteindre un homme qui nage, quand ce n'est pas à la tête ?.. — je le demande à monsieur... — murmura-t-il en baissant les yeux et en pinçant les lèvres...

— Comment, mon pauvre garçon, — s'écria Lascars, saisi malgré lui d'une violente envie de rire. — Vous avez eu cette mauvaise chance !..

— Hélas ! monsieur — répliqua Sauvageon en soupirant — il se passera bien du temps avant que je puisse m'asseoir...

— Ceci, reprit le baron, — m'explique moins que jamais à quel propos ces brutes ont répandu le bruit de votre mort et prétendu que le coup de feu vous avait tué roide...

— Mais moi je me l'explique très-bien. — Monsieur veut-il que je lui raconte de quelle façon l'événement est arrivé ?

— Oui sans doute, je le veux...

— Eh bien, voici la chose en deux mots... — Tout en me sauvant je n'avais vu que les fourches, je ne pensais pas au fusil, et après avoir plongé et fait un bon bout de chemin entre deux eaux, je venais de reparaître pour respirer et je nageais de toutes mes forces, quand j'entendis le bruit de la poudre... — en même temps je sentis que le gredin avait visé juste !.. — Heureusement c'était du petit plomb... — sans cela, bonsoir la compagnie ! pas plus de Sauvageon que sur ma main !.. — je compris tout de suite que la blessure n'était pas mortelle, mais j'éprouvai une douleur atroce et je me mis à gigoter en battant l'eau, ni plus ni moins qu'un homme qui se noie... — Pendant que je gigotais ainsi, une idée me traversa la cervelle... — je me dis que le damné fusil qui venait de m'accommoder si mal pouvait être à deux coups, qu'une seconde décharge m'achèverait infailliblement, et que le seul moyen de courir une chance de l'éviter, était de faire le mort tout de suite... — en conséquence, je ne bougeai ni pied ni patte, je me roidis comme un trépassé, je me laissai couler à fond et je nageai très-longtemps entre deux eaux avant de me hasarder à montrer seulement le bout de mon nez...

« Quand je reparus, j'étais assez loin pour que la lumière des fallots n'arrivât plus jusqu'à moi... — les ténèbres m'enveloppaient et me protégeaient, et je voyais sur la berge, à cent brasses de distance, mes trois gredins de paysans qui faisaient de grands gestes et qui semblaient tenir conseil.

» Je n'avais plus rien à craindre d'eux, mais je m'affaiblissais beaucoup... — chaque grain de plomb avait fait son trou, et mon sang coulait par une multitude de petites fontaines que l'eau rendait encore plus actives....

» Il n'était que temps de gagner l'autre rive ! il ne fallait même pas perdre une minute, sous peine de me noyer pour tout de bon !.. — Je mis donc le cap sur ce vieux saule vermoulu que monsieur connaît et auprès duquel on prend tant de perches à l'épervier .. — je nageai de mon mieux, j'atteignis le bord, et, clopin-clopant, gémissant et jurant, je pris le chemin de la maison, où j'arrivai non sans beaucoup de peine, et où me voici, fort mal accommodé, plus criblé qu'une écumoire, et ne sachant dans quelle position me mettre pour y trouver un peu de repos...

» Telle est mon histoire, monsieur... — Elle n'est pas gaie, mais elle n'est pas longue, et n'a d'ailleurs rien qui m'étonne, car depuis que je suis au monde j'ai toujours été le dindon de toutes les farces ! maintenant, monsieur veut-il me dire s'il a réussi et si de son côté, il est plus satisfait que je n'ai lieu de l'être du mien ?..

— Mes affaires vont à merveille, mon pauvre Sauvageon — répondit Lascars, je suis admis dans la maison de la petite fille, tout marche sur des roulettes, ainsi que vous l'aviez prévu, et votre idée était excellente...

XXXV

PREMIERE SOIRÉE.

Pendant tout le reste de la nuit Sauvageon, en proie à des douleurs qui, pour être grotesques, n'en étaient pas moins cruelles, se tordit en gémissant sur le matelas qui lui servait de lit. — Une fièvre violente s'emparait de lui ; — les grains de plombs restés dans les chairs, quoiqu'ils n'eussent pénétré qu'à une très-faible profondeur, menaçaient d'amener une inflammation générale. — Bref, la situation devenait grave, et se compliquait encore par l'impossibilité de recourir à l'aide d'un médecin, les blessures de Sauvageon étant de nature à le dénoncer à l'instant même comme l'auteur du guet-apens de la veille au soir.

Lascars se trouva donc dans l'absolue nécessité de venir de sa personne en aide à son valet ; — il possédait quelques notions très-superficielles de chirurgie, comme tous les gentilshommes, exposés à des accidents de chasse, et il vint à bout sans trop de peine d'extirper avec la pointe d'un stylet les grains de plomb fourvoyés.

A la suite de cette petite opération, Sauvageon éprouva un soulagement immédiat, avant-coureur d'une guérison prochaine, il s'assoupit sur-le-champ et dormit pendant vingt-quatre heures sans interruption.

Le soir venu, Lascars se garda bien d'interrompre ce sommeil réparateur ; — il monta dans son bateau et traversa la Seine pour se rendre à la maisonnette du Bas-Prunet.

Aussitôt qu'il en eut franchi le seuil, il reconnut à des signes certains qu'il était attendu et que les deux femmes avaient fait des frais pour le recevoir, frais bien modestes, mais touchants par cela même.

En voyant entrer Lascars, Pauline rougit légèrement, mais elle ne manifesta aucun embarras, elle fit deux pas au-devant du gentilhomme, et, lui tendant la main d'une façon adorablement familière, elle lui dit :

— Nous avons bien pensé à vous aujourd'hui, mon frère, et nous avons prié Dieu à votre intention avec tant de ferveur qu'il doit nous exaucer et vous rendre heureux...

Lascars, après s'être informé, d'un air de grande déférence, des nouvelles de madame Audouin, dont il voulait se faire une alliée à l'insu de la bonne dame elle-même, et qui se sentit vivement touchée de ce témoignage d'intérêt, demanda à Pauline :

— N'allez-vous pas vous préparer, ma chère sœur, pour votre promenade de chaque soir ?...

La jeune fille secoua la tête avec un sourire triste et résigné.

— Oh ! c'est bien fini... — répondit-elle — maintenant nous ne nous promènerons plus...

— Eh quoi — s'écria Lascars — plus jamais ?...

— Jamais du moins hors de notre jardin qui n'est pas grand, mais dont nous saurons nous contenter...

— Et, me permettez-vous de vous demander la cause de cette résolution si soudaine ?...

— Cette cause, la voici : — Déjà nous ne sortirons point en plein jour, parce que nous aimons la solitude et que nous craignons plus que tout au monde d'attirer l'attention sur nous... — Ai-je besoin de vous apprendre pourquoi nous ne sortirons plus le soir ? — la terrible aventure d'hier nous a trop cruellement prouvé quelle imprudence commettent deux femmes en affrontant sur une grande route les ténèbres et les mauvaises rencontres... — Pour ma part, je l'avoue franchement, rien que la pensée de faire cent pas au dehors, après la nuit tombée, me glace jusqu'à la moelle des os.

— Je comprendrais à merveille cette terreur et cette prudence — répliqua Lascars — si vous deviez sortir seule avec madame Audouin, et par conséquent vous exposer à quelque nouveau danger... — mais il n'en est point ainsi...

— Que voulez-vous dire ? demanda Pauline sans aucune arrière pensée.

— Je veux dire que vous avez désormais à vos ordres le bras dévoué d'un gentilhomme... — un bras qui vous a défendue déjà, et qui saurait vous défendre encore...

— Le vôtre !... — s'écria la jeune fille en devenant pourpre.

— J'espère, ma chère sœur, que vous ne me faites point l'injure d'en douter ?... répondit Lascars, en donnant à sa voix des inflexions tout à la fois tendres et respectueuses...

En ce moment madame Audouin jugea convenable d'intervenir.

— Certes, monsieur le baron — dit-elle, s'il est quelqu'un au monde qui ne puisse révoquer en doute votre courage et votre générosité, ce quelqu'un c'est nous !... Nous ne doutons pas davantage de votre courtoisie infatigable. Vous êtes français, vous êtes gentilhomme, à ce double titre vous considérez comme un devoir de vous faire le chevalier de deux pauvres femmes isolées et sans protecteur... — Cela est beau, monsieur le baron... cela est noble... cela est digne du nom et du titre que vous portez, mais nous saurons unir la discrétion à la reconnaissance ; nous n'abuserons point d'une galanterie qui vous honore, et que nous apprécions, je vous le jure, autant qu'elle mérite de l'être...

Ayant ainsi parlé, madame Audouin fit la révérence et se rengorgea, très-contente d'elle-même et enchantée du petit discours un peu prétentieux qu'elle venait de débiter avec un choix d'intonations qui ne pouvait manquer d'en doubler l'effet.

— Que le diable emporte la vieille folle et son éloquence !... — pensa Lascars fort contrarié de cette résistance à laquelle il ne s'attendait pas. — Est-ce qu'elle se figure, par hasard, que mes frais de galanterie, comme elle le dit, sont à son adresse?... — Elle en est, ma foi, bien capable !...

Puis il reprit tout haut, d'un ton de franchise et d'enjouement :

— En vérité, chère madame Audouin, vous me faites un honneur que je suis loin de mériter, et vous m'attribuez des mérites qu'il faut absolument que je décline... — Au lieu et place de cette courtoisie chevaleresque qu'il vous semble voir en moi, je constate un égoïsme bien naturel, et ce qui, de votre part, vous semble discrétion, n'est au fond que cruauté pure...

Lascars fit une pose.

— Monsieur le baron — dit vivement la gouvernante — de grâce, expliquez-vous !... votre égoïsme prétendu et ma prétendue cruauté restent pour moi lettres closes...

— Chère madame — continua Roland, je n'ai ni les goûts, ni les habitudes d'un sauvage, vous le comprenez sans doute, et l'isolement auquel je me vois réduit me pèse au-delà du possible... — Pour peu qu'il me faille continuer cette existence de complète solitude, replié sur moi-même, loin de toute oreille intelligente et sympathique à qui je puisse confier mes pensées, je tomberai certainement malade de tristesse et d'ennui, et, n'ayant rien de mieux à

13.

faire, je mourrai !... — Une lueur d'espérance a traversé mes ténèbres... — j'ai pu croire un instant qu'après avoir eu l'immense bonheur de vous être utile, je trouverais auprès de vous une charmante et pure intimité, précieux remède à mes chagrins, et qu'en même temps ma présence ne vous semblerait point importune... Au nom du ciel, ne détruisez point ce beau rêve... — ma vie est entre vos mains !... — par pitié, ne me laissez pas mourir !... — Et vous, mademoiselle — ajouta Lascars en s'adressant à Pauline — vous, ma sœur, puisque vous avez daigné me permettre de vous donner ce nom si doux, intercédez pour moi... faites en sorte que je ne devienne pas victime d'une discrétion funeste qui me rendrait bien injustement, le plus malheureux des hommes...

Ces dernières paroles empruntèrent une sorte d'éloquence du ton avec lequel elles furent prononcées et du geste suppliant qui les accompagnait.

Pauline, en les écoutant, changea plusieurs fois de visage, — elle rougit et pâlit successivement.

— Mon Dieu — balbutia-t-elle avec un extrême embarras — ni ma bonne Audouin, ni moi, nous n'avions la pensée cruelle de vous rejeter dans l'isolement... nous craignons seulement d'abuser d'une bienveillance si généreusement offerte...

— Mais — reprit la gouvernante — puisque monsieur le baron insiste, nous ne faisons plus difficulté d'accepter, et nous sommes heureuses de nous placer sous la protection d'un aussi galant homme...

— Ainsi, mesdames, ma cause est gagnée?... — demanda joyeusement Lascars...

— Elle n'avait jamais été perdue... — répondit Pauline d'une voix si basse que ses paroles furent presque indistinctes.

Lascars les entendit cependant, ou plutôt il les devina.

— Merci, ma sœur, merci de toute mon âme !.. — murmura-t-il avec une émotion de commande digne d'un grand comédien. Vous me rendez enfin justice, et j'en serai reconnaissant toute ma vie !...

Puis, changeant de ton, il ajouta :

— La soirée est magnifique... — l'air est tiède... — les étoiles brillent dans un ciel sans nuage... — tout invite à la promenade... — Voulez-vous accepter mon bras et venir respirer dehors ?...

— Je ne demanderais pas mieux, — répliqua Pauline — mais...

— Comment, — s'écria le baron — comment, il y a encore un *mais*?...

— Oh ! celui-là ne saurait vous blesser... fit la jeune fille avec un sourire — l'émotion et le saisissement d'hier m'ont aneantie... — Je me sens faible, toute brisée et peu capable de me mettre en marche...

— N'est-ce que cela ?... — Eh bien ! il existe un moyen bien simple de vous promener sans fatigue...

— Un moyen ? — répéta Pauline curieusement — lequel ?...

— Ma barque est amarrée presque en face de votre maison... — Prenez-y place avec madame Audouin et je vous servirai de pilote...

Les yeux de la jeune fille brillèrent.

— Eh bien ! — continua Lascars — ma proposition vous séduit-elle ?

— Une promenade en bateau... la nuit... ce serait charmant...

— Alors, n'hésitez pas...

— Qu'en penses-tu, ma bonne Audouin ?

— Monsieur le baron — demanda la gouvernante — n'y a-t-il point de danger ?...

— Aucun, madame, je vous l'affirme...

— Cependant les accidents les plus funestes ne sont point rares sur les rivières... sans cesse on entend parler de barques chavirées et de gens qui se noient...

— Vous avez raison, madame, mais une grande partie de ces sinistres, pour ne pas dire tous — répliqua Lascars — sont occasionnés par l'incurie ou par la témérité des rameurs, et je crois que vous pouvez compter sur ma prudence...

— Je m'inquiète fort peu de moi-même, reprit la bonne dame — mais je veux avoir la certitude que Pauline ne peut courir aucun risque... — me répondez-vous d'elle ?...

— Sur mon honneur de gentilhomme, oui madame...

— Dans ce cas, nous acceptons...

— Quel bonheur ! murmura la jeune fille — avec une joie enfantine — je vais prendre mon voile et nous partirons vite...

Un instant après, les deux femmes avaient pris place l'une à côté de l'autre à l'arrière du bateau, et Lascars, maniant les rames avec une précision et une vigueur incomparables, faisait voler la petite embarcation sur les eaux calmes de la Seine.

Pauline, silencieuse, se livrait à une rêverie dont la tristesse n'offrait aucun mélange d'amertume. — Elle pensait à son père, qu'elle ne devait plus revoir ici-bas... Elle pensait à la noble figure de ce défenseur à peine entrevu au milieu des sanglantes horreurs de la nuit du 30 mai... — Elle pensait enfin à ce gentilhomme, non moins jeune, non moins beau, non moins courageux que l'inconnu, — à ce baron de Lascars par qui elle avait été sauvée la veille et qui semblait devoir se mêler à sa vie...

Tout en s'abandonnant, presque à son insu, aux souvenirs dont nous venons d'indiquer la nature, Pauline, protégée par l'obscurité, abaissait ses yeux vers Roland, assis en face d'elle, et qui de seconde en seconde, par des mouvements réguliers et cadencés, se penchait sur ses avirons pour imprimer à la barque une impulsion nouvelle...

Un rayonnement vague, une sorte de lueur phosphorescente se dégageait des eaux. — La silhouette du baron détachait hardiment ses lignes élégantes sur ce fond faiblement lumineux, et Pauline prenait à le regarder ce plaisir immatériel qu'inspire la vue d'une statue parfaite, unissant la grâce à la force dans de justes proportions.

Roland s'apercevait à merveille de l'examen complétement irraisonné, sinon complétement involontaire, dont il était l'objet, mais il se gardait bien de rompre un silence mille fois plus favorable à ses projets que les paroles les plus éloquentes...

XXXVI

LES FRÈRES TALBOT.

Ce silence ne pouvait, néanmoins, se prolonger indéfiniment ; — il devait suffire, non-seulement pour le rompre, mais encore pour rendre son retour impossible, d'un mot prononcé au hasard par l'une des trois personnes qui se trouvaient en présence dans le bateau.

Cette personne ne pouvait être que madame Audouin.

Pauline se taisait parce qu'elle s'absorbait dans sa rêverie ; — Lascars, pour les motifs que nous connaissons, respectait le mutisme de la jeune fille. — La gouvernante seule ne pensait à rien et n'avait de préoccupation d'aucun genre, aussi ce fut elle qui parla.

— Pauline, mon enfant, n'as-tu pas froid ? — demanda-t-elle tout à coup.

— Que me veux-tu ? murmura-t-elle, car elle avait entendu le bruit de la voix mais non point la question.

Madame Audouin répéta.

— Je n'ai pas froid... — répondit Pauline.

— J'ai eu soin d'apporter ta mante de laine, poursuivit madame Audouin — je vais, si tu le désires, te la mettre sur les épaules...

— Non... — répliqua la jeune fille — je n'ai besoin de rien... — Je suis bien...

— Mademoiselle... ou plutôt ma sœur, dit Lascars à son tour — la promenade vous semble-t-elle trop longue? faites un signe et je virerai de bord aussitôt...

— Oh ! non... non... pas encore... — s'écria vivement Pauline.

— A moins — ajouta-t-elle par réflexion, à moins, monsieur, que vous n'éprouviez quelque fatigue...

— Moi ! — fit Lascars en souriant — oh! de grâce, ne vous inquiétez pas de moi... je suis infatigable...

— S'il en est ainsi, continuons... continuons ! — Je voudrais que cette promenade pût se prolonger pendant la nuit entière... Je voudrais me sentir emportée toujours par ce mouvement rapide, et si doux qu'on ne le sent pas.

— Il se fait tard, cependant... — hasarda la gouvernante.

— Tu te trompes, ma bonne Audouin — répondit Pauline — la soirée commence à peine...

— Je viens d'entendre sonner dix heures au clocher de Port-Marly...

— Eh ! bien, qu'importe ? — la nuit est longue...

— Mademoiselle Talbot a raison... — dit Roland à son tour — la nuit est longue, qu'importe l'heure?...

Madame Audouin se tût, mais elle soupira.

Pauline, brûlant de satisfaire sa curiosité, et n'osant interroger Lascars d'une façon directe, employa toutes sortes de circonlocutions et de périphrases, et se lança dans d'interminables méandres, afin d'arriver, par des chemins couverts, au but de ses désirs.

Lascars avait trop d'expérience et trop de finesse pour ne pas deviner, dès les premiers mots, quel était ce but. — Il n'arrêta point la jeune fille, cependant, et comme les meilleures raisons du monde lui défendaient de la mettre au fait de la vérité, il se donna le temps de composer une histoire de pure fantaisie, d'un puissant intérêt et d'une suffisante vraisemblance...

Cette histoire étant mensongère depuis le commenceent jusqu'à la fin, il nous paraît inutile de la reproduire.

Il nous suffira d'affirmer à nos lecteurs que Lascars, ans cette fiction, se faisait jouer un rôle magnifique, rem-li de noblesse et de loyauté, et qu'il se posait en homme âchement trahi, injustement persécuté, victime enfin de sa randeur d'âme et de la générosité de son caractère.

Il est un point de ce récit sur lequel Lascars appuya d'une façon toute particulière, et avec une incontestable habileté, dans l'espérance assez bien fondée de produire sur auline une impression profonde. Il parla longuement de 'immense soif d'affection qui le dévorait et que jamais il n'avait étanché... — Il s'efforça de faire comprendre qu'une des causes principales de sa tristesse et de sa retraite était d'avoir cherché partout, sans le trouver nulle part, un cœur igne de comprendre et de partager les trésors de tendresse que renfermait le sien...

Ceci n'équivalait-il pas à dire à la jeune fille : — *Je ne emande qu'a vous aimer... — Aimez-moi...*

Ceci ne sous-entendait-il pas cette phrase : *Si vous êtes raiment supérieure a toutes les créatures de votre sexe, ous me le prouverez en m'aimant...*

Or, quelle est la femme — quelque modeste, quel-u'humble même qu'on se plaise à la supposer — qui n'ac-ueille avec joie l'idée d'une supériorité si complète et si anifeste ?..

Lascars, d'ailleurs, avait souffert — il le disait — du oins avec une éloquence entraînante ; — Pauline ne de-ait-elle pas trouver séduisant le rôle d'ange de consolation t d'amour... Ce rôle si cher aux âmes tendres ?..

Lorsque le baron eut achevé son récit menteur, la jeune lle resta rêveuse pendant un instant, puis elle dit d'une oix émue :

— Le monde est donc ainsi !... ennemi de tout ce qui st grand... injuste et cruel pour tout ce qui est noble et on !... Ah ! je suis contente de ne le point connaître, il me faudrait trop le mépriser, et vous devez le regretter bien peu...

— Le monde ne vaut ni votre mépris, ni mes regrets, chère enfant — répondit Lascars — il n'existe plus pour moi ; — pour vous il n'existe pas encore...

— Et j'espère bien qu'il n'existera jamais... — s'écria Pauline.

— Vous avez raison, cent fois raison !.. reprit Lascars — le bonheur n'est pas là...

— Où donc est-il ? — murmura la jeune fille machinalement, sans presque avoir conscience de la question qu'elle formulait.

— Il est dans la solitude à deux ; répliqua Roland d'une voix basse et passionnée — dans la solitude avec l'amour... il est là et n'est point ailleurs...

A ces derniers mots succédèrent quelques minutes de silence.

— Tout va bien !.. — se dit Lascars à lui-même en regardant à la dérobée l'orpheline qui, la tête penchée sur sa poitrine, abandonnait au fil de l'eau sa main distraite, tout va bien, et je viens de jeter dans cette jeune tête des semences qui germeront...

Au bout d'un instant il reprit :

— Maintenant, chère sœur, c'est à vous de suivre l'exemple que je viens de vous donner... — je vous ai dit ma vie... — mon passé tout entier s'est déroulé sous vos yeux... — je n'ai plus de secrets pour vous et vous me connaissez aussi bien que je me connais moi-même... votre tour est venu... — j'attends...

— Eh ! mon Dieu — balbutia Pauline, qu'attendez-vous ?.. qu'ai-je à vous apprendre ?..

— Vous avez à m'apprendre tout ce qui vous concerne... — je veux ma part de vos joies et de vos douleurs... — parlez-moi de votre famille, de votre enfance... de vous enfin, de vous surtout et de ce qui se rapporte à vous... —

e comprenez-vous pas l'immense intérêt qu'auront pour moi les moindres d´tails ?..?

— Je le veux bien, puisque vous le souhaitez... — répondit la jeune fille — mais j'existe à peine, et vous parler de moi, c'est vous parler à peu près exclusivement de mon père, le meilleur des hommes, puisque je n'ai vécu qu'en lui et que pour lui jusqu'au jour où le plus terrible de tous les malheurs est venu nous séparer à jamais...

Lascars, malgré le profond endurcissement de son âme, pâlit en écoutant Pauline.

La famille de Pauline n'était pas noble, mais elle appartenait à la bonne bourgeoisie de la ville de Tours.

Georges Talbot, le père de notre héroïne, et l'aîné de deux garçons, était de cinq ans plus âgé que Philippe, son frère.

Les deux jeunes gens se trouvèrent orphelins et maîtres d'une assez belle aisance au moment où Georges atteignait sa vingt-cinquième année et Philippe sa vingtième ; — ambitieux l'un et l'autre et dédaignant l'honorable médiocreté dans laquelle ils pouvaient vivre en province, ils quittèrent la Touraine, vinrent à Paris avec la volonté ferme d'y faire une brillante fortune, et, grâce aux capitaux qu'ils avaient réalisés, se lancèrent dans de grandioses entreprises, dans de vastes *spéculations* ; — (le mot n'était pas encore créé, mais la chose existait déjà.)

Tout réussi pour eux au-delà même de leurs espérances. — En peu d'années ils devinrent très-riches et donnèrent au monde ce rare et charmant exemple de deux fortunes et de deux cœurs indissolublement unis, car entre Georges et Philippe la richesse restait commune et leurs capitaux ne s'étaient pas divisés en se centuplant.

Selon toute vraisemblance cet état de choses pouvait et devait se continuer indéfiniment ; aucun nuage n'apparaissait dans le ciel pur de ces frères incomparables et l'avenir semblait radieux comme l'était déjà le passé.

— L'union fait la force... se disaient parfois Georges et Philippe.

— La force et le bonheur... — ajoutaient-ils en se serrant la main — notre affection est indissoluble... — rien ne nous désunira jamais !!!

Hélas ! — ils avaient compté sans l'amour !..

Dans la maison de l'un des principaux financiers de Paris ils rencontrèrent un jour une jeune fille bien née, merveilleusement belle, mais sans fortune. — Ils en devinrent épris l'un et l'autre, à première vue, et tous deux pâlirent lorsque, le soir, ils se firent la confidence de leur mutuelle passion.

— Nous aimons la même femme — dit Georges à Philippe après un instant de silence — c'est un malheur... un grand malheur, mais du moins faisons en sorte que notre affection fraternelle sorte intacte de cette cruelle épreuve... — l'un de nous se sent-il le courage de faire à son frère le sacrifice de son amour ?..

Philippe secoua la tête.

— Ce courage, je ne l'ai pas, répliqua-t-il, et je ne te demande point un pareil sacrifice...

— Alors — reprit Georges profondément triste — agissons du moins avec franchise et loyauté... — que chacun de nous cherche à se faire aimer, et que mademoiselle de Varins prononce... — si nous ne réussissons ni l'un ni l'autre, nous nous consolerons ensemble... — si l'un de nous au contraire est agréé, jurons dès aujourd'hui que le vaincu conservera toute sa tendresse au vainqueur...

— Peux-tu jurer cela, toi, Georges ? — demanda Philippe d'une voix sombre.

— Oui mon frère, et, j'en ai la certitude, la force ne me manquera pas pour tenir mon serment ..

— Tu vaux donc mieux que moi, car je doute, et, dans le doute, je m'abstiens d'un serment que peut-être je trahirais...

— Eh ! quoi — s'écria Georges douloureusement — tu esserais d'être mon ami, toi, mon frère !..

— On cesse d'être frères quand on devient rivaux !.. — urmura Philippe — un rival est un ennemi !!!

Georges soupira sans répondre.

Trois mois après l'échange de ces paroles de funeste augure, mademoiselle de Varins avouait à Georges qu'elle était touchée de son amour et qu'elle consentait à devenir sa femme.

L'immense joie que ressentit l'aîné des deux frères en écoutant cet aveu, fut mêlée d'une grande amertume.

— Mon Dieu — se dit-il à lui-même — ne vais-je pas payer bien cher mon bonheur !..

Il alla trouver Philippe.

— Mon frère — balbutia-t-il avec le trouble et la rougeur d'un coupable qui s'accuse — je te supplie de me pardonner... je te supplie de m'aimer encore...

Philippe devint livide. — Il retira brusquement ses mains que Georges s'efforçait de garder entre les siennes, et il dit :

— Ainsi, mademoiselle de Varins a prononcé ?

— Oui...

— Et c'est vous qu'elle choisit ?..

— C'est moi...

Un éclair de rage froide et de haine implacable s'alluma dans les yeux baissés de Philippe. — Tout un passé de tendresse sans bornes venait de s'anéantir en une seconde, comme ces palais splendides qu'un coup de foudre réduit en poussière.

Georges voulut parler. — Philippe ne lui en laissa pas le temps.

— L'amour d'une femme est plus précieux que le cœur d'un frère... — reprit-il d'une voix décomposée. — Vous avez le beau lot !.. — évitez donc de m'insulter par les vaines formules d'une compassion hypocrite... — je ne veux point de votre pitié ! — il n'y a désormais rien de commun entre nous, pas même le nom, car j'en vais changer pour oublier que j'avais un frère et que ce frère m'a volé mon bien... — reprenez votre fortune et souvenez-vous que je ne vous connais plus.

— Philippe — s'écria Georges désespéré et fondant en larmes — Philippe, tu as un mauvais cœur!.. — puisse Dieu t'éclairer, et te rendre ton âme d'autrefois... — je le lui demande à genoux !..

— Et moi — répliqua Philippe en s'éloignant de son frère et en quittant brusquement la chambre — je lui demande de m'envoyer la vengeance !..

Dès le lendemain les hommes d'affaires étaient à l'œuvre et s'occupaient du partage de ces deux fortunes, commencées ensemble, grandies ensemble, et qui auraient dû ne se séparer jamais... — ce partage, promptement achevé, laissa chacun des frères Talbot possesseur d'un capital de deux millions.

Presqu'aussitôt après, le mariage de Georges et de mademoiselle de Varins fut célébré sans pompe ; nous pourrions presque dire, sans joie, quoiqu'un profond amour unit déjà les fiancés qui devenaient époux.

XXXVII

LA RUINE.

Plusieurs années s'écoulèrent. Georges Talbot passait, aux yeux de tous ceux de qui il était connu, pour le plus heureux des hommes.

Aucun bonheur, en effet, ne semblait lui manquer. Sa femme, aussi belle qu'une jeune reine, était en même temps douce et bonne comme un ange ;— sa fortune s'aug-

entait de jour en jour ; — le succès couronnait toutes ses
ntreprises ; — il entourait d'un luxe princier son idole
dorée et rien ne pouvait surpasser les splendeurs de son
ôtel de la rue Coquillière et les magnificences de la déli-
cieuse habitation qu'il avait fait bâtir dans l'un des plus
eaux sites de la vallée de la Bièvre.

Au milieu du ciel éclatant de cette prospérité si complète
et si pure, il y avait cependant deux nuages ; — Georges
les cachait de son mieux à Marguerite — (c'était le nom de
madame Talbot) — mais, lorsqu'il était seul, souvent son
front penché se plissait, et son beau regard, ferme et franc,
devenait sombre et soucieux.

Le premier de ces chagrins ne saurait être un mystère
pour nos lecteurs ; — ils devinent sans peine que Georges
ne se consolait pas d'avoir perdu sans retour l'affection
d'un frère qu'il ne pouvait ni oublier, ni cesser d'aimer.

Le second motif de tristesse était d'une toute autre nature. — Talbot adorait les enfants, — il rêvait de devenir
père, et le temps passait sans que rien lui fît espérer, pour
un avenir plus ou moins prochain, la réalisation de ce
rêve.

Enfin, un jour arriva où Georges faillit devenir fou de
joie. — La blonde Marguerite — (elle était blonde comme
Pauline devait l'être à son tour;) — venait de lui annoncer
en rougissant que le ciel avait enfin exaucé ses vœux.

Pauline vint au monde.

Jamais enfant ne fut accueillie avec de plus vifs transports d'allégresse, et ne parut promise à de plus beaux
destins. — Georges Talbot, dans son délire, oublia presque
son frère et se dit qu'il n'avait plus rien à envier ici-
bas.

C'est au moment où il croyait avoir atteint les sommets
du bonheur, que le malheur allait entrer dans sa maison et
frapper sur lui sans relâche.

La jeune mère, belle et vivace comme à dix-huit ans, fut

atteinte d'un mal subit devant lequel la science des plus habiles médecins dut faire l'aveu de son impuissance.

Georges Talbot offrit sa fortune à qui sauverait Marguerite.

Les médecins secouèrent la tête, et répondirent :
— Dieu seul, s'il le veut, peut faire un miracle.

Dieu ne le voulut pas. — Marguerite mourut.

Georges, foudroyé par un de ces désespoirs qui blanchissent en une seule nuit les cheveux d'un homme, voulait suivre dans la tombe sa compagne bien-aimée, et sans aucun doute il se serait laissé mourir, si le berceau de Pauline placé sous ses yeux n'était venu lui rappeler à temps que son enfant avait besoin de lui et qu'il fallait vivre pour elle...

Il fit un appel à tout son courage et il murmura :
— Je vivrai...

L'enfance de la petite fille se passa. Pauline grandissait en grâce et en beauté, et, lorsqu'elle atteignit sa quatorzième année, elle ressemblait si bien à sa mère que Georges la prenait parfois dans ses bras, et, après l'avoir contemplée longuement avec des yeux humides, l'embrassait en fondant en pleurs.

Le moment d'une nouvelle catastrophe approchait.

Entièrement absorbé dans son enfant qui pour lui était tout au monde, monsieur Talbot s'occupait beaucoup moins que par le passé de ses intérêts d'argent ; il accordait une confiance aveugle à des gens placés par lui depuis longtemps à la tête de ses affaires et de la loyauté desquels il croyait pouvoir répondre comme de la sienne.

Un coup de foudre inattendu dissipa cet aveuglement.

Georges apprit avec une stupeur épouvantée que ses fondés de pouvoir venaient de prendre la fuite, emportant des sommes énormes, et laissant derrière eux des engagements considérables, obligatoires pour lui puisqu'ils étaient signés en vertu de sa procuration ; — à tout prix, donc, fallait faire face à ces engagements, sous peine de faillite de déshonneur.

Georges, en face de cette découverte effroyable, eut la [for]ce et l'héroïsme de résister à la folie qui se glissait dans [s]on cerveau. Il passa trois jours et trois nuits à compulser [ju]squ'en leurs moindres détails les livres de sa maison et à [s]e rendre un compte exact de sa situation.

Cette situation était effrayante mais elle n'était pas abso[l]ument désespérée cependant.

La vente de l'hôtel et de la maison de campagne, faites [d]ans de bonnes conditions, devaient suffire pour combler [l]e déficit. — De nombreuses et importantes rentrées, qui [s]'échelonnaient à des dates plus ou moins proches, per[m]ettraient à Georges de reprendre les affaires. — Son cré[d]it, sa bonne réputation, son habileté feraient le reste, et [i]l reconstruirait pour sa fille l'édifice anéanti de sa fortune.

Seulement, tout cela devenait impossible si monsieur [T]albot ne parvenait point à se procurer à l'instant, c'est-à-[d]ire du jour au lendemain, une somme de cinq cent mille [l]ivres, indispensable pour faire face aux premiers engage[m]ents souscrits par ses agents infidèles.

Qu'un seul de ces engagements restât impayé, et le cré[d]it s'évanouissait, — l'avenir était perdu sans ressources — [l]e dernier espoir s'envolait en fumée.

Georges Talbot ne perdit pas une heure. Il fit des dé[m]arches immédiates auprès des banquiers et des fermiers [g]énéraux qui le connaissaient… — Le bruit de l'abus de [c]onfiance dont il venait d'être victime s'était déjà répandu [p]artout, — les mille voix de la Renommée avaient encore [g]rossi le mal. On disait Talbot ruiné complètement. On [v]oulait voir, avant de se mettre à découvert avec lui, s'il [é]tait en mesure de se relever. — On lui prodigua les con[s]olations et les encouragements, mais les caisses restèrent [f]ermées.

— Allons… — pensa Georges en courbant la tête, quand

il eut frappé vainement à toutes les portes — allons, je sui perdu !

Mais, presqu'aussitôt, il ajouta :

— Pas encore, puisque j'ai un frère et que mon frère es riche...

Alors il imposa silence à son orgueil en pleine révolte et, la tête en feu, le cœur bouleversé, le sang brûlé par un fièvre ardente, il se rendit a l'hôtel de Philippe.

Un vieux valet de chambre, qui avait été à son service avant le jour fatal de la désunion des deux frères, le reconnut malgré sa pâleur, malgré ses cheveux blanchis, malgré les rides empreintes sur son visage, lui baisa les mains en pleurant et l'introduisit sans demander à son maître s'il consentait à le recevoir.

Philippe, en voyant Georges paraître tout à coup devant lui, se leva brusquement, et ses sourcils se rapprochèrent par une contraction terrible.

— Qui êtes-vous ! demanda-t-il d'une voix sourde.

— Ne me reconnais-tu point ? balbutia Georges, je suis ton frère.

— Je n'ai pas de frère ! répliqua Philippe — sortez de ma maison, vous qui prenez un titre menteur !

Georges ploya les genoux et joignit les mains.

— Au nom du Dieu de paix — murmura-t-il — au nom de notre sainte mère qui est au ciel, ne sois pas sans pitié... — je n'ai jamais rien fait contre toi... — Je t'ai toujours tendrement aimé... ne me chasse pas, mon frère... ne sois pas sans pitié... écoute-moi.

Les yeux de Philippe étincelèrent et une étrange hésitatation se montra sur son visage.

— Que voulez-vous de moi ? dit-il.

— Je veux plus que ma vie... je veux le salut et l'avenir de mon enfant... de ma chère Pauline adorée... — répliqua Georges.

Et, croyant trouver une sorte d'encouragement dans le silence de Philippe, il expliqua d'une façon nette et rapide, avec des termes d'une éloquence entraînante, la situation qui lui était faite et le secours qu'il venait chercher.

— Nous sommes perdus, tu le vois bien, si tu ne nous tends pas une main secourable... s'écria-t-il en achevant, — sauve-nous donc, frère !... sauve-nous !

— Est-ce tout? — demanda Philippe d'un ton qui glaça l'espoir naissant au plus profond du cœur de Georges.

— C'est tout... — balbutia ce dernier.

— Je vous ai laissé parler autant que vous avez voulu... reprit Philippe avec un geste de haine inflexible. — Je vous répète maintenant que je n'ai pas de frère !...

— Philippe, seras-tu donc jusqu'au bout sans pitié?

— Sortez!... Je ne vous connais pas!...

Georges, nous l'avons dit, s'était agenouillé à demi; — il se releva, et d'une marche lente, qui ressemblait à celle des somnambules pendant le sommeil magnétique, il se dirigea vers la porte.

Au moment de l'atteindre il se retourna et il dit :

— Je prie Dieu de ne te point maudire, mon frère, mais crois-moi, ta cruauté te portera malheur !

— J'ai demandé à Dieu la vengeance?... murmura Philippe pour toute réponse, la vengeance est venue d'un pied boiteux, mais elle est venue à la fin.

Et la porte se referma derrière Georges.

Le malheureux père n'avait plus, désormais, qu'un parti à prendre... — Il le comprit, il abandonna tout espoir trompeur et il se résigna avec une courageuse fermeté.

— Pour unique héritage — pensa-t-il, Pauline aura mon nom sans tache, mais du moins cet héritage ne lui fera pas défaut...

Quelques heures plus tard, Georges Talbot se trouvait nanti des cinq cent mille livres qu'à tout prix il lui fallait obtenir, seulement il avait aliéné, pour une somme bien inférieure à leur valeur réelle, son hôtel de Paris et sa maison des champs.

A l'aide de ce sacrifice immédiat, il fit face aux premières nécessités, puis il liquida sa situation, réalisa ses ressources, escompta ses rentrées futures, paya tout, et se trouva ruiné complétement, mais aussi honorable dans son infortune qu'il l'avait été dans sa prospérité.

Les seules épaves qu'il lui fut possible d'arracher à cet immense naufrage furent un petit capital représentant un revenu annuel de douze cents livres à peine, et quelques meubles.

Douze cents livres de rentes pour l'homme qui avait possédé des millions, c'était évidemment la misère la plus profonde!

Georges Talbot aurait accepté personnellement cette misère, sinon sans douleur, du moins sans murmure, mais il ne pouvait s'habituer à la pensée que sa fille, élevée au milieu de toutes les jouissances du luxe, allait connaître la pauvreté, et qu'elle aurait à en souffrir toute sa vie.

Il sut prendre assez sur lui, cependant, pour cacher à Pauline ses poignantes douleurs, et son visage ne cessa jamais d'exprimer un calme, une résignation, une quiétude, hélas!... bien loin de son âme...

C'est alors qu'il loua le pavillon de la rue de Vendôme, dans lequel il s'installa avec sa fille et avec la bonne madame Audouin qui n'avait point voulu se séparer de Pauline, et qui, propriétaire d'une petite rente provenant de ses longues économies, appliquait cette rente, sans en rien dire à personne, aux besoins de l'humble intérieur...

Nous savons le reste; — nous le savons beaucoup mieux que Pauline et aussi bien que Lascars lui-même; — nous n'avons, par conséquent, rien à ajouter.

XXXVIII

NOUVEAU POINT DE VUE.

Lascars avait écouté le récit de Pauline avec les signes les moins équivoques d'un attendrissement profond, et à plusieurs reprises il avait fait le geste d'essuyer ses paupières humides.

Puis, après une transition habilement ménagée :

— Chère sœur, ce frère de votre père, ce Philippe Talbot, si injuste dès l'origine, et si cruel, si implacable jusqu'à la fin, avait-il véritablement changé de nom, ainsi que vous me l'avez donné à entendre?

— Oui... — répondit la jeune fille. — Il en avait changé...

— Peut-être, poursuivit Roland — ignorez-vous le nom qu'il a jugé convenable de prendre?

— Je le connais.. — il s'est fait appeler Philippe de la Boisière, sans doute à cause d'un domaine considérable qu'il possède en Touraine et qu'on désigne ainsi...

Roland ne put réprimer un mouvement brusque et involontaire.

— Philippe de la Boisière... — répéta-t-il lentement, en homme qui interroge sa mémoire.

Pauline fut frappée du tressaillement et de l'accent particulier de Lascars.

— Vous est-il donc arrivé de rencontrer à Paris monsieur de la Boisière? — demanda-t-elle à son tour.

— Je le crois, sans en avoir la certitude — répliqua le baron — mais il est positif que le nom prononcé par vous ne frappe pas en ce moment mon oreille pour la première fois... — Pouvez-vous me tracer en quelques mots un portrait sommaire de votre oncle?...

— Cela m'est impossible... — Je ne l'ai jamais vu...

— Savez-vous du moins quel quartier il habite?

— Son hôtel est situé rue Culture-Sainte-Catherine...

— Est-il marié?

— Je l'ignore et peut-être mon père l'ignorait-t-il comme moi... pourquoi donc m'adressez vous ces questions?

— Pour venir en aide à mes souvenirs incertains, et pour tâcher de découvrir si monsieur de La Boisière m'est réellement connu...

— Mon ami — reprit Pauline — je vous ai dit tout ce que je pouvais vous dire, tout ce que je savais moi-même sur un passé bien triste.. — maintenant, je vous en prie, ne me parlez plus de ce parent si proche pour qui je ne suis qu'une étrangère... — Dieu défend, je ne l'ignore pas, la rancune et la haine... il ordonne le pardon des injures, aussi je n'éprouve point de haine pour Philippe Talbot et je lui pardonne du fond du cœur son aveugle et inflexible cruauté, mais il a fait tant de mal à mon père que je ne puis entendre prononcer son nom sans souffrir... vous comprenez cela, n'est-ce pas?

— Je le comprends, et vous serez obéie, ma sœur... — murmura Lascars.

En ce moment madame Audouin, qui s'était endormie un peu plus qu'aux trois quarts sur son banc, à l'arrière du bateau, se réveilla brusquement.

— Minuit!... s'écria-t-elle d'une voix qu'un reste de sommeil rendait chevrotante, bonté divine! il est minuit!

— Déjà minuit! — répliqua Pauline — mais c'est impossible! — ma bonne Audouin, tu rêves sans doute...

— Ah! je rêve! — tu dis que je rêve! — Eh! bien, écoute un peu, petite fille, et nous verrons laquelle de nous est bien éveillée...

— Madame Audouin a raison... — dit alors Lascars — le temps a passé comme un éclair...

La barque se trouvait précisément à cet endroit où le pont du chemin de fer traverse aujourd'hui la Seine, et le bruit métallique des cloches de Saint-Germain sonnant les douze coups de minuit retentissait d'une façon distincte dans l'atmosphère silencieuse.

— Nous sommes allés trop loin, monsieur le baron ! — beaucoup trop loin, reprit la gouvernante, Dieu sait quand nous rentrerons à la maison...

— Je ferai de mon mieux, Madame pour vous y ramener le plus vite possible — répondit Roland — je vais ramer de toutes mes forces...

— Ne vous fatiguez pas, cependant... murmura Pauline en se penchant vers Lascars — quoiqu'il soit tard, rien ne nous presse... — la nuit est si belle sur les eaux ! — il me semble que je n'oublierai jamais cette promenade nocturne... elle m'aura semblé bien courte !

— Cette promenade sera le plus cher souvenir de ma vie ! — dit Roland d'une voix faible comme un souffle, et qui ne fut entendue que de la jeune fille.

Cependant, comme le baron tenait beaucoup à se concilier les bonnes grâces de madame Audouin, il vira de bord aussitôt et, maniant ses avirons avec une infatigable énergie, il se mit en devoir de remonter le courant, besogne fatigante, comme on le sait, et presque au-dessus des forces d'un seul homme...

Bref, ce ne fut qu'au bout de près de deux heures d'une tension violente et continue, que Lascars put enfin amarrer son bateau en face des bâtiments du Bas-Prunet, où, sautant à terre, il donna successivement la main à Pauline et à madame Audouin pour les aider à descendre.

Il accompagna ensuite les deux femmes jusqu'à la maisonnette, et ne les quitta que lorsqu'il eut vu la porte se refermer derrière elles.

— A demain, n'est-ce pas, mon frère ? — avait dit la jeune fille en se séparant de lui, — et, de son côté, il avait répondu par un geste qui signifiait clairement : — à demain...

En arrivant au Moulin Noir, Lascars était brisé de fatigue. — Il traversa sans s'arrêter la salle basse dans laquelle Sauvageon dormait d'un sommeil de plomb ; — il prit à peine le temps de se déshabiller et il se jeta sur son lit en murmurant :

— Où je me trompe fort, ou, ce qui ne devait être qu'une distraction, va prendre les proportions d'une immense affaire... — mais, à demain les affaires sérieuses...

Et il s'endormit, d'un sommeil presque aussi lourd que celui de son valet improvisé.

Le lendemain, quand Lascars se réveilla il faisait déjà grand jour, et les joyeux rayons du soleil, entrant par la fenêtre étroite, dessinaient des lignes d'or sur le plancher poudreux.

— J'ai rêvé cette nuit que j'étais redevenu riche, et même très-riche ! — telles furent les premières paroles que le baron s'adressa à lui-même. — De par tous les diables, c'est d'heureux augure !... — ajouta-t-il.

Il se frotta les yeux et il reprit !

— Voyons un peu ce qu'il convient de faire pour changer le rêve en réalité... — Plus j'interroge mes souvenirs, plus je me crois certain d'avoir rencontré dans le monde particulier des joueurs et des filles d'opéra un vieillard de fort grande mine qui s'appelait La Boisière... — Ce vieillard jetait son or sur les tapis verts largement, presque follement, il gagnait sans joie apparente, il perdait sans sourciller, et se montrait, avec ces demoiselles, plus galant que les plus jeunes...

Suis-je servi fidèlement par ma mémoire !... — Ce personnage est-il en effet l'oncle de Pauline Talbot ? — a-t-il conservé sa fortune ?... — est-il resté garçon ?

Il importe de savoir au plus vite à quoi s'en tenir sur ces questions, desquelles mon avenir pourrait bien dépendre, car enfin, si l'oncle La Boisière n'a point pris femme et n'a as d'enfants, Pauline est sa plus proche parente, par conséquent son unique héritière... — Or, Pauline, ne compt‑nt ni peu ni beaucoup sur l'héritage, sera très-fière de evenir baronne de Lascars et deviendra folle de joie le jour où je lui ferai l'insigne honneur de lui proposer ma main...

Donc les deux points importants à éclaircir, sont ceux‑ci : — le célibat de l'oncle et l'existence des millions... — aussitôt édifié favorablement à ce double sujet, j'épouse...

Mais j'y songe, si les millions existent, ils ont dû s'augmenter notablement depuis seize ans ! — ils se sont doublés peut-être ! quatre millions ! — quel rêve ! — passer de la misère où je suis à une fortune de deux cent mille livres de rentes, du jour au lendemain, d'une heure à l'autre, sans transition ! ah ! il y aurait de quoi en perdre la tête — mais je suis trempé solidement, et je réponds bien, si le êve se réalise, de rester calme et maître de moi-même comme il convient à un millionnaire.

Mais, comment faire ? comment savoir ? — à l'intellience et à la discrétion de qui puis-je me fier pour prendre es renseignements d'une nature si délicate...

J'ai bien Sauvageon sous la main, et le drôle ne manque i d'esprit d'intrigue, ni de finesse, ni d'astuce, mais je ne is au fond quelle confiance on peut avoir en un coquin de on espèce ; — il est impotent d'ailleurs pour bien des jours ncore et mon impatience ne saurait attendre si long‑mps...

Si j'osais ?... — ah ! bah ! pourquoi pas ?

Paris est dangereux pour moi... — Je joue gros jeu, c'est vident, en risquant de m'y laisser voir ! mais qu'importe ? j'irai moi-même ! — la fortune aime les audacieux, et moins ainsi je saurai tout de suite et complétement à oi m'en tenir... — je ne remettrai même pas à demain, partirai ce soir... — Mort de ma vie ! quand il y a des illions sur le tapis vert, on ne saurait se hâter trop de re‑ver ses cartes et de regarder son jeu !...

Tout en monologuant ainsi, avec un enthousiasme qui

de minute en minute s'échauffait davantage, Lascars quitta son lit, fit sa toilette du matin, et, prévoyant que l'assistance de Sauvageon ne tarderait point à lui redevenir précieuse, il passa dans la pièce voisine, afin de s'informer de l'état du blessé.

Il y avait en ce moment juste vingt-quatre heures que Roland avait accompli avec un plein succès sa petite opération chirurgicale, et depuis lors Sauvageon semblait plongé dans un véritable accès de catalepsie.

Un sommeil à tel point lourd et persistant aurait pu causer quelques inquiétudes à Lascars, si les ronflements sonores et réguliers du dormeur ne s'étaient chargés de le rassurer.

— Dois-je réveiller ce pauvre diable ? — se demanda-t-il ; et, sans doute, il allait se répondre négativement, lorsque Sauvageon ouvrit les yeux et fit un mouvement de surprise en voyant son maître debout auprès du matelas sur lequel il reposait.

— Monsieur — s'écria-t-il, d'un air effaré, avec ce trouble d'esprit qui ne manque jamais de suivre un engourdissement trop prolongé du corps et de l'âme — sait-on que c'est moi ?... — vient-on me prendre ?

— Soyez calme, mon brave Sauvageon... — répliqua Lascars en souriant — personne au monde ne songe à vous, et vous ne courez aucun risque, je vous en réponds...

La figure pointue du blessé rayonna de contentement.

— Vous trouvez-vous mieux ? — reprit Roland.

— Ma foi, monsieur — dit Sauvageon — je me trouv même tout à fait bien... — si je ne savais où est mon mal, révérence parler, et si je n'étais sûr de l'endroit, sauf vot' respect, je croirais que j'ai rêvé ma mésaventure... il m semble que j'ai dormi comme un charme...

— Et vous ne vous trompez guère...

— Il n'a cependant pas l'air d'être tard, et l'on dirai qui le soleil ne fait que se lever...

— Sans doute, le soleil se lève mon brave garçon, mai

s'est couché, et vous dormez depuis vingt-quatre heures...

— Si c'est possible! murmura Sauvageon stupéfait.

— C'est plus que possible... — c'est certain...

— C'est donc pour cela que j'ai si grand faim!... — mon tomac est tout à l'envers! — Et, monsieur pense-t-il que puisse manger sans péril?

— Oh! j'en suis convaincu... — votre appétit m'enhante et je vais vous servir moi-même...

— Comment, monsieur veut? — balbutia Sauvageon.

— Pourquoi non? — C'est à mon service que vous avez té blessé... — il est juste que je vous vienne en aide de ut mon pouvoir...

Lascars s'empressa d'apporter les restes de son repas de veille, et Sauvageon se précipita sur ces aliments avec la loutonnerie d'une bête carnassière affamée.

Tandis que le valet dévorait ainsi, le maître prit un vieux sil qu'il avait acheté à Bougival quelques jours auparavant t gagna les vastes terrains situés derrière l'enclos du Moulin Noir.

Les lapins abondaient dans l'île. — Il suffisait de se poser derrière quelques arbres pour en voir passer des bandes.

Lascars en tua un et le rapporta à Sauvageon, en lui disant :

— Voici les éléments de votre dîner... — il reste encore n pain tout entier. — Etes-vous en état de vous lever ans l'après-midi?..

Le blessé changea de position, se mit sur son séant, et, uoique ce mouvement lui fît faire involontairement une gère grimace, il répondit :

— Oui... oui... monsieur, je peux me lever... — seulement je m'abstiendrai de m'asseoir...

Lascars reprit :

— Soignez-vous bien et ne vous fatiguez pas... — vous llez rester seul au Moulin Noir... — je m'absente pour usqu'à demain...

— Ah! murmura Sauvageon — monsieur s'absente...

— est-ce que les amours de monsieur ne vont pas comm il faut avec la petite demoiselle du Bas-Prunet?

— Mes amours, comme vous dites, vont au contraire merveille.

Le blessé cligna de l'œil d'une façon qu'il croyait spirituelle, et prit un air entendu et malicieux.

— Bon... bon — fit-il — je comprends... — mordieu monsieur, mes compliments!..

— Vous ne comprenez pas le moins du monde... — répliqua Lascars, — je vais à Paris... — J'y vais pour affaires ; et ces affaires vous regardent un peu, car il s'agit de ma fortune, et par conséquent de la vôtre puisque j vous ai dit que je m'en chargeais...

— Ainsi, monsieur est toujours en bonne disposition d tenir parole?.. — s'écria Sauvageon rayonnant.

— Tout ce que je promets, je le tiens... — peut-être seulement, aurais-je besoin de vous pour une entrepris délicate...

— Ah! monsieur, je suis prêt! — faut-il courir! — demanda le blessé avec feu en faisant mine de s'élancer d son matelas.

Cet excès de zèle fit sourire Lascars.

— Commencez par vous guérir, mon brave garçon.., — répondit-il — quand le moment de me bien servir sera venu, je vous le dirai.

— Alors, comme aujourd'hui, monsieur pourra compter sur moi! — cornes du diable! un si bon maître, un maître qui fera ma fortune... chose difficile, presque impossible... à quoi je n'ai jamais réussi!... — Mort de ma vie, au premier signal j'irai de l'avant, fallut-il recevoir encore quelque part douze douzaines de coups de fusil, — et monsieur verra bien que je suis un gaillard qui ne boude pas à la besogne!

XXXIX

L'HOTEL DE LA BOISIÈRE. — LE CHARIOT-D'OR.

Dans l'après-midi, Lascars, vêtu avec toute l'élégance e comportait l'état modeste de sa garde-robe, mit dans s poches l'or qu'il lui semblait peu prudent de laisser à portée de Sauvageon, son *homme de confiance,* traversa Seine et prit terre sur l'autre rive.

— Dois-je aller au Bas-Prunet? — se demanda-t-il tan-'s qu'il amarrait son bateau. — Dois-je prévenir Pauline 'elle ne me verra pas ce soir?

Après un instant d'hésitation, il se répondit :

— Toute réflexion faite, mieux vaut qu'elle ignore les otifs de mon abscence... — l'incertitude, l'inquiétude ême qu'elle ne manquera pas d'éprouver, seront des stiulants pour son naissant amour, et j'ai la ferme confiance 'ils me feront faire beaucoup de chemin en quelques ures... ceci est élémentaire...

Cette décision prise, Lascars se rendit pédestrement à ueil, et se fit servir à dîner dans une petite auberge dérte toute la semaine et fêtée le dimanche par les parisiens goguette ; — là il attendit le passage de la voiture pulique, sorte de patache étrange et indescriptible, allant ux fois par jour de Saint-Germain à Paris, et prenant des yageurs tout le long du chemin.

Le baron se trouva seul dans cette voiture que deux bits poussifs cahotaient lourdement sur les pavés inégaux de chaussée, et, grâce à la prodigieuse lenteur de l'équipage, n'arriva guère à Paris avant la tombée de la nuit, ce qui rvait merveilleusement ses projets en rendant à peu près

nul le danger d'être happé au collet par la meute de re
cors lancés sur ses traces et qui ne pouvaient le dépiste
dans sa retraite du Moulin Noir.

Des environs de la place Louis XV, où s'arrêtait le véhi
cule, Lascars se dirigea vers la rue Culture-Sainte-Cathe
rine, singulièrement déchue aujourd'hui, mais qui con
servait encore à cette époque une certaine splendeur aris
tocratique.

Il entra dans une boutique de cette rue et il demanda o
se trouvait situé l'hôtel de monsieur de la Boisière.

La promptitude et l'air de déférence avec lesquels furen
donnés ces renseignements semblèrent d'heureux augure
Lascars. — Il conclut que l'oncle de Pauline devait être u
personnage très-considérable et très-considéré dans le quar
tier qu'il habitait.

L'hôtel devant lequel il s'arrêta était un vaste bâtiment
d'apparence imposante, percé d'une porte cochère monu
mentale, d'un grand nombre de fenêtres surchargées d'or
nements d'architecture.

Au moment où Lascars examinait ce logis seigneurial
construit sans doute un siècle et demi auparavant pou
quelque grande famille éteinte ou ruinée dont le blason s
voyait encore sculpté dans la pierre en maint endroit, l
porte cochère s'ouvrit avec fracas pour laisser sortir u
carrosse éblouissant de dorures, conduit par un énorme co
cher galonné sur toutes les coutures, et traîné par deu
chevaux normands de la plus grande taille.

Quatre lanternes énormes et d'une incroyable magnifi
cence, placées selon la mode du temps, deux en avant e
deux en arrière, répandaient dans l'intérieur du carrosse, ɑ
travers les glaces, des clartés vives, grâce auxquelles l
baron put distinguer une belle et noble figure de vieillar
et trois femmes, qui semblaient jeunes et jolies, vêtues d
costumes éblouissants, mais trop riches pour être de bo
goût.

Les doutes de Lascars se changèrent aussitôt en certide. — Le vieillard était en effet celui qu'il avait rencontré maintes fois jadis dans une brillante mauvaise compagnie.

Deux des jeunes femmes ne lui rappelèrent aucun souvenir. — Dans la troisième, placée à côté de Philippe Talot de La Boisière, il lui sembla reconnaître Cydalise, cette nymphe d'Opéra qui donnait à jouer à tous les gentilhommes et à tous les brelandiers de Paris, en son hôtel de la rue Saint-Honoré.

Nos lecteurs doivent se souvenir qu'une scène terrible entre le marquis d'Hérouville et le baron de Lascars (scène racontée par nous au début de ce livre), — avait eu lieu chez Cydalise.

Lascars se frotta les mains.

— Voilà qui va tout à fait bien !.. — se dit-il, il est clair comme le jour que le vieux Talbot, s'il était marié le moins du monde, n'amènerait point dans son logis ces joies filles sans préjugés...

Si parfaitement logique que fut ce raisonnement, Roland voulut néanmoins se procurer une preuve encore plus positive.

Il s'approcha du *Suisse* de puissante encolure qui faisait rouler sur leurs gonds les lourds battants de la porte cochère, et il lui dit :

— Cet hôtel est bien celui de monsieur de la Boisière, n'est-ce pas ?

— Oui... — répondit brusquement le fonctionnaire, non moins galonné que le cocher et que les valets de pied du carrosse.

— Un homme considérablement riche, n'est-il pas vrai ?.... continua Lascars.

Le suisse releva la tête, toisa le questionneur d'un air insolent et murmura :

— Ah ! ça mais, qu'est-ce que cela peut vous faire, à vous ?..

Lascars tira de sa poche un écu de six livres et glissa

cet écu dans la grosse main du suisse qui prit à l'instant même une physionomie gracieuse et qui s'écria :

— Très riche, oui monsieur ! oh ! richissime !.. — mon maître ne connaît pas lui-même sa fortune !..

— Je le crois veuf... — poursuivit Roland.

Un large sourire vint dilater la trogne enluminée du gros homme.

— Veuf !.. — répliqua-t-il — ah ! ah ! — on peut répondre oui, si on veut... — tout dépend de la manière d'entendre la chose !.. mon maître est veuf de beaucoup de dames qui se portent aussi bien que vous et moi, et il n'en a jamais pris le deuil !.. — c'est un gaillard ! Peste !

— Bref, il est célibataire !..

— Tout ce qu'il y a au monde de plus célibataire... — et j'ose dire qu'il a raison...

— Et c'est bien monsieur de la Boisière que je viens de voir sortir de son hôtel en carrosse ?..

— C'est lui-même, oh ! parfaitement lui, avec des dames... avec trois dames...

Le suisse appuya ses doigts sur sa bouche — et fit le geste d'envoyer un baiser.

— Des cœurs ! — ajouta-t-il — des vrais cœurs !.. ah !!! saperlotte, c'est gentil ces petites poules-là !.. — mon maître est un homme qui s'y connaît !..

Lascars en savait assez. — Il ne jugea point utile de pousser plus avant un interrogatoire désormais sans but et, très-satisfait de ce qu'il venait d'apprendre, il quitta l'hôtel de Philippe Talbot.

Il était en ce moment huit heures du soir.

— Impossible de retourner aujourd'hui là-bas .. — se dit le baron — que diable vais-je faire de ma nuit ?

— Soupons d'abord... — se répondit-il, nous verrons ensuite...

Il prit un fiacre et se fit conduire rue Saint-Honoré, au cabaret du *Chariot-d'Or*, taverne célèbre, mise à la mode parmi les viveurs du dix-huitième siècle par la perfection

de sa cuisine et l'excellence de ses vieux vins de Bourgogne.
— Le Charriot-d'Or était à cette époque ce que sont aujourd'hui les restaurants du Café-Anglais et des Frères-Provençaux, seulement il fallait traverser *la rôtisserie* pour arriver aux deux vastes salles garnies de petites tables de marbre destinées aux consommateurs !.. — personne n'accordait la moindre attention à ce détail... — les gentilshommes et les riches gourmands affluaient. Ceci nous paraît démontrer de façon victorieuse que nos grands-pères attachaient infiniment plus d'importance au fond qu'à la forme, et nous croyons qu'ils avaient raison...

Lascars venait à peine de s'installer et de commander pour son souper un macaroni à la milanaise, un perdreau truffé et des écrevisses du Rhin au vin blanc, lorsqu'il s'aperçut, non sans une vague inquiétude, que deux jeunes gens, assis en compagnie d'un troisième personnage à une petite table peu éloignée de la sienne, le regardaient avec une persistance et une curiosité singulières.

Pour un homme dans la position de Lascars, les moindres incidents sont suspects et tous les inconnus semblent des huissiers et des recors.

Le baron se rassura cependant après quelques secondes d'examen attentif. — Les deux jeunes gens, vêtus avec une élégance pleine de richesse et de distinction, ne pouvaient appartenir à la troupe famélique des alguazils de la procédure et du papier timbré. — Leurs figures charmantes, mais pâles et amaigries, leurs yeux entourés d'un cercle de bistre, trahissaient les fatigues d'une vie de plaisir à outrance... — ils avaient des talons rouges et portaient l'épée.

Lascars ignorait les noms de ces adolescents, mais il se souvint de les avoir vus plus d'une fois autour des tapis verts, tantôt rayonnants de joie dans le gain, tantôt anéantis et comme foudroyés par la perte.

Le troisième convive était un homme d'une cinquantaine d'années, de mine et de tournure provinciales. — Son visage large et fortement coloré exprimait en même temps une extrême naïveté, pour ne pas dire plus, et le parfait contentement d'un homme convaincu de son importance.

Comme tous les coquins adroits bronzés au feu des enfers parisiens, — Lascars avait le droit de se dire excellent physionomiste.

— Où je me trompe fort — murmura-t-il — où voilà un pigeon dodu et bien en chair entre deux émerillons qui se disposent à le plumer comme il faut... — mais pourquoi diable ces jeunes oiseaux de proie me regardent-ils ainsi ?..

Le mot de l'énigme ne se fit pas longtemps attendre.

L'un des adolescents se leva et, s'approchant de la petite table à laquelle était assis notre héros, qu'il salua d'un air de profond respect, il lui demanda à demi-voix de manière à ne point attirer l'attention des voisins :

— C'est bien à monsieur le baron de Lascars que j'ai l'honneur de parler ?..

— A lui-même... — répondit Roland.

Le jeune homme salua de nouveau, et reprit :

— Je suis le chevalier de la Morlière... — peut-être monsieur le baron me reconnaît-il... — j'ai eu l'honneur de me rencontrer souvent avec lui chez Cydalise et ailleurs...

— Je m'en souviens à merveille ; — répliqua Lascars — le visage de monsieur le chevalier est de ceux qu'on ne saurait oublier... — mais ceci ne m'explique guère...

Il s'interrompit.

— Comment et pourquoi je me permets d'aborder ainsi monsieur le baron, sans avoir eu le bonheur de lui être présenté ? — acheva le jeune homme.

Lascars fit un signe affirmatif.

— Je vais avoir l'honneur de l'apprendre à monsieur le baron, si monsieur le baron veut bien m'accorder un instant d'audience... — continua La Morlière.

— Je suis à vos ordres, monsieur... — dit Roland dont ce début piquait vivement la curiosité.

XL

LE CHEVALIER DE LA MORLIÈRE.

Le chevalier prit une chaise et s'assit à côté de Lascars, de manière à tourner le dos au public du Charriot-d'Or, et à s'isoler autant que possible avec son interlocuteur.

Ces dispositions prises, il hésita pendant la moitié d'une seconde sur la manière dont il entamerait l'entretien.

— Eh bien! monsieur le chevalier, demanda Roland, que diable attendez-vous? Il s'agit donc de choses bien difficiles à dire?..

— Extrêmement difficiles, monsieur le baron, j'en conviens...

— On tourne sans peine les difficultés les plus graves, quand on a de l'esprit, et je vous crois, sous ce rapport, très-amplement pourvu...

— Monsieur le baron m'encourage!.. — Je vais donc aller droit au but, et la franchise de mon début me vaudra sans aucun doute un coup d'épée, ou la confiance immédiate de monsieur le baron...

— Un coup d'épée, ou ma confiance!.. — répéta Roland en souriant.

— Mon Dieu, oui... — il n'y a pas de milieu...

— Ceci est un logogriphe...

— Dont voici le mot : — En compagnie d'un mien cousin, cadet de famille comme moi, et chevalier de Barsac comme je suis chevalier de la Morlière, je débute de mon mieux dans la carrière où monsieur le baron s'est illustré, et j'ai l'ambition légitime, sinon de m'élever jamais aussi haut que lui, du moins de marcher quelque jour sur ses traces glorieuses.

— Ah ça ! de quelle carrière parlez-vous ? — interrompit Roland.

— De celle ●●● le ●●● humain tout entier tributaire d'un ●●● génie ; — ●●●qua La Morlière avec feu. — De celle qui permet à un habile homme de mettre amplement à contribution la naïveté de ses contemporains ; — de celle enfin du joueur heureux à coup sûr, capable d'enchaîner la fortune et de contraindre l'inconstante déesse à lui rester fidèle ! de par le roi de pique et la dame de cœur.

Lascars devint pourpre ; — ses sourcils se contractèrent ; — des éclairs jaillirent de ses yeux, et sa main droite se posa machinalement sur la garde de son épée.

— Monsieur — murmura-t-il d'une voix sourde — vous me rendrez raison de cette mortelle injure !..

La Morlière s'inclina et répondit :

— Je serai toujours très-heureux et très-fier de me tenir à la disposition de monsieur le baron... — mais j'ai dans l'idée que ce duel n'aura pas lieu, et que loin de me gratifier d'un coup d'épée, monsieur le baron, tout à l'heure, m'accordera sa confiance et me tendra la main, et me reconnaîtra pour son élève, si toutefois il veut bien consentir à m'écouter jusqu'au bout...

— Avez-vous donc à m'adresser quelque nouvelle injure ? — fit Lascars d'un ton menaçant et railleur.

— Un gentilhomme injurie-t-il un autre gentilhomme, lorsqu'il lui propose dix mille écus ?.. — répliqua La Morlière avec une fierté superbe.

— Dix mille écus !.. — répéta Roland ébloui par ce chiffre.

— Tout autant, monsieur le baron... et peut-être bien davantage... — De crainte d'être taxé par vous d'exagéra-

'on, j'ai mis les choses au plus bas, mais cela peut monter rès-haut...

Déjà le front de Lascars s'était éclairci. — Ses yeux rillaient encore, mais c'était la convoitise et non point la olère qui leur donnait cet éclat. — Ses lèvres ne menaaient plus, elles souriaient ; — enfin sa main s'était éloinée de la garde de son épée.

Le chevalier de la Morlière se disait, et non sans raison, qu'il venait de gagner sa cause.

— Chevalier — demanda Lascars — parlez-vous sérieuement ?..

— Je supplie monsieur le baron de n'en pas douter...

— Alors, expliquez-vous au plus vite...

— Peu de mots me suffiront... — Monsieur le baron eut-il tourner ses yeux vers la table que j'ai quittée tout à heure?

— C'est fait.

— Monsieur le baron voit deux personnes ?..

— Oui, — un jeune homme de bonne mine, dont la gure ne m'est pas inconnue, et une espèce de provincial ui me paraît un lourd et suffisant personnage...

— Le jeune homme est mon cousin le chevalier de Barac — poursuivit La Morlière — quant au provincial, si bien ugé par monsieur le baron, c'est un véritable sac de bêtise t d'écus... — Il est riche autant qu'il est sot, ce qui n'est as peu dire...

— Continuez, de grâce, chevalier, je vous écoute avec ntérêt...

— Monsieur le baron me comble et je m'empresse de ui obéir !.. — Ce brave homme s'appelle Bonamy... il est e ma province... — il a fait, dans le commerce, une grosse rtune, mais, aussi incapable de s'en contenter que de la épenser noblement, il veut l'augmenter et il s'est mis en te d'obtenir dans les ministères le monopole de je ne sais uelles fournitures très-importantes, qui lui rapporteraient, araît-il d'immenses bénéfices...

— Je comprends ! murmura Lascars — il y a, comme cela, des gens insatiables, que tous les trésors du monde ne satisferaient point !

— Bonamy est de ces gens-là ; — continua La Morlière — il est venu à Paris dans le but unique de solliciter, et, comme il donne volontiers un œuf s'il se croit certain de recevoir un bœuf en échange, il s'est lesté de billets de banque et de bons au porteur, qu'il compte distribuer dans les bureaux sous forme de pots-de-vin, pour aplanir le chemin de ses ambitions... — La somme est considérable... — elle dépasse certainement cent mille livres...

Les narines de Lascars se dilatèrent comme les naseaux d'un chien de chasse qui flaire le gibier.

— Le hasard, ou plutôt notre bonne étoile, à mon cousin Barsac et à moi — reprit La Morlière — nous ont fait rencontrer Bonamy au moment de son arrivée, il y a deux jours... — il nous a reconnus pour des compatriotes, nous nous sommes chaudement emparés de lui, et nous le promenons, depuis lors, de plaisirs en plaisirs, aux dépens de notre bourse mal garnie, en attendant le moment heureux où nous lui ferons payer, une fois pour toutes, les frais de la guerre. — C'est ici, monsieur le baron, que la situation va prendre à vos yeux un véritable intérêt. — L'ardeur ne nous manque point, l'intelligence non plus, je l'espère, mais nous sommes encore jeunes, et l'expérience nous fait défaut... Bref, notre situation est celle de pêcheurs novices sentant frétiller au bout de leur hameçon un poisson gigantesque et n'osant le tirer à eux de peur de voir la ligne se rompre, et une si belle proie leur échapper...

Lascars, trouvant la comparaison juste et l'image heureuse, ne put s'empêcher de sourire.

— Bonamy est joueur comme les cartes ; — continua le chevalier — il se prétend le plus habile homme du monde et parle sans cesse et vaniteusement de sa force incomparable à tous les jeux. — Or, comme il est orgueilleux plus encore qu'il n'est avare, je le crois parfaitement capable de s'entêter dans la déveine et de perdre jusqu'à ses chausses après avoir perdu son argent... — Voilà le personnage en trois mots...

— Je le connais maintenant aussi bien que vous... — interrompit Roland.

La Morlière poursuivit :

— Nous nous disions, mon cousin et moi : — Notre chance serait sans égale, si Mercure, le dieu des habiles, nous envoyait, en cette circonstance délicate, quelqu'un de ces grands génies que rien n'embarrasse et pour qui les obstacles n'existent pas !.. — Nous nous disions cela sans cesse et nous le répétions encore en arrivant ici tout à l'heure... — Soudain, monsieur le baron, vous êtes entré ! — le dieu nous exauçait ! l'homme de génie était devant nous ! — Un regard échangé entre Barsac et moi, nous révéla que nous pensions exactement de même... — Alors j'ai quitté la table sans hésiter, et je suis venu franchement à vous... — ai-je bien fait ?

— Vous avez bien fait. . — répondit Lascars. — Qu'attendez-vous de moi ?

— Votre coopération... — vous êtes un pêcheur émérite... — tirez de l'eau le poisson superbe que nous avons peur de manquer...

— Quelle sera ma part après le succès ?

— Vous la ferez vous-même... — nous serons trop heureux de nous en rapporter aveuglément à vous...

— Vous dites que le provincial a sur lui cent mille livres ?

— Oui, monsieur le baron, cent mille livres au moins...

— Nous sommes trois... — je me contenterai du tiers...

— Ah ! monsieur le baron, que de bonté !.. — quelle discrétion !..

— Je vous préviens seulement qu'il faut agir cette nuit même — reprit Lascars — j'ai l'intention de quitter Paris demain matin, au point du jour...

— Agissons sur-le-champ... — le plus tôt sera le mieux.

— Pour commencer, je vais faire joindre mon dîner au vôtre...

— Monsieur le baron, Barsac et moi, nous avons l'honneur de vous inviter.

— J'accepte. — Surtout, ne ménagez pas les vins capiteux...

— Nous les ménagerons d'autant moins que Bonamy est un gaillard à tête solide, et qu'il viderait une futaille de vin de Bordeaux sans broncher...

— Ayez soin de l'amener par gradations insensibles, grâce au Madère, au Xérès et au Champagne, à cet état d'excitation quasi fébrile qui n'est plus le sang-froid, mais qui n'est pas encore à l'ivresse...

— Nous ferons ce qu'il faudra pour y réussir... et nous y réussirons...

— Ne manquez point, pendant le repas, de me donner comme un beau joueur, comme un homme très-fort à tous les jeux... — piquez au vif l'amour-propre de Bonamy en parlant avec enthousiasme de mon mérite, que vous semblerez croire au moins égal au sien...

— Monsieur le baron ce sera fait et bien fait...

— En quel endroit les parties auront-elles lieu?

— Chez moi, si vous le voulez bien, quoique mon logis soit modeste...

— Où demeurez-vous, chevalier?

— Tout près d'ici... rue des Bons-Enfants. .

— Y a-t-il des cartes, chez vous?

— En quantité, monsieur le baron... — cartes neuves... cartes biseautées... cartes de toutes sortes... rien ne manque... Songez donc que mon cousin de Barsac et moi nous consacrons la moitié de nos nuits à des études préparatoires et spéciales...

— Bravo, jeunes gens! — répliqua Lascars — avec ce beau zèle et ces travaux consciencieux, vous arriverez, j'en réponds! maintenant, rejoignez vos convives et annoncez-moi... — Je vous rejoins...

XLI

LES OISEAUX DE PROIE.

— Je serais en vérité bien sot de ne pas croire à l'influence de ma bonne étoile !.. se dit le baron, tandis que La Morlière allait reprendre sa place à table auprès du chevalier de Barsac et de Bonamy et faisait ajouter un couvert pour le nouveau convive. — Jamais influence ne fut plus visible et plus incontestable !.. — Tout semble prendre à tâche de me favoriser !.. — Au moment où, par une chance inouïe, l'occasion se présente de relever ma fortune, une seule chose me manquait — l'argent, pour exécuter avec hardiesse le plan que j'ai conçu, et mettre de mon côté toutes les chances... — et voici que ces bons jeunes gens, comme s'ils avaient pu deviner l'embarras dans lequel j'allais me trouver peut-être, viennent m'offrir ma part d'une aubaine qu'ils pouvaient si bien garder entièrement pour eux... — Ceci m'annonce un succès certain !.. bientôt je pourrai dire au Moulin-Noir un éternel adieu et je me vois déjà millionnaire...

— Mon cher Bonamy — disait en même temps La Morlière au riche provincial — vous allez me devoir une reconnaissance infinie car je suis au moment de vous rendre un signalé service.

— Un service, monsieur le vicomte... s'écria Bonamy.

— De premier ordre...

— Ma foi, je l'accepte d'avance... moi, d'abord, j'accepte

toujours... — m'est avis que celui qui refuse un bon office n'est plus ni moins qu'une bête.

— Ah! mon cher Bonamy, vous avez grandement raison!.. Voici de quoi il s'agit... — Savez-vous bien quel est ce gentilhomme avec lequel je viens de causer?..

— Ah! pour ce qui est de ça, nenni... mais, quand vous me l'aurez appris, je le saurai, la chose est certaine...

— Ce gentilhomme — reprit La Morlière — est le baron de Lascars ; un riche seigneur, très-bien en cour, faisant la pluie et le beau temps dans les ministères, et n'ayant qu'un mot à dire pour vous faire concéder, haut la main, les fournitures qui sont l'objet de votre ambition.

Le visage du naïf provincial s'empourpra.

— Ah! le digne seigneur!.. — murmura-t-il — il peut compter, s'il fait cela, sur un bien beau pot de vin.

— Mordieu, voulez-vous vous taire!.. s'écria le chevalier en mettant sa main sur la bouche du provincial — ces paroles imprudentes suffiraient pour tout perdre!..

— Tout perdre!.. — quoi? comment? qu'ai-je dit? — demanda Bonamy notablement effaré — j'ai parlé de pot de vin, ce me semble, ce qui n'a jamais rien perdu, au contraire...

— En règle générale, vous avez raison, je vous l'accorde, mais le baron de Lascars est d'une autre trempe que les gens auxquels vous avez habituellement affaire... Très-riche, je vous l'ai déjà dit, et d'un désintéressement qui passe l'imagination, le baron regarderait comme une mortelle injure toute offre d'argent, cette offre fut-elle d'un million.

— Ah! cela est beau!... — murmura d'une voix dolente Bonamy confus, cela est même trop beau!

— Pourquoi trop beau?

— Un homme si rigide est inabordable... — De quelle façon m'y prendre pour obtenir qu'il s'intéresse à moi et qu'il m'accorde sa protection?

— Mon Dieu, rien n'est plus simple...
— Ah ! bah !
— Il ne s'agit que de lui plaire...
— Lui plaire !.. c'est bientôt dit, — mais comment?...
— il ne me connaît pas...

— Il vous connaîtra tout à l'heure, et voilà justement le signalé service que je vais vous rendre... — Je viens d'inviter le baron de Lascars à dîner avec nous...

— A-t-il accepté ? demanda Bonamy en proie à une forte émotion.

— Mais, certainement... — Le baron nous honore, mon cousin et moi, d'une bienveillance toute particulière.

— Et vous me présenterez à ce seigneur illustre, monsieur le chevalier ?

— Je n'aurai garde d'y manquer... — le reste nous regardera... — Vous avez plus de tact et plus d'esprit qu'il n'en faut, mon cher Bonamy, pour mener à bien sa conquête... — Vous lui plairez, je n'en doute pas, et peut-être vous admettra-t-il, dès ce soir, à l'honneur de faire sa partie...

— Monsieur le baron de Lascars aime les cartes ?.. — il est le plus beau joueur de Paris.

— Eh bien ! si nous jouons ensemble, il pourra se flatter d'avoir trouvé son homme.

— Je doute un peu, s'il faut parler franc, que vous soyez de force à lutter contre lui.

— Je suis de force à lutter contre tout le monde... répliqua le provincial en se rengorgeant, faites seulement que l'occasion se présente, et je saurai le prouver.

— Silence ! voici le baron.

Lascars, en effet, venait de quitter sa place, et se dirigeait vers les trois personnages qui se levèrent vivement à son approche en témoignage d'extrême déférence. — Bonamy surtout se confondit en courbettes et en révérences, auxquelles le baron répondit avec une aménité parfaite et une courtoisie bienveillante qui semblèrent au provincial du plus heureux augure.

On se mit à table.

Une sorte de contrainte régna d'abord parmi les convives. — La Morlière et Barsac reconnaissaient la supériorté de Lascars, et gardaient en face de lui l'attitude d'écoliers devant leur maître ; — de son côté Bonamy, quoiqu'il en eut, se sentait quelque peu intimidé par le voisinage d'un personnage si considérable et qui n'avait qu'un mot à dire pour le faire arriver au comble de ses vœux.

Cette contrainte passagère, inévitable en de telles circonstances, fut d'ailleurs de courte durée.

Lascars, bon prince autant qu'homme d'esprit, mit bien vite tout le monde à son aise et tourna complétement la tête de Bonamy, ce qui, soit dit en parenthèses, n'était pas difficile.

Peu à peu la conversation devint générale et s'anima. Les vins d'Espagne et de Bourgogne triomphèrent de l'embarras du provincial. — Le repas fut d'une gaieté folle et se prolongea longuement.

Au dessert, Bonamy ne se connaissait plus. — Il venait d'obtenir de Lascars une promesse positive. — Le baron consentait à le patroner, et à appuyer de tout son crédit les demandes qu'il se proposait d'adresser aux ministres ; — il daignait en outre se mesurer immédiatement avec lui ; en d'autres termes, ainsi que l'avait donné en entendre La Morlière, il *l'admettait a l'honneur de faire sa partie.*

Il était près de minuit lorsque nos quatre personnages quittèrent le cabaret du *Chariot d'Or* et prirent pédestrement le chemin de la rue des Bons-Enfants.

Les deux cousins soutenaient avec une complaisance infatigable la marche légèrement titubante de Bonamy, que les fumées de la vanité et de l'ambition grisaient beaucoup plus que celles du vin.

Le chevalier de La Morlière occupait un petit appartement au troisième d'un ces hôtels aristocratiques, très-nombreux jadis dans les rues rapprochées du Palais-Royal, et dont quelques-uns existent encore aujourd'hui, appropriés aux besoins du commerce et de l'industrie.

Un grand valet de mine patibulaire, vêtu d'une livrée dont les galons manquaient de fraîcheur, jouait aux cartes avec *le suisse* dans la loge de ce dernier. C'était le laquais de La Morlière.

En voyant que son maître ne rentrait pas seul, il prit un flambeau, traversa la cour et gravit rapidement les marches de l'escalier afin de mettre en un tour de main quelque peu d'ordre dans l'appartement et d'allumer les bougies des candélabres.

— Champagne — dit La Morlière à son valet — préparez une table de jeu et faites du punch...

— Mon cher Bonamy, ajouta-t-il en s'adressant au provincial qu'il venait d'installer sur un sopha, — reposez-vous, mais ne vous endormez pas... nous sommes à vous dans une minute... Barsac va vous tenir compagnie.

Tout en disant ce qui précède, La Morlière prenait le bras de Lascars et l'introduisait dans la chambre à coucher voisine du salon.

Le principal ornement de cette pièce presque nue consistait en plusieurs trophées, fixés aux murailles et composé de fleurets de toutes les dimensions, mouchetés et démouchetés, et d'épées de toutes les formes et de toutes les provenances.

— S'il faut en croire ces trophées, — dit Lascars en souriant — vous êtes, mon cher chevalier, un amateur passionné de l'escrime.

— L'escrime est la reine des sciences !.. répliqua La Morlière avec feu — et je la préfère à tout au monde, même au jeu, même au vin, même aux femmes !

— Peste ! c'est de l'adoration !

— Certes, monsieur le baron, le mot n'a rien d'exagéré.

— Vous avez pratiqué, beaucoup, sans doute !

— Oh! mon Dieu, depuis mon enfance! je n'avais pas dix ans quand mon père, un digne gentilhomme, me mit un fleuret dans la main.

— Avez-vous, depuis lors, hanté les salles d'armes?

— J'en suis sorti le moins possible.

— Mais, à ce compte, vous devez être très-fort?

— Je ne ferai point avec vous de fausse modestie, monsieur le baron, et je suis tout bonnement de première force. Il n'existe pas à Paris, de tireur en renom, que je ne fasse fort de boutonner sans la moindre peine.

— Vraiment, c'est à ce point là!..

— Vous plaît-il en juger par vous-même?

— Bonamy nous attend.

— Oh! la dixième partie d'une seconde suffira pour l'expérience.

La Morlière, tout en parlant, décrocha deux fleurets mouchetés. — Il présenta l'un d'eux à Lascars, se mit en garde et croisa le fer.

— Je toucherai monsieur le baron à la seconde passe, dit-il.

— Ah! par exemple, je vous en défie.

— Ne pariez pas, monsieur le baron.

Lascars, piqué au jeu, se garda bien de se découvrir et appela à son aide toutes les ressources de son expérience. — Rien n'y fit. — Dès la seconde passe le fleuret du chevalier le touchait en pleine poitrine.

— Mort de ma vie! murmura-t-il, vous aviez, ma foi, raison!

— Vous voyez, monsieur le baron — reprit La Morlière en rattachant les fleurets — vous voyez que quiconque veut se battre avec moi doit faire à l'avance son testament.

— C'est décidément une bonne connaissance que celle du chevalier — pensa Lascars, je commence à croire qu'elle me rapportera beaucoup.

La Morlière ouvrit un tiroir. Il en tira des jeux de

cartes en grand nombre, et il dit, en les étalant devant son hôte :

— Voici des armes d'un autre genre... et ces armes-là, monsieur le baron, vous savez mieux que moi vous en servir...

Lascars examina avec une attention profonde les cartes biseautées mises sous ses yeux. — Il choisit, parmi la quantité, deux paquets ; il plaça l'un de ces paquets dans sa poche, il fit glisser l'autre dans sa manche, et il reprit :

— Nous sommes en mesure, allons retrouver notre homme.

Bonamy n'avait point quitté le sopha sur lequel il était assis. — Il résistait de tout son pouvoir au sommeil accablant qui s'emparait de lui, et il ouvrait les yeux de toutes ses forces, comme des yeux de basilic pour les empêcher de se fermer.

Deux candélabres fortement oxidés, garnis chacun de trois bougies, brûlaient sur la table de jeu placée au milieu du salon.

Dans l'un des angles de la pièce le valet Champagne, une longue cuillère à la main, faisait flamboyer un punch monstre.

— A vos ordres, monsieur Bonamy... dit Lascars.

Le provincial se leva d'un bond.

— Ah ! monsieur le baron, s'écria-t-il, c'est moi qui suis aux vôtres.

Les deux adversaires prirent place en face l'un de l'autre.

— Quel est votre enjeu ? — demanda Roland.

— Le vôtre, monsieur le baron.

— Vingt-cinq louis, alors ? cela vous convient-il ?

— Tout à fait, monsieur le baron, tout à fait.

— Tenez-vous bien, monsieur Bonamy, continua Lascars en riant.

— Ah ! monsieur le baron, je ferai de mon mieux.

— Je vous préviens que je suis très-fort.

— Et de mon côté je me flatte, monsieur le baron, d'y entendre quelque chose aussi...

Le jeu s'engagea.

Le provincial gagna glorieusement les quatre premières parties, après une défense énergique et savante de Lascars. — Il rayonnait ; — sa personne entière se gonflait d'orgueil ; — les transports de sa joie lui faisaient monter le sang au visage avec une telle violence qu'il ressemblait à un homme que l'apoplexie va foudroyer.

— Peste ! monsieur Bonamy, murmura Roland, il ne fait pas bon de se frotter à vous ! tudieu !... quel homme terrible vous êtes !... Si je n'avais ma réputation à sauver, j'abandonnerais la partie à l'instant même.

— Ah ! monsieur le baron — murmura le provincial presque aussi confus que joyeux — je vous supplie très-humblement de n'en rien faire... — la chance tournera.

— Messieurs, dit en ce moment La Morlière, voici du punch.

Bonamy vida son verre deux fois de suite. — Lascars ne fit que tremper ses lèvres dans le sien.

Aussitôt après, la partie recommença, et, ainsi que venait de l'annoncer le provincial, qui certes ne se croyait pas si bon prophète, la chance en effet tourna subitement.

Chacun connaît les alternatives d'espoir et de découragement par lesquelles un grec adroit fait passer la dupe qu'il est en train de dévaliser. — Bonamy subit la loi commune. Il se raidit avec un entêtement de mulet contre ce qu'il appelait sa mauvaise veine, et, à mesure que Lascars lui gagnait de plus fortes sommes, il demandait lui-même à doubler, à tripler, à quadrupler son enjeu, espérant ainsi se rattraper plus vite.

Le résultat de ce système fut qu'au point du jour les quatre-vingt-dix mille livres contenues dans son portefeuille avaient changé de propriétaire, et le malheureux Bonamy ne possédait plus un sou de la grosse somme apportée par lui à Paris.

— Monsieur le baron — dit-il alors — je suis momentanément à sec, mais je possède de grands biens dans mon pays, ces messieurs peuvent l'affirmer... — Vous plait-il continuer à jouer contre moi, et vous contenter de ma parole ?

— Cher monsieur — répliqua Lascars, vous êtes le plus beau joueur que je sache, et je ne me pardonnerais pas d'abuser de ma bonne chance pour vous dépouiller... — Certes je vous dois une revanche et je vous la donnerai... — je vous en donnerai même dix — au besoin, de bien grand cœur, mais un peu plus tard, lorsque la veine aura changé ! — Je quitte Paris dans une heure pour un voyage de quelques mois... — Aussitôt après mon retour, venez me trouver ; je m'estimerai très-heureux de me mettre, comme cette nuit, tout à fait à vos ordres.

Bonamy devint d'une pâleur mortelle et chancela sur sa chaise.

Tandis que ses billets de banque et ses bons au porteur se vaporisaient, une espérance l'avait soutenu, ranimé, réconforté... — Il s'était dit qu'en perdant un argent destiné à s'éparpiller sous forme *d'arguments ad hominem* dans les mains des commis, il ne perdait en réalité que fort peu de chose, puisque la protection gratuite du baron devait, mieux que tous les pots-de-vin du monde, le conduire au but convoité.

Or, voici que les paroles de Lascars, et l'annonce de son départ immédiat, réduisaient à néant cet espoir !.. — Le provincial avait donc sacrifié près de cent mille livres et ne devait plus compter sur rien !..

En ce moment une lueur tardive se fit dans son esprit. — Il comprit vaguement qu'il venait d'être dupe de trois aigrefins. L'ivresse qui fermentait au fond de son cerveau et qu'assoupissait l'ardeur du jeu, se réveilla soudain, s'empara de lui, le domina et le rendit incapable de toute prudence... il exhala sa colère en cris impuissants, en vaines menaces, en accusations, en injures, vociférées d'une voix haletante, en termes plus énergiques que choisis.

Lascars, La Morlière et Barsac se regardèrent, échangèrent un sourire, puis le chevalier sonna son laquais qui dormait dans l'antichambre.

— Champagne — lui dit-il — tu vois bien ce vilain homme qui peste, qui crie et qui jure...

— Oui, monsieur le chevalier.

— Eh ! bien, charge-le sur tes épaules et porte-le tout de ce pas dans la rue où tu le laisseras cuver son vin...
— Fais vite, mon garçon, fais vite !... le maraud nous importune !

Puis il ajouta tout bas, à l'oreille du valet frémissant de joie :

— Quand tu remonteras, je te payerai l'arriéré de tes gages...

Une promesse si encourageante, et, disons-le, si peu prévue, doubla les forces du valet et décupla son ardeur.

Il saisit Bonamy à bras le corps, il le souleva de terre et il l'emporta, malgré sa résistance enragée et ses clameurs retentissantes.

— Monsieur le baron — dit alors La Morlière — le pigeon est plumé...

— Mais il a crié... — répliqua Lascars.

XLII

MADAME AUDOUIN.

Un éclat de rire des trois complices accueillit cet échange de cyniques métaphores.

— Mes chers amis, reprit le baron après cet accès de gaîté franche — maintenant, s'il vous plaît, procédons au partage.

Ce partage était assurément la chose que les deux cousins désiraient le plus.

Roland fit trois parts de l'argent gagné. — La somme totale, nous l'avons dit, était de quatre-vingt dix mille livres... — chacun des oiseaux de proie en toucha trente mille.

Jamais La Morlière et Barsac n'avaient eu tant d'argent en poche... — c'est à peine s'ils pouvaient en croire leurs yeux. — Ils se livraient à mille folies et couvraient de baisers les précieux chiffons, comme fait un amant des lettres de sa maîtresse.

— Monsieur le baron, s'écria La Morlière dans un élan de reconnaissance — je vous dois ma fortune!.. — Ces trente mille livres vont si bien fructifier entre mes mains que je veux me voir millionnaire avant six mois!.. — je n'oublierai jamais vos procédés de cette nuit à notre égard... — en toute occasion, je vous en supplie, faites état de moi comme d'un homme absolument à vous...

— Je vous en dis autant pour mon compte, monsieur le baron, appuya le chevalier de Barsac.

— Eh ! messieurs — répliqua Lascars, vous me rendez confus !... — le service que j'ai pu vous rendre était peu de chose ! — vienne l'occasion de recommencer et vous me trouverez tout prêt...

Six heures du matin allaient sonner. — Un jour blafard faisait pâlir la lueur des bougies expirantes. — Le baron prit congé des deux cousins, et, les poches beaucoup mieux garnies qu'au moment de son arrivée à Paris la veille au soir, il se dirigea, à travers les rues désertes, vers le bureau des voitures de Saint-Germain.

Trois heures plus tard il mettait pied à terre à l'entrée de Bougival, il rejoignait l'endroit où il avait amarré son bateau le jour précédent, et regagnait le Moulin-Noir.

Sauvageon, dont la convalescence faisait des progrès rapides, l'accueillit avec les démonstrations d'une joie si vive que Lascars se dit :

— Est-ce que véritablement ce drôle me serait attaché !.
— C'est possible, après tout, mais néanmoins la chose est bien invraisemblable...

Une demi journée de sommeil répara les fatigues d'une nuit de jeu, et, quand vint le soir, le baron parfaitement reposé traversa de nouveau la Seine pour se rendre à la maisonnette du Bas-Prunet. — Il était décidé à ne pas retarder plus longtemps sa déclaration formelle et à demander, séance tenante, la main de Pauline Talbot.

Quant à l'obtenir, ceci, pour lui, ne faisait point question.

Au moment où il allait frapper à la porte du petit jardin, cette porte tourna sur ses gonds, comme si quelqu'un, placé derrière elle, avait attendu pour l'ouvrir qu'un faible bruit de pas trahît l'approche du visiteur.

— C'est Pauline... — pensa Lascars. — Quelle impatience !..

Il se trompait...

A peine eut-il franchi le seuil qu'il se vit en face de la placide et loyale figure de madame Audonin. — Une nuance d'embarras, et même de tristesse, s'étendait sur ce visage un peu vulgaire, mais dont le regard et le sourire exprimaient la franchise et le dévouement.

Madame Audouin était seule.

Cette solitude inquiéta Lascars, d'autant plus que la bonne dame, voyant qu'il se disposait à prendre la parole, fit un geste expressif pour l'engager à garder le silence.

Le baron se pencha vers elle et lui dit tout bas :

— J'espère, madame, qu'il n'est rien arrivé de fâcheux à mademoiselle Talbot ?..

— Rien absolument... — répondit madame Audouin du même ton — seulement je désire que Pauline ignore votre présence ici...

— Pourquoi donc ?..

— Parce que je désire avoir avec vous un entretien particulier...

L'inquiétude de Lascars était dissipée. — Une surprise extrême la remplaçait. — Il se demandait en vain quel genre de confidences ou de questions la gouvernante de mademoiselle Talbot pouvait avoir à lui adresser.

— Madame — murmura-t-il, je suis à vos ordres.

— Suivez-moi, je vous en prie, monsieur — reprit madame Audouin — et tâchez de ne pas faire crier le sable sous vos pieds...

En même temps la bonne dame se dirigeait vers une tonnelle de verdure située à l'extrémité du jardin.

Lascars en passant devant la fenêtre encadrée de liserons et de volubilis, jeta un regard sur l'intérieur faiblement éclairé de la maisonnette.

Après avoir parcouru un espace d'environ cinquante pas, madame Audouin et Roland arrivèrent au berceau de verdure dont nous avons fait mention, et sous lequel se trouvait un banc de bois.

Madame Audoin s'assit, et, comme Lascars restait debout, elle lui dit :

— Monsieur le baron, veuillez prendre place à côté de

moi... — sans cela nous serions obligés de parler trop haut, Pauline pourrait nous entendre et c'est ce que je désire par-dessus tout éviter.

Lascars se rendit à cette prière.

— Monsieur le baron — continua la bonne dame — je ne suis qu'une pauvre femme bien simple... j'ai à vous entretenir de matières très délicates... — je ne le fais point sans crainte et sans embarras, mais, comme vous êtes un homme de grand cœur j'espère que vous me comprendrez et que vous excuserez ma hardiesse... je réclame cependant d'avance votre indulgence toute entière...

— Vous n'en aurez pas besoin, chère madame Audouin.. — interrompit gracieusement Lascars.

— J'en aurai besoin, monsieur le baron, et plus que vous ne le pensez... — savez-vous pourquoi je viens de vous conduire en ce coin retiré ?.. — savez-vous quelle prière je vais vous adresser, à vous que j'aime et que j'honore de toute mon âme, à vous le sauveur de ma chère Pauline ?..

— Non, en vérité, je ne le sais pas... — répondit Roland dont ce début étrange redoublait l'étonnement.

— Eh ! bien, monsieur le baron, poursuivit madame Audouin — cette prière, la voici : — Je vous conjure, à deux genoux, les mains jointes de ne plus revenir ici...

Cette conclusion inattendue fit bondir Roland sur son siége rustique.

— Vous me fermez la porte de votre maison ! s'écria-t-il — qu'ai-je fait pour mériter cette injure ?..

— Vous n'avez rien fait que de bon et de généreux, monsieur le baron, aussi c'est à votre générosité que je m'adresse... — Ecoutez-moi donc sans impatience, car si le devoir qu'il me faut remplir est cruel, vous verrez aussi qu'il est inflexible... — Pauline est orpheline, vous le savez — j'ai remplacé sa mère auprès d'elle depuis son enfance... — je remplace maintenant son pauvre père... — elle n'a que moi dans le monde et je dois compte de son bonheur à ceux qui ne sont plus... eh ! bien, un grand malheur menace ma chère enfant...

— Un grand malheur !.. — répéta Lascars — lequel ?..

— Celui de vous aimer... — vous voyez quelle confiance sans bornes m'inspire la noblesse de votre caractère, puisque je n'hésite point à vous révéler le secret d'un cœur qui s'ignore... — Pauline ne vous aime pas encore, j'espère, mais, un peu plus tôt ou un peu plus tard, il me semble impossible qu'un fatal amour ne se développe pas à son insu dans sa jeune âme... — Comment en serait-il autrement ? Rien ne vous manque, monsieur le baron, ni la naissance illustre, ni la beauté, ni le courage... — toutes les qualités qui peuvent et qui doivent séduire sont réunies en votre personne... — Comment une pauvre enfant isolée ne se sentirait elle point irrésistiblement entraînée vers vous ?.. — hier au soir, vous n'êtes pas venu... — Pauline vous attendait... — elle n'a rien dit... elle n'a pas une seule fois prononcé votre nom — (et c'est cela surtout qui m'a donné l'éveil) — mais j'ai bien vu sa mélancolie croissante à mesure que la soirée s'écoulait... — je vous le dis avec une conviction douloureuse, elle est au moment de vous aimer !

— Prenez pitié de l'orpheline, monsieur le baron !.. — sa vie est assez triste déjà !.. — Je suis une vieille femme aujourd'hui... j'ai toujours été pauvre et je n'ai jamais été belle, tout au fond de mon âme il existe cependant un lointain souvenir, douloureux encore malgré le temps écoulé.. ah ! je sais ce que fait souffrir un amour sans espoir et j'aimerais mieux mourir que de voir ma Pauline endurer ces tortures !.. — vous avez le droit, et sans doute aussi la volonté, de choisir une compagne parmi les jeunes filles de haute noblesse et de grande fortune... — Pauline est de race bourgeoise et ne possède rien... elle ne saurait être votre femme .. — au nom du ciel, ne lui laissez pas le temps de former des rêves irréalisables !.. — qu'elle ne vous revoie jamais !.. — Disparaissez dès aujourd'hui pour ne plus reparaître... — elle vous oubliera, j'en ai la ferme confiance... — demain, peut-être, il serait trop tard !.. — voilà ce que j'avais à vous dire, monsieur le baron, voilà ce que j'avais à vous demander. Répondez-moi vite que j'ai bien fait de compter sur vous, et que, pour la seconde fois, vous êtes prêt à sauver Pauline...

Un instant de silence succéda à ces dernières paroles.

— Mon Dieu — balbutia-t-elle enfin — vous ne répondez pas !..

Lascars prit une de ses mains qu'il serra doucement entre les siennes.

— Chère madame Audouin — dit-il, d'une voix qui semblait émue — vous êtes la meilleure des femmes, et vous remplissez dignement les devoirs de mère que vous avez acceptés... — Toutes les délicatesses de votre belle âme, je les admire et je les partage... — mais, rassurez-vous, le danger que vous redoutez n'existe pas...

Madame Audouin retira vivement sa main.

— Ah ! — murmura-t-elle avec douleur, je me trompais, — vous n'avez pas voulu me comprendre.

— Je vous ai compris très-bien, au contraire — chère madame — répliqua Lascars — et c'est vous maintenant qui me comprenez mal... — mais je vous le pardonne de grand cœur : — vous venez de me rendre bien heureux, — vous venez de me donner un espoir qu'au prix de dix années de ma vie je n'aurais pas cru payer trop cher..

— Un espoir ? — répéta la gouvernante stupéfaite.

— Oui... — le plus précieux de tous !.. — celui que votre chère enfant m'aimera peut-être un jour comme je l'aime !..

— Vous l'aimez !.. — s'écria madame Audouin.

— De toutes les forces de mon âme... de toutes les puissances de mon cœur, et je suis venu ce soir pour lui dire : Pauline, voulez-vous être ma femme ?..

Madame Audouin essaya de parler ; elle n'y réussit pas ; — l'émotion étranglait sa voix dans sa gorge.

Elle ne put d'abord que saisir les deux mains de Lascars — les couvrir de baisers et les baigner de larmes...

Quelques secondes s'écoulèrent ainsi. — Enfin peu à peu, l'excellente femme recouvra la parole, et elle balbutia :

— Vous êtes bon comme Dieu lui-même, vous qui ne dédaignez pas d'aimer l'orpheline et de lui tendre une main généreuse !.. — Soyez béni, monsieur !.. soyez béni par une pauvre femme qui donnerait sa vie pour vous !.. — ah ! j'ai assez vécu, puisqu'avant de mourir j'aurai vu le bonheur de ma fille chérie !..

XLIII

DÉCLARATION.

La scène au début de laquelle nous venons de faire assister nos lecteurs se prolongea plus que ne l'aurait souhaité Lascars ; — l'excellente madame Audouin laissait naïvement déborder son cœur ; — les expressions de sa reconnaissance et de sa joie ne tarissaient pas. — Le gentilhomme l'écoutait avec une secrète impatience, mais un vague respect pour les tendresses infinies de cette maternité volontaire l'empêchait de l'interrompre.

En disant ce qui précède, madame Audouin se dirigeait vers la maisonnette, et marchait d'un pas rapide, qu'elle ne cherchait plus à rendre léger.

Lascars la suivait, et malgré lui se sentait ému. — Certes, le misérable gentilhomme que nous mettons en scène devait être incapable de ressentir les nobles ardeurs, les troubles-

divins d'un amour profond et chaste, mais enfin il était jeune encore et la touchante beauté de Pauline, non plus que cette tendresse ingénue dont avait parlé madame Audouin, ne pouvaient le laisser tout à fait indifférent.

— Décidément — se disait-il — je crois que j'aime cette enfant... — Elle va me rendre riche... — peut-être la rendrai-je heureuse..

La porte n'était qu'à demi fermée. — Madame Audouin l'ouvrit tout à fait et entra dans le cercle lumineux projeté par la lueur de la petite lampe au-devant de la jeune fille.

Lascars s'arrêta sur le seuil, au milieu des ténèbres extérieures qui l'enveloppaient.

Pauline quitta sa pose rêveuse, et, voyant sa gouvernante auprès d'elle, elle lui dit avec un sourire :

— C'est toi, ma bonne Audouin... d'où viens-tu?...

— Je viens du jardin, chère fille...

— La nuit est sombre, n'est-ce pas?..

— Je n'en sais rien... — elle m'a paru belle... — est-ce que tu voudrais sortir?...

— Je ne désire jamais ce qui est impossible, et nous ne pouvons sortir seules...

— C'est vrai... — répondit madame Audouin ; — puis elle reprit, après un silence : — Si monsieur de Lascars était-là, il nous accompagnerait...

— Monsieur de Lascars... — répéta Pauline — sans doute il ne reviendra plus...

— Qui te fait supposer cela ?..

— Il n'est pas venu hier... il ne vient pas ce soir... — d'ailleurs c'est une triste société que la nôtre, je le comprends bien, pour un gentilhomme habitué comme lui aux plaisirs bruyants de Paris et de la cour...

— Si monsieur de Lascars ne revient plus, le regretteras-tu ?

— Pourquoi me fais-tu cette question ? tu sais bien que je ne suis pas ingrate... — je lui dois trop pour l'oublier jamais... — jusqu'au dernier jour de ma vie, en élevant mon âme vers le ciel, je prierai Dieu de le rendre heureux.

Lascars jugea le moment favorable pour se montrer. — Il sortit des ténèbres et il murmura, avec un accent qui, s'il n'était celui de la passion, lui ressemblait du moins beaucoup :

— Pauline... chère Pauline... ce vœu que vous formez pour moi, c'est à vous, seule, qu'il appartient de le réaliser.

L'apparition inattendue de Lascars fit violemment tressaillir l'orpheline ; — un nuage pourpre couvrit son front et ses joues. — Elle essaya de sourire, et balbutia :

— Vour avez donc entendu ce que je viens de dire?..

— Oui !.. oh oui... — j'ai tout entendu, et je vous remercie Pauline, je vous remercie à genoux...

En prononçant ces derniers mots, le baron mettait en effet un genou à terre devant la jeune fille, qui, troublée et confuse, s'écria :

— Que faites-vous ?..

— Ne vous agenouillez-vous pas aux pieds de Dieu dans la prière ?.. — répondit Lascars — moi je m'agenouille à vos pieds en vous conjurant de me rendre heureux...

— Vous rendre heureux !... Et, comment ?.. — quelle influence puis-je avoir sur votre bonheur ?..

— Vous pouvez tout, Pauline, et votre influence est sans bornes... — il ne vous faut qu'un mot pour m'ouvrir le ciel ou l'enfer... pour faire de moi le plus triomphant ou le plus désespéré des hommes... Pauline, je vous aime de tou.... !.. Voulez-vous accepter mon nom ?.. voulez.... nir la compagne de ma vie ?..

— M... votre femme !.. — murmura la jeune fille avec un accent étrange et une voix qui semblait brisée — votre femme... répéta-t-elle.

— Vous le voulez bien, n'est-ce pas ? — reprit Lascars passionnément — Oh ! Pauline... Pauline... dites-moi que vous consentez...

L'orpheline ne put répondre...

Dans le premier moment de surprise, ou plutôt de stupeur, elle s'était levée à demi. Elle retomba sur le siége qu'elle venait de quitter ; — une pâleur mortelle envahit son visage ; — sa tête se pencha ; — ses yeux se fermèrent ; elle perdit connaissance...

— Mon Dieu — s'écria Lascars avec un effroi qui n'était pas simulé — mon Dieu, qu'a-t-elle donc ?.. — regardez, madame ! ajouta-t-il en s'adressant à la gouvernante — regardez !.. on la croirait morte !.. j'ai peur !..

Madame Audouin n'avait pas attendu ces paroles pour s'élancer vers la jeune fille, avec laquelle elle pouvait rivaliser de pâleur, et pour la prendre dans ses bras.

— Eh bien ? — demanda le gentilhomme effaré... Eh bien ! madame ?..

— Elle est évanouie... — répondit madame Audouin — mais ce ne sera rien, j'en réponds.... — je vous avais prévenu... la chère enfant n'est pas forte... — nous avons eu tort tous les deux... — vous, de parler d'une façon si brusque... moi, de vous laisser faire .. — il aurait fallu préparer tout doucement Pauline à entendre ce que vous venez de lui dire... prise à l'improviste comme elle vient de l'être, elle s'est trouvée sans force pour supporter une telle surprise, une si violente émotion... — Mais, je vous le répète, n'ayez aucune crainte... — son cœur bat... sa respiration est calme... — dans un instant elle reprendra l'usage de ses sens...

— Chère madame Audouin, en êtes-vous certaine ?.. tout à fait certaine ?..

— Est-ce que je peux me tromper quand il s'agit de ma bien-aimée Pauline ?..

— Dieu soit béni !.. je vais donc revivre !.. — il m'a semblé, tout à l'heure, que j'allais tomber foudroyé...

— Monsieur le baron — murmura madame Audouin avec un sourire vraiment maternel — prenez garde !.. — Si vous l'aimez autant que je l'aime, vous allez me rendre jalouse...

— Et maintenant — ajouta la digne femme après un

court silence — je vais vous demander une chose qui vous semblera difficile, mais qu'il faut absolument que vous m'accordiez...

— Quelque soit cette chose, chère madame, vous pouvez compter sur moi... — je suis prêt à vous obéir.

— Laissez-moi donc seule avec Pauline... — dit madame Audouin.

— Eh quoi! vous exigez que je m'éloigne?.. — s'écria Mascars.

— Je n'exige pas, mais je vous supplie...

— Il m'aurait été si doux d'être là quand se rouvriront ces beaux yeux !..

— C'est justement ce qu'il ne faut pas... votre présence, vous le comprenez, renouvellerait une émotion qui vient d'être funeste... qui pourrait l'être encore...

— Vous avez raison, chère madame Audouin... Je dois me sacrifier et l'hésitation m'est défendue... — mais pourrais-je au moins revenir dans une heure?..

— Vous reviendrez demain matin... — il vaut mieux que Pauline ne vous revoie point aujourd'hui...

— Vous êtes cruelle, chère madame Audouin !.. — vous me condamnez à passer toute une éternelle nuit dans l'incertitude, dans l'angoisse, car enfin j'ignore si mademoiselle Talbot daignera me faire l'honneur d'agréer ma demande...

— Confiez-moi vos intérêts, monsieur le baron... — je aiderai votre cause, et je crois pouvoir vous répondre qu'elle est gagnée d'avance...

— J'obéis, chère madame... je quitte cette maison, mais c'est mon bonheur tout entier, ne l'oubliez pas... c'est plus que mon bonheur, c'est ma vie que vous avez mission de défendre...

Madame Audouin fit un signe de tête qui signifiait clairement :

— Soyez tranquille... je réponds de tout...

Le baron ploya de nouveau le genou devant Pauline. —

Il appuya passionnément ses lèvres sur une des belles mains de la jeune fille, puis, avec l'attitude et le geste d'un homme qui se fait violence, il sortit de la petite chambre et disparut dans les ténèbres du jardin.

— Bravo Lascars !.. — se dit-il en traversant la route pour rejoindre son bateau, — bien joué !.. la partie est à moi !.. — une jolie femme et une splendide fortune, voilà ce que m'envoie mon étoile !.. merci, mon étoile !.. grand merci !..

Madame Audouin ne s'était point trompée en annonçant que l'évanouissement de la jeune fille serait de courte durée.

Lascars venait à peine de quitter la maisonnette lorsque Pauline fit un mouvement léger, et ses paupières s'entr'ouvrirent, découvrant ses prunelles sombres qui semblaient voilées en ce moment par une vapeur à peine transparente.

Elle promena son regard autour d'elle avec une expression presque craintive ; — elle parut surprise de se trouver seule avec sa gouvernante, et enfin elle murmura, d'une voix très-basse et si faible qu'elle était presque indistincte :

— Ma bonne Audouin, qui s'est-il passé tout à l'heure ?..

— Tu ne te souviens pas, ma chère fille ? demanda la bonne dame un peu étonnée.

— Non, je ne me souviens pas, ou plutôt je me souviens mal... répondit Pauline, il y a comme un nuage sur m pensée...

— Alors, mon enfant — reprit madame Audouin — j'a˙ de bonnes nouvelles à t'apprendre...

— De bonnes nouvelles ?.. — répéta l'orpheline — e es-tu sûre ?..

— Aussi sûre que je le suis de tenir ta main dans les miennes... — le baron Lascars est venu ce soir ici...

— En effet, il me semble vaguement l'entrevoir... mais, chose bizarre, mes souvenirs confus me le montre agenouillé devant moi...

— Tes souvenirs ne te trompent pas.

— Comment — s'écria Pauline, d'une voix soudaine, ranimée — le baron de Lascars était à mes genoux !..

— Oui, ma chère fille...

— Mais, pourquoi ?..

— Parce que cet admirable jeune homme, ce seigneur incomparable, n'a pu te voir sans t'aimer, ce qui est bien naturel, ou plutôt sans t'adorer, car il t'idolâtre, l'expression n'est pas trop forte ! — il avait plié le genou devant toi, comme c'est l'usage lorsque l'amour s'est emparé d'un cœur, et il te suppliait à mains jointes d'accepter sa main, sa fortune et son nom... en un mot de devenir grande dame et baronne de Lascars... — Ceci te fait l'effet d'un rêve, n'est-ce pas, ma chère fille?.. mon Dieu, moi qui te parle, je me mets à ta place et je comprends ta grande surprise, mais, dans tous les cas, si c'est un rêve, c'est un beau rêve !.. — qu'en dis-tu ?..

Pauline ne répondit pas.

Elle demeurait muette, immobile ; — son regard était éteint ; — son visage sans expression ; — la vie semblait s'être retirée d'elle tout à coup.

— A te voir, on croirait que tu ne m'écoutes guère, mon enfant !.. — reprit madame Audouin, stupéfaite de l'étrange effet qu'elle produisait. — Pourquoi restes-tu comme une statue quand tu devrais être si joyeuse ?.. — me suis-je, par hasard, mal expliquée ?.. — faut-il te répéter que Roland de Lascars ne vit plus que pour toi, et qu'il demande à te prendre pour femme ?..

— Ah! j'avais bien entendu !.. j'avais bien compris !.. — balbutia Pauline dont les traits se détendirent.

En même temps sa poitrine se souleva comme si elle

avait été gonflée de sanglots convulsifs ; un gémissement douloureux s'échappa de ses lèvres entr'ouvertes ; — elle jeta ses deux bras autour du cou de madame Audouin avec le geste d'une enfant craintive et désolée que se réfugie sur le sein maternel, et des ruisseaux de larmes jaillissant de ses yeux, inondèrent ses joues pâles...

XLIV

UNE DÉCISION.

— Ah ! par exemple ! s'écria madame Audouin dont l'étonnement ou plutôt dont la stupeur, redoublait, qui se sentait remuée jusqu'au fond de ses entrailles quasi-maternelles par les larmes de Pauline — en voici bien d'une autre ! — Tu pleures, chère enfant ! — tu te désoles ! tu parais désespérée, quand je croyais si bien t'apporter la joie ! — mais qu'y a-t-il donc ? d'où vient ton chagrin, et comment ai-je fait pour t'affliger ainsi sans le savoir ?...

Pauline suffoquée par les sanglots, ne put que murmurer quelques paroles inintelligibles.

— Calme-toi, chère enfant, calme-toi, je t'en supplie, et surtout ne pleure plus ! — reprit la gouvernante en pleuant elle-même involontairement — tu me répondras tout à l'heure...

Au bout de deux ou trois minutes les sanglots de l'orpheline se ralentirent ; — ses larmes coulèrent moins pressées, et madame Audouin, dévorée tout à la fois de curiosité et et d'inquiétude, se dit qu'elle pouvait la questionner de nouveau...

— Ma Pauline, ma fille bien-aimée — demanda-t-elle en l'embrassant — est-ce donc la pensée d'un mariage avec le baron de Lascars qui vient de te jeter dans un si grand trouble et dans un tel émoi ?

— Oui, ma bonne Audouin... c'est cette pensée... — murmura l'orpheline.

— Est-il bien possible qu'à mon âge je me sois si complétement abusée ! continua la bonne dame d'un air contrit — à quoi donc sert d'être vieille ? — je te croyais, à l'endroit du baron, sinon de l'amour, du moins une véritable affection...

— Et tu ne te trompais pas, ma bonne Audouin... répondit Pauline. — Oh! non — répéta-t-elle — tu ne te trompais pas !..

— Comment ! tu aimes monsieur de Lascars, et tu te désespères lorsqu'il veut t'épouser ! sais-tu bien que ceci n'est point naturel...

— J'éprouve pour monsieur de Lascars une profonde reconnaissance... — je l'aime comme un frère...

Pauline s'interrompit.

— Mais, comme mari, il ne te plaît point. — N'est-il pas vrai ? — acheva madame Audouin.

La jeune fille fit un geste affirmatif.

— Voilà qui est bientôt dit ! — poursuivit la gouvernante — seulement pourquoi te déplaît-il ? — voilà une question fort importante... es-tu capable d'y répondre toute seule ?

Pauline fit signe que non.

— Nous allons donc chercher ensemble.. — continua

madame Audouin, le baron de Lascars est jeune... — sa figure est charmante... — l'élégance de sa tournure, la distinction de ses manières sont incomparables... — es-tu de mon avis chère enfant ?

— Certes ! — répliqua la jeune fille avec une conviction tellement manifeste que sa bonne foi ne pouvait être mise en doute.

— Plus d'une fois dans ma vie j'ai vu des hommes de cour... — ajouta la gouvernante — et je puis affirmer, en toute connaissance de cause, que le baron de Lascars est ce qui s'appelle un gentilhomme accompli...

— Je le crois comme toi... — appuya Pauline.

— Donc, sur ce point, nous sommes d'accord ?

— Complétement.

— Reste le moral... — Nous connaissons le baron de Lascars depuis peu de temps, mais il nous a donné des preuves de courage et de dévouement qui dénotent un grand cœur, une âme généreuse et chevaleresque...

— Roland est un héros ! s'écria Pauline avec feu — nous n'en pourrions douter sans folie et sans ingratitude !

— Ah ça, chère enfant — murmura madame Audouin — je ne sais plus où j'en suis ! — comment concilier l'enthousiasme que tu manifestes, et les larmes que tu versais tout à l'heure ?... — tu parles de monsieur de Lascars comme en parlerait une jeune éprise, et tu t'évanouis à la pensée de l'accepter pour mari... — je n'y comprends rien, et vraiment, si je ne savais que c'est impossible, je croirais que tu as un autre amour dans le cœur...

Pauline baissa les yeux et devint pourpre comme une pivoine épanouie.

Cette rougeur ardente fut pour la digne gouvernante un trait de lumière. — Elle pressa de questions l'orpheline, et cette dernière, ne sachant de quelle façon se défendre contre des instances si vives et si maternelles, finit par raconter à madame Audouin le rôle joué dans les événements de la nuit du 30 mai par cet inconnu dont l'image la poursuivait sans cesse, et qui n'était autre, nous le savons, que le marquis Tancrède d'Hérouville.

Madame Audouin écouta ce récit romanesque avec l'attention la plus profonde et l'intérêt le plus vif, puis, quand la jeune fille eut achevé, elle secoua doucement la tête, et elle dit :

— Voilà certes, ma chère Pauline, un personnage très-méritant et très-courageux, auquel tu dois aussi bien qu'à monsieur de Lascars lui-même une reconnaissance infinie, mais tu n'as fait que l'entrevoir, au milieu d'un grand trouble et d'un effroi sans pareil, et je parierais volontiers que si tu venais à le rencontrer demain, tu ne le reconnaîtrais pas...

Un sourire indéfinissable vint aux lèvres de Pauline, et son regard levé vers le ciel eut une expression magnifique.

— Ah ! — s'écria-t-elle — comme tu te trompes, ma bonne Audouin ! — demain ou dans dix ans je reconnaîtrai mon sauveur, si Dieu le met sur mon passage !..

— Je veux bien l'admettre puisque tu parais si convaincue, mais crois-tu donc qu'il te reconnaîtrait, lui ?..

Pauline fit un geste de dénégation rapide.

— Oh ! non — murmura-t-elle ensuite — oh ! non, certes ! je ne le crois pas...

— As-tu la pensée qu'un jour ou l'autre tu reverras cet inconnu ?

— J'ai la conviction que je ne le reverrai jamais... — où veux-tu que je le revoie ?...

— Qu'attends-tu donc ?

— Rien...

— Qu'espères-tu ?

— Je n'ai pas d'espoir...

— Enfin, tu désires quelque chose ?

— Pas autre chose, je te le jure, que de rester fidèle à un souvenir... à un rêve...

— Et, pour rester fidèle à un rêve, — car en réalité ce

n'est qu'un rêve — (tu viens d'en convenir toi-même) — tu refuserais un bonheur certain ! s'écria madame Audouin.

— Ne suis-je pas aussi heureuse qu'il soit possible de l'être après le malheur qui m'a frappé — quand mon pauvre père est mort!... — répliqua doucement Pauline...

— Chère enfant, tu ne peux passer ta vie dans la solitude ! !

— Je ne suis pas seule puisque tu es avec moi, ma bonne Audouin...

— Je n'y serai pas toujours...

— Pourquoi donc? — si tu me disais toi-même que tu songes à me quitter, je ne consentirais point à le croire...

— Aussi notre séparation, chère enfant, n'aura rien de volontaire... — tu es toute jeune et je suis vieille... quand Dieu m'appellera il faudra bien partir...

— Voilà un nouveau malheur que je refuse de prévoir...

— Oui sans doute, mais je dois le prévoir, moi, et je voudrais, avant de monter là-haut, te voir heureuse avec un bon mari...

— Et ! — s'écria Pauline — qui te dit que je serais heureuse avec le baron de Lascars ?...

— Comment en serait-il autrement? répliqua la gouvernante — ne consacre-t-on sa vie au bonheur de ceux qu'on aime ? — Or, le baron éprouve pour toi le plus ardent amour, et la preuve c'est qu'il veut devenir ton mari malgré ta pauvreté, lui qui pourrait trouver de riches héritières et des filles de grandes maisons . — réfléchis donc bien, mon enfant chérie, et ne plonges point dans le chagrin par un inexplicable refus, un galant homme qui t'a sauvé la vie et qui brûle du désir de te donner la sienne...

Cette tactique de la gouvernante obtint le succès qu'elle en espérait.

— Ainsi, chère enfant, tu consens ?.. — s'écria madame Audouin triomphante, en serrant Pauline dans ses bras et en la couvrant de baisers.

— Oui... — répondit l'orpheline d'une voix faible. — Je consens...

— Tu seras baronne de Lascars ?..

— Hélas! — murmura Pauline — il le faut bien, puisqu'un refus serait presque un crime...

— Tu me promets que rien ne viendra te faire changer de résolution d'ici à demain...

— Je te le promets, ma bonne Audouin... — tu as ma parole, et, dussé-je en mourir, je la tiendrai...

— Que parles-tu de mourir, chère enfant! — répliqua la gouvernante d'un ton de reproche — chasse bien vite ces idées lugubres! — C'est ton bonheur que tu viens d'accepter...

Pauline baissa la tête et garda le silence. — Elle n'avait plus la force de répondre, et maintenant que sa résolution était prise, elle manquait surtout de courage pour recommencer une inutile discussion.

— Tu dois être brisée de fatigue, pauvre petite! — reprit madame Audouin — allez bien vite vous mettre au lit, madame la baronne, faites de beaux rêves, et, aux premières clartés du jour, vous vous réveillerez fraîche, reposée, heureuse et souriante...

Pauline se coucha, mais des pressentiments sombres — (les mêmes qui une fois déjà, quelques jours auparavant, l'avaient assaillie,) — vinrent s'asseoir à son chevet et chassèrent d'abord le sommeil. — Ses yeux se fermèrent enfin, mais des songes de mauvais augure remplacèrent les pressentiments, et de grosses larmes coulèrent longtemps sur ses joues à travers ses paupières abaissées...

Quand la jeune fille se réveilla, de splendides rayons de soleil inondaient la maisonnette et le petit jardin. La nature semblait en fête, — les oiseaux chantaient leurs plus joyeuses chansons dans la verdure jaunie par l'automne...

L'orpheline subit la bienfaisante influence de ces chansons et de ces clartés ; — elle sentit une sorte de paix renaître en son âme troublée ; — il lui sembla que l'image de l'inconnu devenait moins distincte et elle s'efforça de se persuader que celle de Roland de Lascars pourrait la remplacer complétement dans l'avenir.

— Il m'aime ! — se dit-elle — il m'aime orpheline et pauvre, et m'en donne la preuve la plus éclatante en faisant de moi sa femme... — il est jeune et beau, noble et généreux... — j'avais déjà pour lui l'affection d'une sœur... pourquoi n'aurais-je pas un jour une tendresse d'épouse ?

— A la bonne heure ! — s'écria madame Audouin en voyant Pauline lui sourire — tu es un petit peu pâle encore, mais pourtant je te retrouve !... ah ! que tu seras belle en robe blanche, avec la couronne de fleurs d'oranger sur la tête !... — que le baron sera bien aussi, et quel couple charmant vous ferez tous les deux ! — Pauline... ma Pauline, regarde-moi ! — je me sens aujourd'hui rajeunie de vingt ans !

Vers dix heures Lascars arriva.

Il trouva, dans le jardin, la gouvernante qui faisait le guet pour être la première à lui parler.

— Chère madame Audouin — lui demanda-t-il vivement. — Eh ! bien ?... — quelles nouvelles allez-vous me donner ?.. répondez vite, je vous en supplie ! j'attends de vous la vie ou la mort !...

— Ah ! monsieur le baron... — répliqua la digne femme — ne vous avais-je pas prévenu hier que votre cause était gagnée d'avance ! — j'ai bien parlé pour vous, mais vous ne me devez aucune reconnaissance, car en disant à ma chère fille ce qu'il fallait lui dire, je ne faisais qu'exprimer ses propres pensées...

— Ainsi — s'écria Lascars d'une voix très-émue — mademoiselle Talbot consent ? — Elle accepte mon nom ?..

— Elle accepte avec joie et elle vous attend pour vous l'affirmer elle-même...

Lascars jugea de fort bon goût de simuler autant de surprise que d'ivresse, et, dans ses transports de bonheur et de reconnaissance, il embrassa à deux ou trois reprises la bonne madame Audouin qui ne s'était jamais sentie plus fière ni plus honorée.

Le gentilhomme et la gouvernante entrèrent ensuite dans la maisonnette, où Lascars tomba aux pieds de Pauline et appuya ses lèvres sur les mains de la jeune fille avec un transport de passion d'une éloquence irrésistible.

L'orpheline était trop intelligente pour ne pas comprendre que puisqu'elle agréait la demande du baron, il ne fallait point offrir à son fiancé les traits mornes d'une victime résignée qui se laisse conduire a l'autel, mais qui n'y marche point d'un cœur libre et joyeux.

Son visage fut souriant, sa parole affectueuse, et si par instants, malgré ses efforts elle ne put dissimuler une nuance de froideur, Lascars mit cette nuance sur le compte de la timidité et de la retenue d'une jeune fille craignant de se montrer trop heureuse et trop expansive...

XLV

UNE TRANSACTION.

Après deux longues heures de causerie intime, il fut convenu, entre Roland et Pauline, que le mariage serait célébré à la fin du mois suivant.

La maisonnette du Bas-Brunet étant infiniment trop petite pour recevoir, même momentanément, le jeune ménage, et Lascars ne se trouvant point installé au Moulin Noir de façon à pouvoir y conduire sa femme ; — en conséquence, ce laps d'un mois lui devenait nécessaire pour se procurer, à Paris, un logis convenable et surtout pour faire de ce logis un temple digne de l'idole qui devait l'habiter.

Madame Audouin, dans son imprudent et naïf enthousiasme, aurait voulu voir le mariage s'accomplir dès le lendemain, et elle s'affligea vivement d'un retard qui lui semblait exagéré, mais Pauline — (avons-nous besoin de le dire) — accepta joyeusement ce délai.

Le moment d'agir était venu pour Lascars ; — le misérable gentilhomme allait mettre à exécution le plan hardi et infâme qu'il avait conçu et dont le résultat probable devait être de métamorphoser la pauvre orpheline en une riche héritière.

Roland prévint sa fiancée et madame Audouin que ses visites, à partir du lendemain, deviendraient forcément irrégulières, en raison de la nécessité où il se trouvait d'aller chaque jour à Paris, et de la difficulté probable de revenir chaque soir à Bougival.

— Tout ce que vous ferez sera bien fait, mon ami... — murmura Pauline en souriant.

La gouvernante se contenta de hocher silencieusement la tête, et de s'avouer à elle-même que ces préliminaires répondaient assez mal à tout ce qu'elle avait rêvé.

— En vérité ce n'est point ainsi que je me figurais un mariage d'amour ! — se dit-elle — comment donc se passeraient les choses, s'il s'agissait d'un mariage de convenance ou d'argent ? — Le baron aime Pauline, je n'en puis douter... — sans cela l'épouserait-il ?.. mais, à sa place, moi, j'aurais déjà couru chez le curé de la paroisse la plus proche, et je l'aurais supplié de tout quitter pour me marier bien vite ! Ces beaux oiseaux n'ont pas de nid ! — qu'importe ? — a-t-on besoin d'un palais quand on s'aime ?.. — Si j'étais le baron, je me hâterais d'être heureux, avant de m'occuper de loger mon bonheur !.. — Mais tout cela ne me regarde pas, et, puisque Pauline est contente, il faut que je le sois aussi...

Dans l'après-midi, Roland regagna le Moulin Noir, et dit à Sauvageon qu'il trouva levé :

— Je vais à Paris... — je reviendrai demain, sans doute... — Etes-vous capable de vous suffire à vous-même jusqu'à mon retour ?..

— Je suis capable de tout, excepté de m'asseoir... — répondit l'ex-cabaretier des Lapins.

— Voici de l'argent... — continua Roland — nous allons traverser la rivière ensemble... — vous achèterez des provisions et vous reviendrez seul... — Croyez-vous le pouvoir ?

— Sans aucun doute... — seulement je ramerai debout...

— Soignez-vous bien, maître Sauvageon, car le moment approche où j'aurai besoin de vous pour cette entreprise délicate dont je vous ai déjà parlé et qui fera votre fortune en même temps que la mienne...

La figure pointue du bandit s'illumina.

— Je serai prêt dès qu'il le faudra ! — s'écria-t-il — monsieur peut être bien tranquille !

Puis il ajouta :

— Monsieur me permet-il de lui demander comment vont ses affaires avec la petite demoiselle ?

— Mes affaires vont le mieux du monde — répliqua Lascars — la petite demoiselle, comme vous dites, sera ma femme le mois prochain.

Aucun peintre ne saurait imaginer une expression de stupeur aussi prodigieusement comique que celle qui se peignit sur le visage de Sauvageon.

— Monsieur veut rire... — balbutia-t-il...

— Rien au monde n'est plus sérieux que ce que je vous dis ?.. — J'épouse mademoiselle Talbot...

— Mais, monsieur...

— Eh bien, quoi ?

— La jeune personne n'a pas un sou...

— Qu'en voulez-vous conclure ?

— Que ce mariage, monsieur, est une mauvaise affaire...

— Excellente logique, à coup sûr, maître Sauvageon — répondit Roland d'un air convaincu — mais que voulez-vous ?.. — l'amour fait faire des folies !

Lascars laissa Sauvageon à Bougival, prit place dans la voiture publique et arriva à Paris au moment où la nuit succédait au crépuscule.

Un fiacre le conduisit rue des Vieilles-Etuves, à la porte de l'huissier chargé de le poursuivre l'épée dans les reins, à la requête de ses principaux créanciers. — Cet huissier se nommait Ledru. — Il habitait une de ces sombres et hideuses maisons, si communes jadis, et complétement introuvables aujourd'hui, grâce aux gigantesques travaux qui font de Paris la plus belle ville du monde entier.

Une allée noire et puante conduisait à un escalier en colimaçon, dont les marches disjointes tremblaient sous les pieds.

Lascars mit en branle un marteau de fer, remplaçant la sonnette au premier étage.

La porte lui fut ouverte par une servante laide, sale, et de méchante humeur.

— A qui en avez-vous ? — demanda cette fille.

— A maître Ledru — répondit-il.

— Il est plus de sept heures, l'étude est fermée et les clercs sont partis...

— Ceci m'est parfaitement égal... — c'est à maître Ledru lui-même que je veux parler...

— Est-ce pour affaires ?..

— Oui, pour affaires très-pressées et très-importantes...

— Mon maître ne reçoit personne après la fermeture de l'étude...

— Il faut cependant qu'il me reçoive... — et je compte sur vous pour l'y décider... — ajouta Lascars en mettant un écu dans la grosse patte de la servante...

Le mythologique gâteau de miel de Cerberus est et sera de tous les temps !

La fille maussade fit la révérence et dit d'une voix singulièrement adoucie :

— Puisque c'est important, entrez toujours... — monsieur grognera si ça lui plaît... — Je vais le prévenir qu'il faut qu'il vous parle...

Et elle introduisit Lascars dans un cabinet noir et sordide, après lui avoir fait traverser une grande pièce qui servait d'étude.

Au bout d'un instant l'huissier parut. — C'était un homme entre deux âges, de mine joviale, parfaitement

17.

chauve, ne portant point perruque, adorant la gaudriole et fanatique du vieux vin de Bourgogne.

Du premier coup-d'œil il reconnut en son visiteur un homme de la haute classe, il salua fort humblement et il demanda :

— A qui ai-je l'honneur de parler ?

— Monsieur Ledru — répondit Roland en souriant — vous me connaissez bien... vous me connaissez bien trop...

— Il me semble cependant... — commença l'huissier.

— Que ne vous m'avez jamais vu... — acheva le visiteur — ceci est parfaitement vrai, ce qui n'empêche pas que nous avons eu ensemble de nombreux rapports. Je suis le baron de Lascars...

L'huissier s'inclina jusqu'à terre.

— Ah ! — répliqua-t-il ensuite — quel honneur pour moi que la présence de monsieur le baron dans ma modeste étude ! — J'ai envoyé, il est vrai, du papier timbré à monsieur le baron, beaucoup de papier timbré... énormément de papier timbré... mais sous enveloppe, toujours sous enveloppe... — Je sais vivre et ne me serais point permis de manquer au respect que je dois... — J'ai là le dossier... — toutes les pièces de la procédure, sauf celles qui sont aux mains des recors chargés de procéder à l'arrestation de monsieur le baron...

— Mon dossier ! — dit Lascars. — Peste ! il doit être volumineux !

— Magnifique, monsieur le baron ! magnifique ! — la gloire de mon étude ! — les liasses remplissent plus de quatre sacs (1) !

— En vérité !

— C'est comme j'ai l'honneur de le dire à monsieur le baron... — Aussi j'en suis fier, et mes confrères en sont jaloux !

(1) Au dix-huitième siècle, les *cartons* n'avaient pas encore remplacé les *sacs* dans les études des notaires, de procureurs et d'huissiers.

— Monsieur Ledru — demanda Roland — devinez-vous le motif de ma visite ?

— Peut-être monsieur le baron vient-il retirer les titres...

— Je viens du moins m'arranger...

— En fait d'arrangements, je n'en connais qu'un auquel les créanciers de monsieur le baron donneront les mains...

— Quel est-il ?

— Un payement complet, intégral, en bonnes espèces sonnantes et ayant cours.

— Allons, allons, monsieur Ledru, mes créanciers ne sont pas si tigres que vous les faites...

— Ils sont intraitables ! — ils prétendent que monsieur le baron s'est moqué d'eux...

— Eh bien ! quand cela serait ?

— Certes, monsieur le baron était dans son droit...

— Alors de quoi se plaignent-ils ?

— De rien... Seulement ils disent que leur droit, à eux, est de mettre en prison monsieur le baron, et qu'ils en useront...

— Je vais vous prouver que leur intérêt est de n'en rien faire, et je vous demande un peu d'attention...

— La mienne est d'avance acquise à monsieur le baron...

— La question est simple — commença Lascars — il s'agit, pour mes créanciers, de tout perdre, ou de toucher tout... — Depuis que j'ai quitté Paris, j'ai échappé facilement aux recherches dont j'étais l'objet, j'y pourrais échapper de même éternellement, et si je viens aujourd'hui chez vous, c'est que j'ai besoin de ma complète liberté d'action dans Paris pendant un mois, pour terminer un mariage qui doit me donner des millions... — signez-moi donc un sauf-conduit bien en règle, qui me mette à l'abri des recors, et je prends vis-à-vis de vous l'engagement formel de payer entre vos mains, dans un délai de six semaines et intégralement, le capital, les intérêts et les frais des sommes dont vous avez poursuivi le recouvrement...

Monsieur Ledru secoua la tête.

— Impossible ! — dit-il.

— Pourquoi ?

— Monsieur le baron me parle d'une véritable transaction et je ne puis prendre sur moi de l'accepter, sans en avoir conféré, au préalable, avec les créanciers de monsieur le baron.

— Refuseraient-ils donc d'approuver ce que je vous demande ?

— J'en suis convaincu...

— Ils auraient tort...

— Je ne dis pas le contraire, mais s'il leur convient d'avoir tort, personne ne peut les empêcher...

— Dans ce cas, monsieur Ledru, comme il me faut renoncer au mariage, par conséquent aux millions, et comme je tiens à ma tranquillité personnelle et surtout à ma liberté, je vais quitter Paris dans une heure, et la France dans deux jours...

— Mes vœux les plus sincères accompagneront monsieur le baron dans son voyage...

— Au revoir, monsieur Ledru, ou plutôt adieu... — Mille pardons de vous avoir inutilement dérangé ce soir...

— Ah ! par exemple ! — C'est moi qui suis trop heureux d'avoir eu l'honneur d'entretenir monsieur le baron...

Roland prit son chapeau, salua légèrement, se dirigea vers la porte et fit ce qu'en termes de théâtre on appelle une *fausse-sortie*, c'est-à-dire qu'au moment d'atteindre le seuil il s'arrêta et se retourna.

— Monsieur Ledru... — dit-il.

— Monsieur le baron ?..

— Peut-être ne croyez-vous pas que mon intention de payer intégralement mes créanciers dans six semaines soit bien sérieuse ?

— Je crois, au contraire, de toutes mes forces, à la bonne volonté de monsieur le baron... — répliqua l'huissier.

— Mais vous doutez qu'il me soit possible de tenir ma promesse à l'époque inndiquée ?.. — reprit Lascars.

— Eh! eh! il pourrait bien y avoir quelque petite chose comme cela...

— Si je vous donnais des preuves sans réplique que vous vous trompez ?

— Il est certain que des preuves suffisantes pourraient modifier la situation... — mais il faudrait que ma responsabilité me semblât bien clairement et bien complétement mise à l'abri...

— Monsieur Ledru, vous savez à merveille que je n'ai point l'habitude de jeter l'argent par les fenêtres, n'est-il pas vrai ?

— Surtout quand il doit tomber dans la poche des créanciers de monsieur le baron... — répondit l'huissier en riant.

— Quels honoraires devez-vous toucher s'il vous plaît, pour vos peines et soins — (je ne parle pas des frais) — lorsque vous m'aurez fait mettre en prison ?..

— Environ quinze cents livres...

Lascars prit dans son portefeuille plusieurs billets de banque et les tendit à maître Ledru, en lui disant :

— En voici trois mille...

— Qu'est-ce que cela, monsieur le baron ?..

— Un faible supplément d'honoraires que je vous prie de recevoir pour l'amour de moi, en échange du sauf-conduit que je réclame... — Ces trois mille livres doivent vous prouver jusqu'à l'évidence que je suis sûr de mon fait, et qu'à l'heure dite mes créanciers seront payés.

L'huissier réfléchit pendant une minute. — Le raisonnement qu'il venait d'entendre ne lui semblait, à vrai dire, rien moins qu'inattaquable, mais les trois mille livres exerçaient sur lui une très-puissante attraction.

Il se décida tout à coup, et, faisant disparaître les billets de banque dans un tiroir de son bureau, il répondit :

— Ah! ma foi, impossible de résister à monsieur le baron !.. — Je crois servir les intérêts qui me sont confiés, en rendant à monsieur le baron, pendant un laps de six semaines, une complète liberté d'action, mais qu'il soit exact, car, le lendemain du dernier jour de la dernière semaine, les recors rentreraient en chasse...

— Je leur éviterai cette peine...

Maître Ledru griffonna quelques lignes sur une feuille de papier timbré, et présenta cette feuille à Lascars.

— Voilà le sauf-conduit... — dit-il — monsieur le baron peut l'examiner... il est en règle...

Lascars se convainquit qu'en effet la signature de l'huissier le mettait temporairement à l'abri de toute arrestation, puis il quitta l'étude, la tête haute, l'esprit en repos, en un mot prodigieusement satisfait de la transaction qu'il venait de conclure, et des six semaines de liberté qu'elle lui procurait.

XLVI

DANS LEQUEL IL EST PROUVÉ QU'UN MOUTON PEUT PARFOIS MANGER UN LOUP

Lascars remonta dans le fiacre qui l'avait amené rue des Vieilles-Etuves, et se fit conduire rue des Bons-Enfants, à deux pas du vieil hôtel dans lequel le chevalier de La Morlière occupait un appartement modeste.

Il ne se flattait pas le moins du monde de l'espoir de trouver le chevalier chez lui à une telle heure de la soirée ; il se proposait seulement de lui faire annoncer sa visite pour le lendemain matin, afin d'avoir la certitude de le rencontrer.

A son grand étonnement, le concierge, qu'il questionna, lui apprit que monsieur de La Morlière était rentré dans l'après-midi, et qu'on ne l'avait pas vu ressortir.

Lascars s'engagea dans l'escalier, agita la sonnette du troisième étage et le valet Champagne lui vint ouvrir aussitôt :

— Monsieur de La Morlière ? demanda Roland.

— Mon maître ne reçoit pas... répondit Champagne.

— Je n'insisterai pas pour être reçu si ma visite est importune en ce moment, mais je vous prie d'aller dire au chevalier que c'est le baron de Lascars qui désire le voir...

Le valet quitta l'antichambre pour s'acquitter de ce message, et Roland entendit presque aussitôt, à travers un cloison la voix de La Morlière qui disait :

— Fais bien vite entrer monsieur le baron, et n'oublie pas que pour lui j'y suis toujours, même lorsque je t'ai donné la consigne de ne recevoir personne...

En même temps une porte s'ouvrit brusquement, le chevalier lui-même apparut et vint donner à son visiteu une chaleureuse embrassade ; en s'écriant :

— Ah! mordieu, cher baron, quel bon vent vous amène!.. — soyez le bienvenu, dix fois et dix fois encore!.. — votre visite me rend le plus heureux des hommes!..

— Cet accueil cordial me comble de joie!.. répliqua Lascars.

Puis, remarquant que La Morlière tenait une serviette à la main, il ajouta :

— Mais je vous dérange...

— En aucune façon!.. plaisantez-vous? est-ce que vous pouvez me déranger.

— Vous étiez à table...

— C'est vrai... — je soupais... — mais j'avais fini...

— Je veux m'en assurer par mes propres yeux...

— Cher baron, je vous assure...

— Je n'écoute rien... — répliqua Lascars en riant — passons dans la salle à manger, sinon je quitte la place et vous laisse achever votre souper tout seul...

La Morlière fit une grimace et son visage exprima une assez forte dose de contrariété.

Il céda cependant de bonne grâce et il répondit :

— Venez donc, puisque vous le voulez absolument, mais je vous préviens que vous allez voir un bien triste repas...

— Allons, allons!.. je n'en crois rien, chevalier, — répliqua Roland — car je vous sais connaisseur en bonne chère et épris de toutes vos aises.

En achevant ces mots, Lascars entrait avec son hôte dans la salle à manger. — Il fut stupéfait de voir à quel point La Morlière avait dit vrai en parlant de *triste repas*.

La mèche fumeuse d'une chandelle de suif, placée dans un chandelier de cuivre oxidé, éclairait mal la petite table carrée sur laquelle se voyaient, en tout et pour tout, un petit morceau de viande froide dans un plat de terre commune, un angle de fromage de Brie et des noix.

Deux couverts d'étain tenaient lieu d'argenterie.

Une grosse bouteille de verre blanc était à demi pleine d'un vin grossier de Suresnes ou d'Argenteuil, — un de ces vins bleuâtres et acidulés qui tachent la nappe et écorchent le gosier.

La Morlière s'aperçut à l'instant même de la surprise que Lascars ne pouvait dissimuler tout à fait.

Il rougit légèrement, mais il prit sur lui-même et il demanda d'un ton leste et dégagé :

— Eh bien, cher baron, que dites-vous de mon menu ?...

— Ce que j'en dis ?.. hum !.. hum !..

— Oh ! baron, parlez franchement et ne cherchez pas de périphrases...

— J'avoue qu'il me semble frugal... — mais, après tout, il est suffisant, et je regarde la sobriété comme une vertu d'autant plus méritante qu'elle est plus rare...

Le chevalier se mit à rire de bon cœur.

— Ah ! saperjeu, baron — s'écria-t-il, où diable allez-vous chercher cet éloge non moins superbe qu'inattendu ?..

— Changez de langage, je vous prie !.. n'attribuez cet infernal repas ni à une vertu, ni à un vice, ni à la frugalité, ni à la ladrerie... — je soupe ainsi ce soir, parce que je ne puis faire autrement, voilà la vraie raison !.. mon unique maître d'hôtel est la nécessité...

— La nécessité !.. répéta Lascars.
— Mon Dieu, oui...
— Je vous comprends mal, — je l'avoue.
— Je vais me faire comprendre... — répliqua La Morlière en frappant sur ses poches.
— Qu'entendez-vous ?.. — ajouta-t-il...
— Rien — répondit le baron.
— Naturellement, puisqu'il n'y a rien !.. les poches sont vides !.. — la bourse est vide !.. — tout est vide... même l'estomac ! — est-ce clair. maintenant, cher baron ?..
— Moins que jamais...
— Ne comprenez-vous point que, pour le quart-d'heure, je ne possède plus un sou ?..
— Je l'entends bien, mais je ne le comprends guère... — je vous ai laissé, il y a trois jours, à la tête de trente mille livres ! . — c'est une somme, cela, que diable !..
— Oh ! oui... — murmura La Morlière en soupirant — c'est une somme !.. — une jolie somme !.. — je ne l'ai jamais reconnu plus volontiers qu'aujourd'hui.
— Si j'ai bonne mémoire — continua Lascars — ces trente mille livres devaient fructifier rapidement entre vos mains, et devenir, avant six mois, la pierre angulaire de votre fortune...
— Hélas !.. — balbutia le chevalier — la vie est pleine de ces rêves !.. — plus ils sont beaux, — plus ils s'évaporent vite !.
Le baron sourit.
— Il me paraît — continua-t-il — que les trente mille livres ont fait comme les rêves... — elles se sont évaporées...
La Morlière enfla comiquement ses joues et fit le geste des enfants qui soufflent sur une bulle de savon.
— Enfin, voyons — demanda Lascars, que vous est-il arrivé ?.. — avez-vous été victime d'un vol ?..
— Vous désirez connaître les détails de mon infortune ?

— Oui... — si toutefois ce désir n'est pas indiscret...

— Il ne l'est pas le moins du monde... — seulement, oulez-vous me permettre de me mettre à table tout en acontant?.. je vous avoue que je meurs de faim...

— Gardez-vous bien de vous gêner pour moi, mon cher hevalier, je ne le vous pardonnerais de ma vie...

— Baron, avez-vous déjà soupé ?..

— Pas encore...

— Tant pis !..

— Pourquoi ?

— Parce que mes raisons pour ne vous point inviter à partager mon festin ne sont hélas, que trop bonnes...

— Ah ! ça, s'écria Lascars — vous m'y faites penser !.. où donc avais-je la tête ?.. vous ne m'invitez pas, c'est à merveille, mais moi, je vous invite...

— Vraiment ? — Eh bien, ma foi, j'accepte de grand cœur... — Champagne s'arrangera de ces tristes rogatons...
— ce sera toujours assez bon pour ce drôle !.. — le temps de prendre mon chapeau et mon épée, et je suis à vous...

— Mon cher chevalier, répliqua Lascars, nous resterons chez vous, s'il vous plaît... — j'ai à vous parler de choses sérieuses et intéressantes... — nous serons beaucoup mieux ici qu'au cabaret pour cette causerie tout à fait intime...

— C'est au mieux... — seulement, pour souper, il nous manque un souper...

— Nous l'aurons dans dix minutes...

Lascars mit une pincée de pièces d'or dans la main de La Morlière et continua :

— Donnez des ordres à votre valet... — la rue des Bonsnfants touche au Palais-Royal, et le Palais-Royal est amplement pourvu de cuisines exquises... — si Champagne est alerte et intelligent nous pouvons dans un quart-d'heure, être attablés devant des mets choisis et des vieux vins de remier ordre...

— Soyez paisible, baron, le souper sera digne de vous... répondit le chevalier en quittant la salle à manger.

Il y reparut au bout d'un instant.

— Champagne est en route... — fit-il, et grâce à vous Lucullus soupera chez Lucullus...

— En attendant le retour de votre valet, demanda Roland, ne pouvez-vous commencer le récit en question?..

— Si, mordieu!.. et peu de mots me suffiront pour vous mettre au fait de ma mésaventure... — voici l'histoire : — on m'avait parlé d'un jeune hobereau, fraîchement débarqué de sa province avec l'héritage paternel en poche, grand joueur, sinon joueur habile, et tout disposé à perdre ses quatre ou cinq mille louis contre quiconque aurait la ferme volonté de les lui gagner, et saurait venir en aide au hasard...

— Jolie affaire!.. — murmura Roland.

— C'est aussi ce que je me dis... — continua La Morlière — et je résolus de ne confier à personne l'agréable passe-temps de soulager de sa pléthore la bourse de ce cadet.

— Excellente idée!..

— Vous allez voir quel en fut le résultat!.. — j'ai pour principe qu'il ne faut jamais remettre au lendemain ce qui peut se faire sur-le-champ... En conséquence, le gentillâtre provincial et moi, nous fûmes, hier, présentés l'un à l'autre, et nous prîmes rendez-vous pour le soir même... — Je glissai dans ma poche un jeu de cartes habilement préparé, je me munis des trente mille livres intactes, car, dans ma frayeur de les écorner, je n'avais pas même voulu payer à mon valet l'arriéré de ses gages, j'arrivai tout joyeux au rendez-vous, je commençai la partie avec la plus ferme confiance, et conformément aux bons principes, j'eus grand soin de débuter par des pertes qui devaient mettre mon adversaire en liesse et grandir encore la très-haute idée qu'il avait de son mérite...

— Je n'aurais pas mieux fait!.. interrompit Lascars.

— Baron, j'ai pour moi ma conscience, continua le chevalier — malheureusement je n'ai que cela!.. — je me dis : — *la chance tournera quand je voudrai!..* le moment [vint] où je voulus... — Hélas!.. la chance ne tourna pas!..

je crus à une distraction de ma part, à une erreur, à [u]ne maladresse, car enfin je jouais avec mes propres cartes [e]t, par conséquent, j'étais certain de dominer irrésistible[m]ent la fortune!.. — je doublai mon jeu!.. — je perdis [e]ncore!.. je m'entêtai!.. je perdis toujours, et je ne m'arrêtai dans ma perte que lorsqu'il ne me resta plus un sou [d]es trente mille livres de Bonamy.

La Morlière s'interrompit brusquement.

— Ah! baron!.. — baron!.. — s'écria-t-il d'un ton de reproche — vous riez de mon malheur!.. c'est très[m]al!..

— Excusez-moi, mon cher chevalier — répliqua Lascars — en vérité, je ris malgré moi, car la situation est plaisante, et Florent-Carton Dancourt y pourrait trouver le sujet d'une bonne scène de comédie!.. — vous aviez rencontré plus adroit que vous, le mouton dévorait le loup!.. le pigeon plumait l'autour!..

— C'est vous qui l'avez dit! murmura mélancoliquement La Morlière — mon prétendu cadet de province était un *professeur de langue verte*, fort capable de vous tenir tête à vous-même!.. il m'avait volé comme dans un bois!..

— Que fites-vous?

— Je pris mal la chose et je l'appelai filou!..

— Le mot était dur, convenez-en... que fit-il?..

— Il me rit au nez...

— Ah! diable!..

— Se moquer de moi, après m'avoir ainsi dépouillé, cela dépassait toutes les bornes!.. je lui jetai les cartes au visage... il me répondit par un soufflet.

— Un soufflet, chevalier!..

— Mon Dieu, oui...

— Mais alors, il faudra vous couper la gorge avec cet intrigant !..

— C'est fait...

— Vous vous êtes battu ?

— Oui.

— Quand ?

— Ce matin, derrière la Bastille.

— Et vous l'avez tué ?

— J'ai fait, du moins, ce qu'il fallait pour cela... — je lui ai donné, tout au travers de l'épaule, un très-grand coup d'épée... — s'il en revient, ce dont je doute, — il en aura pour six mois au moins..

— Eh bien, chevalier — reprit Lascars en riant — vous êtes vengé... — c'est toujours cela... — *la vengeance — est le plaisir des dieux !..*

— Plaisir des dieux, tant que vous voudrez !.. j'aimerais mieux mes trente mille livres...

— Il n'y faut plus penser...

— C'est bien facile à dire !..

— Un peu de philosophie, — que diable !..

— Je voudrais vous voir à ma place...

— Grand merci !.. — fit Lascars en riant.

— Songez donc ! — reprit La Morlière, hier encore je me croyais riche ; je rêvais des trésors inépuisables, des monceaux d'or, des ballots de billets de banque, et aujourd'hui je suis à sec, si complètement à sec que sans vous, c'est tout au plus si j'aurais soupé !.. — Parole d'honneur, cher baron, le découragement s'empare de moi, l'avenir m'apparaît noir comme de l'encre et j'ai presque envie de me casser un peu la tête contre les murs, faute de mieux...

— Gardez-vous bien de vous passer une si maussade fantaisie, mon cher chevalier ! répliqua Roland — vous êtes un enfant de vous désespérer pour si peu !.. le mal est réparable...

— Croyez-vous ?

— Je fais mieux que le croire... j'en suis sûr...
— Et qui se chargera de le réparer, s'il vous plaît?..
— Moi.

La Morlière dressa l'oreille, comme un cheval de bataille quand la trompette sonne, et son visage assombri reprit l'expression de joyeuse insouciance qui lui était habituelle.

— Vrai? — demanda-t-il, vous me tirerez de cet impasse?..

— Foi de Lascars, — je vous en tirerai...

— Vous me donnerez l'argent nécessaire pour me remettre à flot?..

— Oui.

— Et vous agirez ainsi uniquement pour m'être agréable?..

Le baron se mit à rire.

— Ah! chevalier — répliqua-t-il — je n'ai pas dit un mot de cela, et, si même je l'avais dit, vous êtes trop spirituel pour le croire...

— C'est juste — murmura La Morlière — nous sommes tous les deux d'un monde dont la devise est : — *rien pour rien* !..

— Sage devise!.. appuya Lascars. La vôtre comme la mienne, sans doute...

— Vous avez donc besoin de moi? — reprit le jeune homme.

— Peut-être...

— En quoi puis-je vous servir?..

— Vous le saurez tout à l'heure...

— Pourquoi pas tout de suite?..

— Parce que nous serions interrompus, j'entends votre valet qui rentre, et il me semble qu'il n'est pas seul...

En effet la porte s'ouvrit et Champagne apparut escorté de deux marmitons dont l'un portait sur sa tête une grande manne recouverte d'une nappe blanche, et dont l'autre tenait à son bras un panier rempli de bouteilles de l'aspect l plus vénérable.

Un instant après, plats et bouteilles étaient disposés en bon ordre sur la table, les marmitons s'éloignaient, et Champagne, armé d'une serviette, se disposait à faire son office de valet de chambre.

XLVII

LE MARCHÉ DU SANG.

Lascars fit à La Morlière un signe que ce dernier comprit à merveille.

Il se tourna vers Champagne et il lui dit :

— Monsieur le baron et moi nous n'avons donc pas besoin de toi... — voici un louis, à compte sur tes gages... tu peux disposer de ta soirée... — vas souper où tu voudras, et, en passant, donne l'ordre au concierge de ne laisser monter personne...

Champagne, ravi de cette aubaine imprévue, saisit la pièce d'or, salua son maître et l'hôte de son maître et disparut avec prestesse.

— Nous voici seuls — fit alors La Morlière — et nous avons la certitude de n'être dérangés par qui que ce soit...
— Causons donc en toute liberté, cher baron... — j'attends avec une vive impatience, je l'avoue, les communications que vous m'avez promises, et dont je ne saurais deviner la nature.

— Chevalier — commença Lascars — vous êtes jeune... quel âge avez-vous ?

— Cela dépend.

— Vous dites ?..

— Je dis que mon acte de naissance me donne vingt-deux ans, mais que j'ai deux fois plus si c'est l'expérience qui fait l'âge. Pourquoi me demandez-vous cela ?

— Parce que j'ai besoin de trouver chez vous une discrétion absolue qui s'allie rarement avec la jeunesse.

— Dans ce cas je suis un vieillard... — Confiez-moi donc hardiment vos secrets... je vous jure que rien au monde ne me les fera trahir...

— Oh! je ne redoute point une trahison, mon cher chevalier... je pourrais craindre une légèreté, voilà tout.

— Vous n'avez rien à craindre, je vous le répète, ni légèreté, ni trahison....

— J'aurai d'ailleurs une garantie contre vous.

— Laquelle ?

— Votre intérêt qui vous commandera très-impérieusement de vous taire... — Je vais donc aller droit au but... — Connaissez-vous certain personnage qui s'appelle, ou plutôt qui se fait appeler Philippe de la Boisière ?

Le chevalier eut un sourire aux lèvres.

— Oui, répondit-il, je le connais... je le connais même beaucoup.

— Vous êtes en relations avec lui ?

— En relations presque quotidiennes...

— Par quel hasard ?

— Mon Dieu, ce n'est pas un hasard... le vieux La Boisière, dont le vrai nom est Philippe Talbot, protège mademoiselle Hermine, charmante coryphée de l'Opéra... Comprenez-vous maintenant ?

— Pas encore.

La Morlière sourit de nouveau, avec une fatuité suprême.

— Puisqu'il faut mettre les *points* sur les *i*, cher baron, — ajouta-t-il en défripant d'une main nonchalante les plis de son jabot — je vous dirai que mademoiselle Hermine a des bontés pour moi... — elle a voulu me présenter à son antique adorateur et nous vivons tous trois en bonne intelligence... — Hermine est de bonne famille... — Elle affirme à Talbot que je suis son cousin, et je vous assure qu'il le croit.

— Voilà qui se trouve à merveille !.. — vous devez faire la pluie et le beau temps dans cette maison.

— A peu près ; — oui, par ricochet... mon influence sur Hermine est grande, et celle d'Hermine sur La Boisière est absolue.

— Vous êtes en mesure de me présenter ?

— Très-bien... — je vous mènerai chez Hermine qui vous présentera... — mais que diable voulez-vous faire du vieux Talbot ?

— Je veux devenir son ami intime, afin de pouvoir, dans quinze jours, lui servir de témoin.

— De témoin !... — répéta le chevalier fort étonné — est-ce que, par hasard, le bonhomme songe au mariage ?... Hermine l'ignore absolument, et c'est la première fois que j'en entends parler.

— Philippe de La Boisière ne doit point se marier, — répondit Roland — il doit se battre.

— Peste ! quel batailleur ! un duel à son âge ! c'est superbe ! et, contre qui croisera-t-il le fer ?

— Contre vous.

Le chevalier fit un bond sur sa chaise, et son visage exprima la surprise la plus profonde.

— Ah! par ma foi — s'écria-t-il ensuite je tombe de mon haut !... — une rencontre entre Philippe Talbot et moi! je ne sais si je dors ou si je rêve... mais, le prétexte !.. le prétexte ?

— Nous en trouverons un... — Je me charge de faire naître une querelle quand il sera temps.

— Vous avez sans doute des raisons bien graves d'en vouloir à ce pauvre homme ? je dis *pauvre*, au figuré, car il est puissamment riche.

— J'ai toujours de bonnes raisons pour faire ce que je fais... — répliqua sèchement Lascars.

— C'est juste, et je me mêle là d'une chose qui ne me regarde pas... — Faudra-t-il donner à Philippe Talbot un coup d'épée bien grave ?

— Il faudra le tuer raide.

La Morlière pâlit et fit un geste de répugnance et d'effroi.

— Ah ! ça, mon cher chevalier — continua Lascars d'un ton ironique — on croirait presque que vous hésitez.

— Ma foi, baron, moquez-vous de moi si vous voulez, mais je vous avoue franchement que, tuer un homme qui ne m'a rien fait, ça me paraît un peu bien dur.

— Que vous avait donc fait votre adversaire de ce matin ?

— Vous oubliez les trente mille livres ; et le soufflet !... quiconque me prend pour dupe m'insulte !... — mon adversaire de ce matin m'avait donc insulté deux fois ?

— Oh ! soyez tranquille, Philippe Talbot vous insultera...
— il vous insultera gravement... — il vous souffletera même, je vous le promets, si vous y tenez le moins du monde...

— Soit, mais enfin la querelle que vous susciterez entre nous aura pour but unique de l'attirer dans un duel d'où il ne sortira pas vivant.

— Que vous importe ?

— Songez donc !... c'est un vieillard !... il me semblera que je l'assassine...

— Vous êtes fou, chevalier !... est-ce qu'on assassine un homme quand on se rencontre avec lui face à face, épée contre épée ?

La Morlière ne répondit pas. Lascars reprit :

— Réfléchissez, d'ailleurs, mon cher... je n'ai ni le désir, ni le pouvoir de vous contraindre... — S'il ne vous convient pas de me rendre le service que j'attendais de vous, vous êtes libre... Seulement j'ai le droit de compter sur votre discrétion, et j'y compte... — je me passerai de vous, chevalier, de même que vous vous passerez de moi, et nous resterons bons amis...

— Que diable, baron? — s'écria La Morlière, — ne vous hâtez pas tant de prendre la mouche!... — il y a peut-être moyen de s'entendre.

— Entendons-nous, je ne demande pas mieux.

— Ne pourriez-vous, dites-moi, vous contenter d'un coup d'épée de moyenne force?

— Non.

— Il faut absolument que mort s'en suive?

— Oui.

— Tudieu! quel acharnement!... Vous vous intéressez donc beaucoup aux héritiers de Philippe Talbot?

— Peut-être...

— Si j'avais consenti à vous vendre le coup d'épée dont vous avez besoin, combien comptiez-vous me le payer?

— A quoi bon vous le dire, puisque vous refusez?

— Dites toujours... — Cela n'engage à rien.

— Soit. J'avais l'intention de vous donner trois mille livres à l'instant même, à titre d'arrhes, trois mille livres au moment de ma présentation à Philippe de la Boisière — six mille livres à l'issu du duel et huit mille livres un mois, jour pour jour, après les obsèques du défunt.

— Total, vingt mille livres, si je sais compter, fit le chevalier.

— Vous comptez à merveille, et, pour un simple coup d'épée, je crois que la somme est ronde.

— Ecoutez — dit La Morlière après avoir réfléchi pendant un instant — je sens que je suis un gredin et que je fais une vilaine action, mais la nécessité l'emporte... mettez quatre mille livres de plus, et je suis votre homme.

— Va pour quatre mille livres de plus. J'augmenterai de mille livres chacun des payements... sommes-nous d'accord.

— Oui.

— Alors, touchez là !

La main de Lascars et celle du chevalier, se rencontrèrent, et leur étreinte infâme fut la consécration du marché de sang que les deux misérables venaient de conclure.

— Maintenant, dit La Morlière, donnez les arrhes.

— Les voici...

Roland laissa tomber sur la table quatre billets de banque ; — le chevalier les saisit avidement.

— Oiseaux mignons — murmura-t-il en les caressant du regard — s'il plaît au diable, vous vous envolerez moins vite que ceux qui vous ont précédés !...

— Quand me présenterez-vous à mademoiselle Hermine ? demanda Lascars.

— Dès demain, et vous pouvez compter que le soir même, si l'Opéra ne retient point la belle, nous souperons chez le vieux Talbot.

— Est-ce que Philippe tient table ouverte ?

— A peu près... il a du monde presque chaque jour... il passe les nuits comme un jeune homme... C'est un personnage très-bizarre et, par moments je le crois un peu fou...

— Pourquoi donc ?

— Parce qu'au milieu de cette société bruyante de joyeux garçons et de jolies femmes dont il aime à s'entourer, il conserve toujours une figure sombre et distraite qui glace rien qu'à la regarder. Il boit comme un mousquetaire et ne semble pas même ému quand ses convives les plus solides sont gris à rouler sous la table, il joue un jeu d'enfer en ayant l'air de penser à autre chose qu'aux cartes qui tombent... il gagne sans sourire et perd sans jurer !... Enfin je lui trouve la physionomie d'un homme qui veut s'étourdir et qui ne peut en venir à bout... Peut-être a-t-il commis un crime autrefois et lutte-t-il contre le remords.

— Ce remords contre lequel il lutte — se dit Lascars à lui-même — c'est le souvenir de son frère !...

XLVIII

HERMINE ET CYDALISE.

Le lendemain — ainsi que cela avait été convenu la veille au soir — le chevalier attendit Roland pour le conduire chez mademoiselle Hermine, son amie de cœur et la protégée de Philippe Talbot.

Le baron de Lascars, en homme jaloux de continuer les courtoises et magnifiques traditions du commencement du siècle, voulut offrir à la jeune et jolie déesse d'opéra un bouquet d'une rare beauté, auquel un bracelet merveilleusement élégant servait de lien.

— Mordieu, baron! — s'écria La Morlière, au moment ù Roland, muni de son bouquet, arriva chez lui pour le rendre, savez-vous que vous me mettez martel et tête! — iseriez-vous, par hasard, à m'enlever le cœur d'Hermine?..

— Rassurez-vous, chevalier — répliqua Lascars en riant je ne saurais être pour vous un rival redoutable, et n'en i pas l'ambition... — mademoiselle Hermine m'est tout à ait inconnue et je suis moi-même pris ailleurs...

— A la bonne heure! de cette façon, tout est pour le ieux? — nous partirons quand il vous plaira.

Le baron et le chevalier se mirent en route.

Mademoiselle Hermine était une ravissante fille de dix-huit ⬤ — Elle accueillit Lascars à merveille, sous le patronage du chevalier ; — elle trouva le bouquet charmant, et l'idée du bracelet tout à fait galante ; enfin elle invita les deux gentilshommes à venir souper le soir même, en nombreuse compagnie, à l'hôtel de la rue Culture-Sainte-Catherine.

— Mais — fit observer le baron — je n'ai pas le plaisir d'être personnellement connu de monsieur de La Boisière...

— Qu'importe ? — répondit Hermine — tous mes amis sont les amis de Philippe, et à partir de ce moment, je vous donne une place dans mon amitié...

Le soir venu, Lascars, qui s'était occupé pendant le jour du soin de renouveler complètement sa garde robe, fit une toilette luxueuse, de nature à rehausser ses avantages extérieurs et la distinction dont il était amplement doué, et prit le chemin de l'hôtel de Philippe Talbot.

Une demi-douzaine de carrosses stationnaient déjà dans la vaste cour illuminée *à giorno*.

Quatre ou cinq valets de pied en livrées de fantaisie garnissaient le vestibule et l'antichambre qu'embaumaient des fleurs éclatantes.

L'un de ces valets ouvrit à deux battants la porte du premier salon et annonça le baron de Lascars.

Mademoiselle Hermine accourut aussitôt à sa rencontre, avec une grâce et une vivacité sans pareilles ; — elle le prit par la main et le conduisit à Philippe Talbot presque méconnaissable sous un costume de nuances claires et brillantes, surchargé de broderies ; — le teint habituellement pâle du vieillard était fortement coloré ; — ses yeux presque toujours mornes offraient le plus vif éclat.

Lascars s'étonna d'abord de cette transformation, mais, à mesure qu'il s'approchait du maître de la maison son étonnement disparut, où du moins changea de nature... — le rajeunissement dont nous venons de parler n'était qu'apparent...

Philippe Talbot avait étendu sur ses joues une épaisse couche de rouge comme un acteur au moment d'entrer en scène.

— Mon ami — dit Hermine au vieillard, voici monsieur le baron de Lascars que je vous présente, et qui voudra bien, je l'espère, nous consacrer parfois quelques heures...

Roland s'inclina devant son hôte avec une respectueuse déférence.

— Monsieur le baron — dit à son tour Philippe Talbot, du ton plein de courtoisie et de dignité d'un véritable grand seigneur, je serai très-heureux et très-fier de vous voir devenir l'hôte assidu de mon hôtel...

— Je profiterai souvent, monsieur, de la permission gracieuse que vous voulez bien m'accorder... — répliqua Lascars avec un nouveau salut.

— Votre nom est trop illustre, monsieur le baron ; pour ne pas m'être connu depuis longtemps... — reprit le vieillard, j'ajouterai même que je me crois certain d'avoir eu l'honneur de vous rencontrer déjà plus d'une fois... — est-ce que je me trompe ?

— Non, monsieur, vos souvenirs sont exacts, et chacune de ces rencontres m'avait donné le désir le plus vif de vous être enfin présenté...

L'arrivée de plusieurs convives interrompit à son début l'entretien de Philippe Talbot et du baron.

Ce dernier jeta les yeux autour de lui afin de voir s'il se trouvait en pays de connaissance.

La première personne qu'il aperçut fut Cydalise qui, debout devant une grande glace, mettait en ordre les plis de sa longue jupe, et réparait dans sa coiffure un désordre imaginaire.

Lascars ne l'avait pas revue depuis la scène terrible et scandaleuse survenue entre lui et le marquis Tancrède d'Hérouville, scène dont l'hôtel de cette nymphe d'opéra, (qui donnait à jouer à tous les gentilshommes et à tous les brelandiers de Paris), avait été le théâtre.

Lascars fronça le sourcil et ne put réprimer un mouvement de violente contrariété.

— Voilà qui est tout à fait malencontreux! — pensa-t-il — cette créature peut me causer ici le plus grand préjudice si elle s'avise de raconter à Philippe Talbot ce qui s'est passé dans son tripot maudit! il faut me faire d'elle une alliée!... il le faut absolument!...

En conséquence il donna à son visage l'expression la plus bienveillante et la plus amicale, et il se dirigea vers la jeune femme.

— Quelle joie pour moi de vous rencontrer ici ce soir. chère divinité!... — s'écria-t-il en l'abordant — d'honneur, je pense à vous sans cesse! — tendez-moi donc bien vite cette jolie main blanche!... j'ai hâte de l'approcher de mes lèvres !...

Cydalise se retourna vivement pour regarder qui lui parlait ainsi. — Elle parut fort surprise et médiocrement ravie en reconnaissant Lascars, cependant elle n'osa refuser de lui tendre la main, mais elle le fit avec une hésitation visible et une mauvaise grâce manifeste.

Lascars s'attendait à la froideur de cet accueil, et nous savons déjà qu'il n'était point homme à se déconcerter pour si peu.

— Cette chère Cydalise! — continua-t-il, mais quelle heureuse chance est la mienne! vrai, je bénis à deux genoux mon étoile qui me met ainsi sur votre chemin!... laissez-moi donc vous regarder, vous admirer, ma déesse!... — ah! fille de Vénus, vous êtes bien comme votre mère, toujours plus jeune et plus charmante!...

— Baron — répliqua la jolie femme, d'une voix légèrement railleuse — si votre joie est extrême, je puis bien affirmer que ma surprise ne lui cède en rien...

— Pourquoi donc cette surprise, ma toute belle?

— Il y a des siècles qu'on ne vous a vu ! vous me faites un peu l'effet d'un revenant !...

— Méchante, vous m'aviez oublié !...

Vous savez le proverbe, baron : — *les absents ont tort* !.. — c'est surtout avec nous autres femmes que le proverbe est vrai...

— Pensiez-vous donc ne me revoir jamais ?...

— Est-ce la vérité qu'il faut vous répondre ?...

— Certes !...

— Eh ! bien, franchement, je vous croyais disparu si bien que vous ne reparaîtriez plus... — j'avais dit : — *un homme à la mer* !... — et je vous supposais noyé...

— Me regrettiez-vous, au moins ?... donniez-vous une larme à la mémoire du plus passionné de vos serviteurs ?...

— Il y a si longtemps !... — ma foi, je ne m'en souviens guère... — mais, à propos, baron, qu'êtes-vous devenu ?.. — mon Dieu, je vous demande cela... j'ai peut-être grand tort... mais, pour peu que ma question soit indiscrète, je m'empresse de la retirer...

— Indiscrète, chère Cydalise ! rien ne saurait l'être venant de vous ! — j'avais quitté Paris...

— Ah ! vous avez le goût des voyages ?...

— Je ne voyageais pas...

— Mais alors que faisiez-vous donc ?

— Une bonne œuvre...

— Vous, baron ! une bonne œuvre ! ah ! c'est invraisemblable !...

— Et, cependant, rien n'est plus vrai...

— Peut-on la connaître, cette bonne œuvre ?...

— Je servais de bâton de vieillesse à un mien oncle, fort respectable...

— Un oncle à succession ?...

— Naturellement.

— Et vous l'avez quitté, ce digne parent ?...

— Hélas !.. c'est lui qui m'a quitté le premier ! — il repose... — que Dieu ait son âme !..

— Et, l'héritage ?..

— L'héritage m'est échu...

— Mes compliments baron, car, s'il faut en croire les *on dit*, vous aviez grand besoin d'être remis à flot... — la somme est elle ronde au moins ?

— Elle est de trois millions... — répondit Lascars de l'air du monde le plus dégagé

— Trois millions ! répéta Cydalise en changeant de visage — vous avez trois millions ?...

— Mon Dieu, oui... — sauf une bagatelle... — j'avais laissé derrière moi cent mille écus de dettes, et je viens de les payer en arrivant, car j'arrive et je fais aujourd'hui ma rentrée dans le monde...

— Mais alors, vous voilà plus riche que vous ne l'avez jamais été !..

— Oh ! beaucoup plus riche, ma toute belle...

— Vous allez de nouveau mener grand train ?..

— Je ne suis revenu à Paris que pour cela...

— Vous jetterez, comme autrefois, l'argent par les fenêtres ?..

— Je le jetterai mieux qu'autrefois... — à quoi bon ménager ?.. — j'ai deux autres oncles en province... — quand ils seront mûrs j'irai les cueillir...

Cydalise saisit le bras de Lascars et le serra familièrement et surtout très-affectueusement.

— Ah ! cher baron — s'écria-t-elle ensuite avec une touchante effusion — je ne sais comment vous dire combien je suis ravie du bonheur qui vous arrive, ni de quelle façon vous témoigner ma joie et la part que je prends à cette heureuse chance que vous méritez si bien !..

— Cette bonne Cydalise ! — répliqua Lascars dont la physionomie mobile exprima l'émotion la plus vive — enfin je la retrouve ! — ah ! ma toute belle, sûr de vos sympathies comme je l'étais, je n'ai point été dupe de la petite comédie de froideur que vous m'avez jouée tout à l'heure ! —

je vous sais incapable d'abandonner jamais un ami malheureux !..

— Ah ! c'est bien vrai, baron, ce que vous dites-là ! — reprit la jeune femme — et vous me connaissez à merveille ! — je ne sais pas faire de phrases, moi ! — pour juger mon dévouement à mes amis, il faut le mettre à l'épreuve, et je vous ai prouvé le mien, plus d'une fois, à votre insu...

— De votre part, rien ne peut m'étonner ! apprenez-moi bien vite tout ce que je vous dois...

— Vous n'ignorez pas qu'en ce monde on a la cruelle habitude d'attaquer les absents...

— Je ne le sais que trop... surtout quand les absents sont ruinés, ou passent pour l'être...

— Lorsqu'on vous attaquait devant moi, il fallait m'entendre et me voir...

— Ange de bonté, vous preniez ma défense ?.. s'écria Lascars, en proie à un véritable transport d'enthousiasme.

— Je la prenais du bec et des ongles ! et je m'animais ! — la colère s'emparait de moi ! j'injuriais vos détracteurs avec une violence sans égale, si bien qu'ils me disaient parfois : — *pour soutenir ainsi le baron, envers et contre tous, il faut que vous soyez amoureuse de lui !..*

— Ils vous disaient cela, Cydalise ?..

— Textuellement...

— Et que répondiez-vous ?..

— Je ne répondais pas... — murmura la nymphe d'opéra en baissant les yeux d'un air modeste et presque confus.

Ce fut au tour de Lascars de presser doucement le bras de la jeune femme.

— Ah ! — fit-il ensuite d'une voix agitée — si j'osais comprendre ! si je ne craignais de céder trop vite à la plus charmante, à la plus enivrante des chimères ! Cydalise, Cy-

19

dalise, répondez-moi ! ce silence adorable, comment faut-il l'interpréter ?..

— Cher baron — soupira la nymphe avec des poses ingénues qu'elle croyait irrésistibles — vous êtes trop généreux pour abuser d'un trouble que je voudrais en vain vous cacher... — au nom du ciel, ne m'interrogez plus ..

— Vos désirs sont pour moi des ordres, oh ! ma divinité ! — répliqua Lascars — mais cet entretien qui m'enchante, j'irai le reprendre à vos pieds...

Et, tout bas, il ajouta :

— La comédie a réussi !.. — Cydalise est domptée ! — je n'ai plus rien à craindre !..

XLIX

PHILIPPE TALBOT.

Le baron de Lascars, au souper, fut placé à la droite de mademoiselle Hermine, et par conséquent presque en face de Philippe Talbot.

Pendant la plus grande partie du repas il observa le vieillard, et il fut frappé de la justesse des observations du chevalier de La Morlière à son sujet.

Il était impossible d'en douter, le vieillard cherchait dans l'orgie non pas le plaisir, mais l'oubli. — Il voulait s'étourdir et il n'y parvenait qu'à peine.

Un valet, debout derrière lui, versait dans son verre les vins les plus capiteux ; il vidait sans relâche ce verre incessamment rempli, et cependant nul symptôme d'ivresse n'apparaissait sur son visage, car aucun excès ne pouvait entamer cette nature de granit et d'acier, inébranlable et indestructible...

Après le souper, on joua.

Philippe Talbot gagna froidement quelques poignées d'or,

et, généreux comme Jupiter auprès de Danaé, il fit ruisseler ce brillant métal sur la robe rose de la blanche Hermine...

Lascars ne toucha pas une carte et se retira de bonne heure. — La présentation était faite, — il avait ses entrées dans la rue Culture-Sainte-Catherine, il pouvait compter sur l'obéissance aveugle de La Morlière, — il se sentait certain désormais de conduire jusqu'à son dénoûment terrible le drame préparé par lui...

Le lendemain Lascars quitta Paris pour quelques heures, non par la voiture publique de Saint-Germain, mais avec un carrosse de louage, qu'il laissa dans une auberge de Bougival et il se rendit pédestrement à la maisonnette du Bas-Prunet, portant un écrin rempli de bijoux, premier cadeau du fiancé à sa fiancée.

Il trouva Pauline, sinon triste, du moins rêveuse, mais la jeune fille se reprocha bien vite sa froideur involontaire et elle s'efforça de témoigner, en revoyant son mari futur, plus de joie qu'elle n'en éprouvait réellement.

— Chère Pauline — dit Roland à la jeune fille lorsque sa visite lui parut suffisamment prolongée — il me faut vous quitter encore !.. — plaignez-moi !.. — j'ai besoin de tout mon courage pour m'éloigner de vous ! mais je puise ma force dans la certitude que bientôt nous ne nous séparerons plus...

— Allez, mon ami... — répondit Pauline en tendant à son fiancé sa main charmante qu'il appuya contre ses lèvres — la séparation n'existe déjà plus entre nous, car, en votre absence, ma pensée est avec vous...

La pauvre enfant vivait loin du monde... elle ne savait point mentir, — elle ignorait le grand art des femmes, l'art de mettre les paroles et l'accent dans un accord parfait... — Ses lèvres seules venaient de parler ; — son cœur n'avait pas dicté sa réponse...

Pour un homme aussi profondément expérimenté que Lascars, la fausse note était manifeste...

— Allons — se dit-il en côtoyant la Seine dans la direction de Bougival — dût mon amour-propre en souffrir, aucune illusion n'est possible !.. — il faut bien me l'avouer, cette petite fille m'adore beaucoup moins que je ne l'avais cru d'abord !.. Peu m'importe, d'ailleurs !.. — il ne s'agit point en tout ceci d'une passion, mais d'une affaire... — L'amour et les millions vont rarement de compagnie... Pauline Talbot deviendra ma femme... c'est tout ce qu'il me faut...

Lascars, en causant ainsi avec lui-même, atteignit la rustique auberge de la mère Durocher, auberge qui se trouvait située, nous le savons, presque en face du Moulin-Noir.

Il échangea quelques paroles avec la veuve à laquelle il emprunta l'un de ses bateaux pour traverser la rivière, et il arriva en quelques minutes à la première marche de son petit débarcadère.

Sauvageon, attiré par le bruit, sortit du vieux bâtiment ; — en apercevant son maître, il multiplia les exclamations de joie.

— Ah ! mille charretées de diables, petits et gros ! — s'écria-t-il — quelle réjouissance !.. voilà deux jours qui m'ont semblé plus longs qu'une année toute entière !.. foi de bon garçon, je commençais à me figurer que monsieur ne reviendrait pas !..

— Ainsi, vous êtes satisfait de me revoir, compère Sauvageon ? — demanda Lascars.

— J'en suis transporté d'allégresse !.. — je ne sais pas comment ça se fait, mais je ne veux plus quitter monsieur...

— Voilà qui se trouve à merveille, car je suis revenu tout exprès pour vous chercher... — Etes-vous en état de m'accompagner dès aujourd'hui...

— J'irai au bout du monde s'il le faut...

— Vous êtes donc guéri complétement ?..

— Oui, de fond en comble.

— Eh bien, nous partirons dans une heure...

— Monsieur me permet-il de lui demander si nous irons bien loin ?..

— A Paris.

Sauvageon fit une légère grimace.

— On dirait que cela ne vous convient pas... continua Lascars.

— Avec monsieur, tout me convient... seulement, j'ai peur...

— De quoi ?..

— De rencontrer *les Lapins*... mes anciens clients... — j'ai dans l'idée que ces gredins-là me feraient un mauvais parti...

— Soyez sans inquiétude... — si vous les rencontrez par hasard, (ce qui me paraît invraisemblable), ils ne pourront vous reconnaître sous une livrée splendide...

— Je vais donc porter la livrée ?..

— Oui. — Cela ne vous humiliera point, j'imagine...

— Ah! monsieur! c'était mon rêve!.. avec dix à douze aunes de galon sur le corps, on a tout de suite l'air de quelque chose!.. — le premier venu saura, rien qu'en me regardant, que j'ai la gloire d'approcher un personnage d'importance...

— Vous aurez soin, à l'avenir, de m'appeler *monsieur le baron*... — reprit Lascars.

— Monsieur est baron !.. — s'écria Sauvageon tout rayonnant — tonnerre!.. — quel honneur pour moi !.. — Je sollicite de monsieur le baron une grâce, une faveur, un bienfait...

— Lequel ?

— Que monsieur le baron daigne me tutoyer...

— Rien de plus facile, — et je commence à l'instant même... — tu es un coquin réjouissant !..

— Monsieur le baron me comble... — foi de Sauvageon, je ne me sens pas d'aise...

— A propos, je te débaptise...

— Ah ! par exemple, voilà une fameuse idée !.. — je ne pouvais pas souffrir mon nom... — Comment m'appellerais-je à l'avenir ?..

— Je te donne à choisir entre *Lafleur* et *Jasmin*...

— Je n'hésite pas, monsieur le baron... — je choisis *Jasmin*... c'est joli, c'est coquet, c'est délicat, ça embaume !.. — Voilà un nom qui doit plaire au femmes !.. depuis que je le porte je me sens tout mignon...

Lascars et le nouveau Jasmin — (que nous continuerons à désigner sous l'appellation de Sauvageon lorsque nous aurons à parler de lui) — fermèrent la porte du Moulin-Noir et prirent le chemin de Paris où ils s'installèrent dans un petit logement garni, loué l'avant-veille par le baron...

Ce dernier, à peine arrivé, fit sa toilette et se rendit à l'hôtel de la rue Culture-Sainte-Catherine. — Il n'y avait ce soir-là ni jeu, ni souper. — Hermine figurait à l'Opéra dans un ballet nouveau, et Philippe Talbot montait en voiture pour aller l'applaudir.

Il offrit une place dans sa loge à Roland qui s'empressa d'accepter, et qui, pendant ce tête-à-tête de quelques heures, déploya toutes les ressources de son esprit brillant, et mit en œuvre ses rouéries les plus transcendantes pour faire la conquête du vieillard.

Hâtons-nous d'ajouter qu'il en vint complètement à bout, et que Philippe Talbot, (qui n'était rien moins qu'un homme ordinaire), — apprécia selon leur valeur la haute courtoisie du baron, l'exquise urbanité de ses manières, sa conversation étincelante et variée, et lui témoigna d'une façon cordiale le plaisir qu'il éprouvait en sa compagnie et son vif désir d'entamer avec lui des relations intimes et fréquentes.

Lascars se montra touché et reconnaissant ; — il parla chaleureusement de la sympathie soudaine et irrésistible qu'il avait éprouvée dès l'abord pour Philippe Talbot, et il promit de devenir l'un des plus assidus parmi les commensaux de l'hôtel.

— Quoique jeune encore — ajouta-t-il, j'ai vécu beaucoup, j'ai trop vécu peut-être, et je trouve maintenant plus de fatigue que de jouissance dans les joies mondaines et dans les réunions bruyantes... Je viendrai donc vous chercher de préférence lorsque vous serez seul ; — nous pourrons alors causer longuement et familièrement comme aujourd'hui... — Le soir, ne comptez pas sur moi... — au milieu de vos fêtes, ma présence vous serait inutile, car nous serions toujours séparés l'un de l'autre par la foule qui se presse autour de vous...

— Voilà de bonnes paroles ! — répondit Philippe Talbot d'une voix émue. — Elles me prouvent que c'est pour moi, et rien que pour moi, que vous viendrez !... — vos visites me rendront heureux, mon cher baron, oh ! bien heureux, et chacune d'elles vous sera comptée comme une action charitable, car la solitude est lourde, croyez-le, au vieillard sans famille qu'entourent de nombreux parasites, mais qui, jusqu'à ce soir, n'avait pas un ami...

Ces derniers mots furent prononcés avec un profond accent de mélancolie.

— Ah ! monsieur — murmura Lascars, vous jugez sévèrement le monde !.. vous le voyez sous de sombres couleurs !..

— Je le vois tel qu'il est... — je le juge avec une expérience acquise à mes dépens et chèrement payée... — j'ai passé l'âge des illusions et je sais qu'un vide absolu succéderait d'une heure à l'autre à l'empressement qu'on me témoigne, si les fêtes que je donne et l'or que je répands n'attiraient dans mes salons une foule avide et indifférente.

— Ce que vous dites peut être vrai, monsieur, en thèse générale... répliqua Lascars — mais il doit y avoir des exceptions...

— Je n'en connais pas...

— Dans cette foule dont vous parlez, n'aimez-vous donc personne et croyez-vous que personne ne vous aime ?..

Philippe Talbot secoua la tête.

— Personne... — fit-il ensuite.

— Mademoiselle Hermine, cependant... commença le baron.

Le vieillard l'interrompit avec un sourire, et répondit :

— Hermine est pour moi quelque chose d'à peu près semblable à ces brillants oiseaux des tropiques qu'on enferme vaniteusement dans une volière dorée, qu'on nourrit de biscuits, qu'on abreuve de vins d'Espagne, et dont on admire le caquet frivole et le plumage incomparable... — Hermine me distrait et m'amuse... — mais l'aimer, que Dieu m'en préserve ! — et d'ailleurs, pourquoi l'aimerai-je ?.. — mes cheveux sont plus blancs que la neige sous la blanche poudre qui les parfume... — mon cœur est mort pour l'amour... bien mort, et depuis bien longtemps !.. — J'ai trop de bon sens pour être dupe au point de croire au sentiment tendre d'une belle enfant pour un vieillard ! — Hermine me donne sa jeunesse en echange de fortune... elle sera riche, et nous serons quittes...

— Soit ! — dit Lascars — mais l'amitié ?.. — d'où vient que vous la niez aussi ?..

— Parce que je ne l'ai jamais rencontrée...

— Elle existe, pourtant...

— D'accord... mais où est-elle ?.. — J'ai vieilli sans presser dans les miennes la main d'un ami sincère... — et pourtant cet ami, Dieu m'en est témoin, je l'appelais de tous mes vœux...

— Monsieur — murmura Lascars en jouant l'émotion avec un talent de premier ordre — inimitable — prenez la main que je vous tends... c'est une main loyale... — l'ami si longtemps attendu, ce sera moi, si vous le permettez...

Philippe Talbot pâlit visiblement sous son rouge.

Une agitation quasi fébrile s'empara de lui. — Ses yeux se remplirent de larmes, ses deux mains s'étendirent tremblantes vers Lascars, et il ne put que prononcer d'une voix à peine distincte, ces deux mots :

— Merci... J'accepte...

Lascars commanda à son visage de rester muet et de ne point refléter l'orgueilleux triomphe qui s'épanouissait dans son âme, et il se dit tout bas :

— La partie est gagnée !..

L

QUI SE RAPPROCHE DU DRAME.

La partie était en effet gagnée, et gagnée si parfaitement qu'au bout de huit jours à peine Philippe Talbot ne pouvait plus se passer de son nouvel et intime ami.

Lascars, de son côté, semblait goûter chaque jour un plaisir plus vif dans la société du vieillard, auquel il consacrait toutes les heures qu'il ne passait point au Bas-Prunet près de sa fiancée.

Il avait fait l'acquisition d'un cheval de race barbe, aussi remarquable par son énergie que par la beauté de ses formes, et trois fois par semaine il franchissait avec une rapidité presque fantastique les quatre lieues qui séparaient Paris de la maisonnette de Pauline Talbot.

A chacune de ces visites il offrait à la jeune fille quelque nouveau présent d'une richesse et d'une élégance incontestables. — Pauline accueillait ces preuves d'amour avec un sourire résigné plutôt que joyeux ; — madame Audouin poussait des cris d'enthousiasme, et s'extasiait pendant des heures entières sur la galanterie et sur le bon goût d'un fiancé si parfait, si incomparable.

— Ah ! chère enfant de mon cœur — murmurait-elle à l'oreille de l'orpheline, en l'embrassant avec cette tendresse exubérante qui débordait en elle — ah ! chère enfant, que tu seras heureuse !

Pauline était bien loin d'envisager l'avenir sous des couleurs aussi riantes, mais comme elle ne voulait point troubler la joie de sa gouvernante, et comme d'ailleurs la tristesse vague qui la dominait ne reposait sur aucun fondement sérieux, elle balbutiait :

— Oui, ma bonne Audouin... bien heureuse...

— Tu n'oublieras jamais, je l'espère, que tu me dois ton bonheur... — reprenait la digne femme. — Car enfin tu hésitais, ma chérie... et j'ai vu presque le moment où, sans moi, tu refusais net... — Eh ! mon Dieu, c'est naturel, après tout ! — dans ces jeunes cervelles, il y a tant de folie et si peu de raison !

Pauline répondait doucement :

— Tu m'aimes comme m'aurait aimé ma mère et je n'oublierai rien de ce que je te dois, sois-en sûre...

Madame Audouin embrassait de nouveau l'orpheline, et détournait la tête pour essuyer ses yeux remplis de larmes d'allégresse et d'attendrissement.

Lascars, lui, s'apercevait de plus en plus de la froideur persistante de Pauline Talbot, et de l'involontaire éloignement qu'elle essayait en vain de lui dissimuler.

Il s'étonnait bien un peu de la manière brusque, imprévue, sans transition, dont cette froideur et cet éloignement avaient remplacé la vive sympathie que lui témoignait la jeune fille lorsqu'elle ne voyait en lui qu'un frère, qu'un ami, qu'un sauveur, et pas encore un futur époux, mais nous savons déjà qu'il ne s'en préoccupait point outre mesure, et nous connaissons les raisonnements grâce auxquels il s'en consolait.

Revenons à Paris.

Un soir — quinze jours environ après le long entretien de Philippe Talbot et de Lascars — ce dernier rentra plutôt que de coutume dans le petit logement meublé qu'il occupait avec Sauvageon.

Il avait la physionomie animée, le sourire radieux, l'œil étincelant d'un triomphateur. — Evidemment quelque chose de très-heureux pour lui venait de se passer.

— Jasmin... — dit-il en traversant l'antichambre.

— Monsieur le baron ?

— Suis-moi... — j'ai à te parler...

Sauvageon s'empressa d'obéir.

— Je t'ai promis de faire ta fortune... — commença Roland.

— Voilà une chose que je n'aurai garde d'oublier ! — murmura le valet.

— Le moment approche où ma promesse se réalisera.

— Ah ! monsieur le baron, quelle bonne nouvelle !

— Ton rôle va commencer... — il sera facile... — si tu le joues avec intelligence et consience, le résultat ne se fera point attendre et dépassera tes espoirs les plus ambitieux...

— Quelque chose qu'il faille faire, je suis prêt, et monsieur le baron sera content de moi...

— Nous nous séparerons demain...

— Comment — s'écria Sauvageon — monsieur le baron m'éloigne de sa personne ?..

— Oui... momentanément... — mais tu ne me quitteras que pour me mieux servir...

— A la bonne heure !.. — si c'est comme ça tout est bien... — où monsieur le baron m'envoie-t-il ?

— Tu vas faire partie de la maison d'un homme très-riche... un vieillard... monsieur de la Boisière... — tu arrives à Paris... — tu étais en province, dans la Touraine, au château d'Orval, premier valet de chambre de l'un de mes parents éloignés, le comte d'Orval, qui vient de mourir... — te rappelleras-tu ces noms ?..

— Le château d'Orval... le comte d'Orval... la Touraine... oh parfaitement... — j'ai bonne mémoire...

— Je t'ai recommandé vivement à monsieur de La Boisière — continua Lascars — je lui ai répondu de toi, et il te prend à son service en qualité de second valet de chambre... ton nouveau maître ne t'adressera probablement aucune question... — si par hasard il t'interrogeait tu pourrais lui répondre en toute assurance selon ton inspiration du moment, puisque personne ne serait là pour te démentir...

— Que monsieur le baron soit tranquille... — je m'en tirerai sans embarras...

— Je te recommande d'être peu communicatif dans tes rapports avec les autres valets, tes camarades. — Il n'y aurait pas grand mal à passer vis-à-vis d'eux pour un sournois... — Ne leur parle de moi d'aucune manière... — il est bon qu'ils ignorent que ma recommandation t'a fait admettre... — Lorsque tu me verras à l'hôtel, ne sois avec moi ni plus empressé, ni plus respectueux qu'avec les autres visiteurs.

— Je me conformerai religieusement à ces prescriptions... — En dehors de cela, qu'aurai-je à faire ?..

— Ton service auprès de ton maître, d'une façon très-zélée et très-assidue...

— J'entends bien, mais je demande ce qu'il faudra faire pour être utile aux intérêts particuliers de monsieur le baron ?...

— Absolument rien qu'attendre mes ordres et te tenir prêt à agir quand tu les auras reçus...

— Si c'est là tout mon rôle, il n'est pas malaisé...

— Il est possible qu'il le devienne, d'une heure à l'autre, plus que tu ne peux le prévoir en ce moment... — il me reste maintenant à t'adreser une recommandation de très-haute importance...

— Je l'écoute de toutes mes oreilles...

— Tu vas te trouver dans une maison riche, et je te crois la main légère...

— Ah ! monsieur le baron ! murmura Sauvageon avec dignité.

— Ce n'est point un reproche que je formule, c'est une opinion que je manifeste, — répondit Lascars en souriant, — et les opinions sont libres... — veille donc sur tes instincts pillards !.. — ne succombe pas à la tentation, lors même que les occasions les plus belles s'offriraient à toi ! lors même que des bourses pleines d'or sembleraient égarées dans tous les coins !.. — Ceci est indispensable, et la moindre infraction à cette règle amènerait infailliblement la ruine de mes communes espérances...

— Monsieur le baron — répliqua Sauvageon d'un ton convaincu — je me couperais sans hésiter la main droite plutôt que de lui laisser faire de ses cinq doigts un mauvais usage...

— Je prends acte de ta promesse, — dit le baron — et je compte dans ton intérêt comme dans le mien, que tu ne l'oublieras point... — voici quelques louis ; — rends-toi tout de ce pas chez un fripier, et fais l'emplette d'un costume noir complet pour remplacer ma livrée que tu ne peux porter plus longtemps... — je vais, pendant ton absence, écrire la lettre d'introduction que tu remettras demain matin à monsieur de la Boisière...

Le lendemain, en effet, Sauvageon, ou plutôt Jasmin, vêtu de drap fin de la tête aux pieds comme un huissier de ministère, faisait son entrée à l'hôtel de la rue Culture-Sainte-Catherine.

Philippe Talbot lui trouvait la physionomie suspecte, le regard fuyant, la mine hypocrite d'un renard qui flaire un poulailler, mais il se disait à lui-même.

— Il ne faut point juger les gens sur l'apparence, et, puisque le baron de Lascars me répond de ce valet, c'est que le pauvre diable vaut mieux que sa figure...

— Presque chaque jour Roland et le chevalier de La Morlière se rencontraient en un lieu convenu à l'avance, et de temps en temps ils prenaient ensemble leur repas au cabaret du *Chariot d'Or*, où leur connaissance s'était faite.

Un soir, trois semaines après la présentation de Lascars à Philippe Talbot, le chevalier arriva d'un air sombre et presque sinistre à la taverne de la rue Saint-Honoré. — Il avait les sourcils froncés, l'œil mauvais, le teint pâle, la lèvre querelleuse, bref, toute la mine d'un homme mécontent de lui-même et des autres...

Lascars était arrivé depuis quelques minutes et venait de s'asseoir à une petite table au fond de la grande salle à peu près vide.

— Eh! bon Dieu, chevalier, dit le baron en riant — que vous est-il donc arrivé?.. venez-vous d'assister au convoi funèbre de votre maîtresse?.. — d'honneur vous avez ce soir un visage lugubre à porter le diable en terre!

— Par la mordieu, il y a de quoi! — répliqua le jeune homme d'un ton raide.

— Expliquez-vous! — reprit Roland — dites-moi quelle infortune inouie vous a si complétement foudroyé... — Enfin, qu'avez-vous?

Pour toute réponse, La Morlière frappa sur ses poches.

— Aucun son métallique ne s'en échappa.

— Qu'entendez-vous? demanda-t-il.

— Rien.

— Eh! bien, voilà justement ce que j'ai — je n'ai plus rien...

— Comment, vos quatre mille livres?..

— Evanouies! évaporées! disparues! — il ne me reste pas quinze sous! est-ce assez de guignon! suis-je assez malheureux!

— Peste! le fait est que vous allez bien! — trente-quatre mille livres en moins d'un mois! Tudieu! quel gouffre! — savez-vous qu'à dévorer ainsi les billets de banque, vous dépassez de beaucoup Cléopâtre, qui du moins ne buvait qu'une perle par an! — la fortune toute entière de

Philippe Talbot ne durerait pas une année entre vos mains...

— C'est possible, mais le jour viendra, et ce jour est proche, où je prendrai largement ma revanche, et où je regagnerai en une heure beaucoup plus que je n'ai perdu (1) !

— Je le souhaite pour vous, chevalier...

— Mais — reprit La Morlière — en attendant je suis à sec ! complétement à sec... — vous comprenez mon cher baron, ce que cela veut dire...

— Je comprends que vous avez compté sur moi...

— Naturellement...

Lascars secoua la tête, de l'air d'un homme qui trouve la chose moins naturelle que son interlocuteur ne veut bien le dire.

— Comment? demanda vivement le chevalier — est-ce que je me trompe? est-ce que je n'ai pas le droit de compter sur vous ?..

— Non, certes, puisque vous avez déjà reçu de moi une avance de quatre mille livres, et que je ne vous ai encore rien demandé en échange...

— Sans doute, mais il existe entre nous une convention, et je suis prêt à en remplir les clauses...

— J'ai renoncé presqu'entièrement au projet dont nous avons parlé il y a quelques semaines... — dit Lascars d'un air indifférent.

— Ah! baron — s'écria La Morlière — est-il bien possible qu'un homme positif comme vous ait des irrésolutions dont une femmelette serait honteuse!.. — je vous croyais incapable de ces défaillances !..

— Ah ! ça vous tenez donc beaucoup à vous battre avec ce pauvre Philippe Talbot ? — demanda Roland.

— Je n'y tiens pas le moins du monde, au contraire... — seulement je tiens plus que je ne saurais le dire à gagner l'argent promis...

(1) Voir la deuxième partie de cet ouvrage : *Les Pirates de la Seine.*

— Eh! bien, soit... — la rencontre aura lieu, puisque vous le désirez si fort...

— Grand merci... — mais songez que j'ai hâte... — ne me faites pas trop attendre...

— Soyez tranquille... — vous attendrez peu ! — soupe-t-on ce soir à l'hôtel ?..

— Oui, car Hermine ne danse pas...

— Eh! bien, la provocation peut avoir lieu aujourd'hui même... — dînons légèrement, chevalier, nous souperons rue Culture-Sainte-Catherine...

— Vous m'accompagnerez donc ?

— Bien entendu.

— Et, vous êtes certain que Philippe Talbot me provoquera ?..

— Aussi certain que je le suis de vous voir en ce moment vis à vis de moi...

— Mais quel sera le prétexte de la scène violente que vous prévoyez ?..

— Il vous suffira pour amener cette scène de vous conformer exactement à mes instructions...

— Seront-elles longues et compliquées?

— Non, elles seront courtes et simples.

— Quand me les donnerez-vous ?

— Tout de suite.

— Qu'aurai-je à faire ?..

— Porter une santé, et raconter une courte histoire...

— Une santé, dites-vous... — laquelle ?

— La santé de Caïn...

LI

LA SANTÉ DE CAIN.

— *La santé de Cain...* répéta le chevalier de La Morlière avec un étonnement profond.
— Tout simplement... — répondit Lascars.
— Je ne comprends pas.
— Vous n'avez pas besoin de comprendre...
— Et l'histoire qu'il faudra que je raconte?
— Je vais vous la dire... vous n'aurez qu'à la répéter.

. . . .

La conversation du baron et du chevalier se prolongea pendant quelque temps encore, puis les deux hommes se séparèrent pour aller s'occuper de leur toilette, et au bout d'une heure à peu près ils faisaient leur entrée, mais non point ensemble, dans l'hôtel de la rue Culture-Sainte-Catherine.

En traversant le vestibule, Roland rencontra Sauvageon qui le salua de façon très-humble; — il lui fit signe de s'approcher, et, tandis que le valet le débarrassait de son *surtout*, il lui dit d'une voix basse :

— Fais en sorte d'être sur mon passage cette nuit... il est indispensable que je te parle avant de quitter l'hôtel.

— J'aurai soin de sortir le moins possible de ce vestibule — murmura Sauvageon — et je guetterai le départ de monsieur le baron.

— C'est bien...

Roland franchit le seuil du premier salon, déjà plein de monde, car les invitations de Philippe Talbot, ou plutôt celles de mademoiselle Hermine, avaient été, ce jour-là, plus nombreuses que de coutume.

Philippe, dont la haute taille dominait les groupes, aperçut Lascars ; — une expression de joie se peignit sur son visage fardé comme celui d'une danseuse ; — il traversa rapidement la foule pour marcher à la rencontre du nouvel arrivant, et il lui dit, en lui serrant la main avec effusion :

— Voilà certes une bonne fortune que je n'espérais pas, et dont je suis heureux et reconnaissant !.. — merci, d'être venu, cher baron !.. merci d'autant plus que je sais combien peu de plaisir vous trouvez dans les réunions mondaines.

— Ma présence ici, ce soir, est à peine volontaire... répondit Roland avec un sourire. — Je me suis senti ce soir horriblement triste, et le désir impérieux de me voir auprès de vous, mon ami, s'est emparé de moi...

— Pourquoi cette tristesse dont vous me parlez ?.. demanda Philippe avec empressement.

— Je ne le sais pas moi-même.

— Avez-vous eu quelque sujet de peine ou d'ennui depuis ce matin ?

— Aucun... c'est à votre sujet, mon ami, que cette inquiétude vague et sans cause s'est emparée de moi... J'avais comme un pressentiment... il me semblait que quelque chose de funeste allait vous arriver... — Ceci est absurde, c'est clair, mais je n'en éprouvais pas moins le besoin de vous voir pour me rassurer tout à fait.

Philippe Talbot serra de nouveau la main de Lascars.

— Cher baron — murmura-t-il à son oreille — vous tes un cœur d'or, et vous me faites penser, non sans un attendrissement profond, à la fable si touchante du bon La Fontaine.

— Laquelle? demanda Lascars.

— Celle des deux amis du Monomotapa.

Le baron allait répondre. Il en fut empêché par le chevalier de La Morlière qui s'approcha pour saluer le maître du logis.

Ce dernier lui rendit son salut avec une visible nuance de froideur, et le chevalier pirouettant sur ses talons, se perdit dans la foule.

— Connaissez-vous ce jeune homme ? demanda Philippe Talbot au baron.

— Oh ! fort peu... répondit Lascars — je sais cependant qu'il appartient à une excellente famille et qu'il se nomme le chevalier de La Morlière... Il me semble, mon ami, que vous l'avez accueilli tout à l'heure d'une façon quelque peu dédaigneuse...

— Il vous semble bien... — ce gentilhomme — (car il est en effet bon gentilhomme) — ne possède, m'a-t-on dit, aucune espèce de ressources honorables... il ne se soutient à Paris qu'à l'aide de moyens honteux et de friponneries de toutes sortes ; — sa reputation est exécrable déjà, quoi qu'il soit très-jeune, et ceux qui le connaissent tiennent pour certain qu'ayant mal commencé il finira plus mal encore... — C'est d'aujourd'hui seulement que je sais tout cela, et les renseignements que j'ai reçu, venant de personnes sérieuses, m'inspirent une confiance absolue ; — bref, ce garçon, malgré sa naissance, ne saurait être admis dans la maison d'un honnête homme... il m'a été amené fort innocemment par Hermine, la chère enfant, dont le sens moral peu développé, ne se montre pas difficile dans le choix de ses relations... — Cependant, pour l'amour d'elle et par respect pour moi-même, j'éviterai toute esclandre compromettante, je n'adresserai point la parole ce soir au chevalier de La Morlière, et demain matin, il recevra chez lui l'avis officieux de ne plus se présenter à l'hôtel. Je pense que vous m'approuvez?

— Je vous approuve entièrement — répliqua Lascars — rien ne me semble plus sage que le parti que vous prenez.

Et il se dit tout bas à lui-même :

— Il était temps d'agir !.. un jour de plus, et le succès devenait incertain.

— Du reste — continua Philippe Talbot — ce La Morlière m'a toujours déplu, malgré la beauté de son visage et l'élégance de sa tournure... — je lui trouvais je ne sais quoi de faux dans le regard et de venimeux dans le sourire... On ne m'étonnerait point en m'apprenant qu'il est mon ennemi, quoique je ne lui aie jamais fait de mal.

— Si telle est votre pensée — répondit vivement Lascars — vous avez tort, selon moi, de tolérer sa présence ici, ne fut-ce que pendant une heure... — voulez-vous que je le prenne à l'écart, et qu'à l'instant même je le congédie?

— Gardez-vous en bien, cher baron !.. s'écria le vieillard — je ne veux ni bruit, ni scandale, je vous le répète, et les choses s'arrangeront demain d'une façon toute pacifique...

— Vous êtes le maître, mon ami !.. Que votre volonté soit faite !..

Le maitre d'hôtel vint annoncer que le souper était servi.
— On passa dans la salle à manger, chacun prit place selon sa fantaisie autour de la vaste table chargée de lumières, de fleurs, de cristaux, et d'une orfèvrerie splendide.

Philippe Talbot avait retenu Lascars pour le faire asseoir à sa droite, en témoignage d'estime et d'affection.

Le chevalier de La Morlière se trouvait à l'un des bouts de la table, entre deux femmes jeunes et jolies.

Dès l'abord, le repas fut très-animé. Une gaîté fiévreuse animait les convives, et les vins d'Espagne et d'Aÿ, versés ans relâche, rendaient de minute en minute cette gaîté plus bruyante.

Trois personnages cependant ne prenaient qu'une part très-incomplète à l'entrain général. — Ces trois personnages étaient Philippe Talbot, Roland de Lascars et le chevalier de La Morlière.

Le souper touchait à sa fin. — Le dessert venait d'être placé sur la table. — Un des convives se leva, et, avant d'approcher de ses lèvres sa coupe de cristal que couronnait une mousse rosée et pétillante, il s'écria dans le plus mythologique de tous les langages :

— Mesdames et messieurs, je bois à la déesse de grâce et de beauté qui est la reine de ce logis et qui nous y rassemble ! à la rivale de Vénus ! à la blanche Hermine, enfin, dame suzeraine de Cythère, Paphos, Amathonte et autres lieux.

Des applaudissements unanimes accueillirent ces paroles ; — toutes les voix répétèrent : — *à la santé d'Hermine !*...
— Tous les verres furent vidés avec une précision merveilleuse et une rapidité incomparable.

Le signal venait d'être donné.

Plusieurs convives prirent la parole les uns après les autres, et portèrent successivement des santés galantes, accueillies avec une inépuisable faveur.

Depuis quelques instants le chevalier de La Morlière était en proie à une agitation que personne ne remarquait excepté Lascars. — Sa figure devenait tour à tour écarlate et livide, et de grosses gouttes de sueur perlaient sur son front et sur ses tempes à la racine de ses cheveux.

Tout à coup il saisit dans un rafraîchissoir de vermeil, une bouteille d'Ay frappé ; il remplit son verre d'une façon si brusque et d'une main si tremblante, qu'un flot de vin s'échappa du cristal, jaillit sur la nappe, et, chose plus grave, inonda les robes éclatantes des voisines du chevalier, ce qui provoqua tout à la fois le rire et la colère de ces jolies filles.

Aussitôt après, La Morlière se leva, visiblement ému.

— A mon tour, mesdames et messieurs !.. — dit-il d'une voix rauque, — mais très-forte — faites-moi raison, tous ! je bois à la santé de Caïn !

Un mouvement de surprise générale suivi cet étrange toast.

Philippe Talbot tressaillit et se souleva à demi sur son siége, comme si l'étincelle d'une machine électrique venait de le toucher. — En même temps ses traits se contractèrent et prirent une expression effrayante.

Lascars se pencha vivement vers lui.

— Mon ami, lui demanda-t-il, qu'avez-vous ?

— Je n'ai rien... répondit le vieillard d'un ton presque farouche, que voulez-vous que j'aie ?

Tandis que ces quelques mots s'échangeaient à voix basse entre le baron et le maître du logis, les convives exprimaient tout haut leur étonnement à propos des incompréhensibles paroles prononcées par La Morlière.

— Que veut-il dire ?.. — s'écriaient les uns.

— Quelle est cette folie lugubre ? — demandaient les autres.

— Chevalier, mon ami, tu perds la tête, c'est évident !

— Chevalier, mon ami, tu as l'ivresse peu réjouissante !

La Morlière, toujours debout, imposa silence d'un geste impérieux aux exclamations et aux interpellations qui s'élevaient autour de lui.

— Vous ne me comprenez pas, reprit-il — ou du moins vous ne me comprenez pas du tout... Eh ! mordieu ? je le sais bien ! mais soyez tranquilles ; je vais m'expliquer !.. — Vous vous figurez que Caïn n'existe plus, et qu'il est mort aux temps bibliques... — Mes amis, c'est une erreur !.. — Caïn est vivant ; — Caïn est riche ; — il a table ouverte, — il vous invite, et vous tenez à grand honneur d'être de ses amis !.. — un jour un homme est venu lui dire : — *Je suis perdu si tu ne me tends la main !.. — Sauve-moi !*

sauve mon enfant !.. Cet homme était son frère... Caïn a répondu : — *Va-t'en !.. je ne te connais pas* !.. le frère est mort dans l'abandon... — l'enfant, sans doute a suivi son père !.. Caïn, plus riche que jamais, vit en joie et donne des fêtes !.. — Allons, mes amis, buvez tous ! buvez à la santé de Caïn, et, quand vous aurez bu, j'arracherai le masque et je vous dirai : *Voila l'homme* !

En prononçant ces derniers mots, La Morlière porta son verre à ses lèvres.

Il n'eut pas le temps de le vider.

Philippe Talbot, quittant sa place, venait de bondir jusqu'à lui comme un jaguar, et brisait sur les dents du jeune homme le cristal fragile en balbutiant, d'une voix étouffée par la fureur :

— Ah ! misérable ! misérable !..

LII

PROVOCATION.

On comprend quelle impression de stupeur et d'épouvante cette violence foudroyante produisit, non-seulement sur celui qui en était victime, mais encore sur les spectateurs d'une scène à tel point inattendue.

Personne, excepté Lascars, ne connaissait les évènements auxquels le chevalier venait de faire allusion.

Personne, n'avait deviné que par le nom exécrable et maudit de *Caïn* il prétendait désigner Philippe Talbot...

Personne, enfin, ne s'expliquait l'effrayante colère du vieillard, et, comme cette colère semblait sans motif, on l'attribuait généralement à un soudain accès de démence...

La Morlière, en exécutant les clauses abominables du pacte intervenu entre lui et Roland de Lascars, s'attendait bien à une provocation, mais non point à une agression si brusque et si terrible.

Son premier mouvement fut de saisir le couteau placé devant lui sur la table, et de s'élancer pour frapper Philippe Talbot, mais plusieurs personnes se précipitèrent entre le jeune homme et le vieillard, et formèrent une muraille vivante qui les empêcha de se rejoindre.

La Morlière se débattait avec une fureur indicible entre les mains qui l'enlaçaient, et criait d'une voix à peine distincte, en essuyant ses lèvres sanglantes, déchirées par les fragments du cristal :

— Laissez-moi ! laissez-moi ! — je veux le tuer ! j'en ai le droit !...

On lui maintint les bras et on parvint à lui arracher son couteau.

Se voyant désarmé, il se calma tout à coup, et on l'entendit murmurer, comme se parlant à lui-même :

— C'est bien... — je le tuerai demain...

Pendant ce temps une confusion inouïe régnait dans la vaste salle à manger. — Tout le monde parlait à la fois. Les femmes poussaient les hauts cris, et mademoiselle Hermine, en sa qualité de quasi-maîtresse de maison, jugeait convenable de simuler une violente attaque de nerfs.

Cette confusion et ce brouhaha durèrent quelques minutes, puis Philippe Talbot, rentré complètement en possession de son sang-froid, domina le tumulte et dit d'une voix ferme et sonore :

— Je vous demande pardon à tous de ce qui vient de se passer .. — j'aurais dû me souvenir de ce que je devais à mes hôtes, et, par respect pour eux, remettre à plus tard le châtiment d'une insulte impardonnable... — je n'ai pas été le maître de moi-même... j'ai eu tort... — encore une fois recevez mes excuses, et songez que certains outrages rendent impuissante la volonté la plus forte...

Un silence général accueillit ces paroles.

Philippe Talbot continua :

— Monsieur de La Morlière, je me tiens pour offensé mortellement, et j'exige de vous une prompte réparation.

— Je pourrais discuter l'offense... — répliqua le chevalier avec ironie, je pourrais soutenir que la main qui frappe répondant à une parole de gentilhomme par une violence de laquais, constitue la seule et véritable insulte... je pourrais réclamer le choix de l'arme et du jour, le choix de l'heure et du terrain... — Mais tout m'est égal pourvu que je me venge et que ma vengeance arrive vite !.. — Soyez donc l'offensé, monsieur Talbot de La Boisière, j'y consens !.. — j'accepte d'avance ce que vous déciderez, pourvu que vous ne me fassiez point languir...

— Soyez tranquille, — dit le vieillard. — Vous ne languirez pas... je choisis l'épée.

Les yeux du chevalier étincelèrent.

— Va pour l'épée !.. — murmura-t-il.

— Nous nous battrons demain, continua Talbot.

— J'y compte !..

— Au bois de Vincennes...

La Morlière fit un signe affirmatif.

— A huit heures du matin — poursuivit le vieillard — et le lieu du rendez-vous sera la grille la plus proche du pavillon du garde, du côté de Saint-Mandé...

— C'est entendu... — dit le chevalier.

Philippe Talbot se tourna vers Lascars et vers un autre gentilhomme, — qui se trouvaient l'un et l'autre à côté de lui.

— Monsieur le baron de Lascars, monsieur le comte de Guibray, leur demanda-t-il, me ferez-vous l'honneur de me servir de témoins.

— Oui, certes — et de grand cœur !.. répondirent à la fois Roland et monsieur de Guibray.

— Merci, messieurs... — je n'attendais pas moins de votre bienveillante courtoisie.

La Morlière prit à partie deux jeunes gens et leur adressa la même requête. — Tons deux accueillirent cette demande par un refus, dans la crainte bien naturelle de paraître prendre parti contre l'hôte à la table duquel ils s'asseyaient un instant auparavant.

Philippe Talbot comprit le motif de ce refus et il en apprécia toute la délicatesse.

— Acceptez, messieurs — dit-il, c'est moi qui vous en prie... — bien loin de me blesser vous me ferez honneur...
— je serai certain, du moins de trouver une loyauté parfaite chez les témoins de mon adversaire...

— Puisqu'il en est ainsi, monsieur — répliqua l'un des jeunes gens — nous nous mettons avec empressement aux ordres du chevalier de La Morlière...

Aussitôt que les préliminaires d'une rencontre pour le lendemain furent arrêtés, les convives, n'ayant plus rien d'immédiat à apprendre, et convaincus qu'après ce qui venait d'avoir lieu, la fête ne pouvait se prolonger, se retirèrent rapidement et silencieusement, et au bout de quelques minutes l'hôtel de la rue Culture-Sainte-Catherine n'avait d'autres hôtes que le maître de la maison, le baron de Lascars, le comte de Guibray, et mademoiselle Hermine, à peu près remise de sa prétendue crise nerveuse.

— Au nom du ciel... au nom de notre amour... renonces à ce funeste duel!.. — Tu n'as pas le droit d'exposer ta vie... Elle m'appartient puisque nous nous aimons!.. tu n'as pas le droit de risquer la mienne, et je ne pourrais te survivre, car si tu meurs je veux mourir... — Cruel, prends pitié de mes larmes!.. — ne t'arrache pas de mes bras qui t'enlacent! reste sur mon cœur qui t'adore!.. — cet affreux combat fait horreur!.. tu n'iras pas!.. tu n'iras pas!.. — etc... etc.

Philippe Talbot arrêta la danseuse dès les premiers mots.

— Ma chère enfant — lui dit-il — le moment est solennel... l'heure des choses sérieuses est venue. Tout ce que vous vous apprêtez à me réciter, je le sais sur le bout du doigt... — abstenez-vous donc, c'est le mieux, et retournez tranquillement chez vous... nous nous reverrons demain... si demain je reviens du bois de Vincennes...

Hermine plongea ses mains dans les boucles errantes de

sa chevelure, comme pour les arracher violemment avec un geste de désespoir.

— Allons, allons, jeune folle — reprit Philippe en souriant — laissez en paix ces beaux cheveux... — si vous en faisiez tomber une seule boucle, ce serait vraiment dommage, et vous auriez beaucoup de peine à vous en consoler... nous avons à causer, ces messieurs et moi, et je vais donner l'ordre de faire avancer votre carrosse...

Hermine balbutia :

— Vous me chassez!.. ah! Philippe... Philippe, vous êtes bien cruel!..

Le vieillard fit un involontaire mouvement d'impatience, et répondit :

— Non, ma chère enfant, je ne suis point cruel et je ne vous chasse pas le moins du monde, mais j'ai à m'occuper de choses graves et vous ne pouvez rester ici plus longtemps, je vous répète d'ailleurs que je vous reverrai demain...

La danseuse, comprenant que son insistance se briserait contre une volonté inébranlable, n'insista plus et prit le parti de démasquer ses batteries.

— Hélas! mon ami — murmura-t-elle d'une voix dolente, en appuyant son mouchoir de dentelle sur ses beaux yeux pour essuyer des larmes absentes. — Hélas! il faut tout prévoir!.. — si vous alliez ne pas revenir...

— Eh bien?.. — demanda Philippe Talbot.

— Que deviendrai-je, moi, seule au monde? continua la belle désolée.

Un nouveau sourire vint aux lèvres du vieillard.

Cela vous inquiète?.. — reprit-il.

— Naturellement, puisque, grâce à vos bontés, j'avais pris la douce habitude de compter sur vous pour toutes choses.

— Eh bien, mon enfant, rassurez-vous, et continuez à compter sur moi.. — j'assurerai l'avenir comme j'assurais le passé.

— Vrai ? — s'écria la jeune femme avec un transport de joie difficilement contenu, vrai, vous penserez à moi?.. — vous pourvoierez à mon existence en cas de malheur ?..

— Je vous le promets...

— Puisqu'il en est ainsi, me voilà bien tranquille... reprit mademoiselle Hermine, je vous sais galant homme par excellence et tout à fait incapable d'oublier une telle promesse... — adieu donc, ou plutôt au revoir, car demain les choses iront au mieux, vous ne serez même pas blessé, et vous nous reviendrez vainqueur et plus aimable que jamais... à bientôt, mon ami... messieurs, votre servante...

Lorsque la danseuse eut disparu, le vieillard se tourna vers le baron de Lascars et vers le comte de Guibray.

— Si pourtant, à mon âge, on avait la folie de se croire aimé !.. leur dit-il — ah ! messieurs, quelle leçon !..

LIII

LA VEILLÉE DES ARMES.

Aussitôt après que le protecteur de mademoiselle Hermine eut formulé la réflexion philosophique qui termine le chapitre précédent, l'entretien devint sérieux.

Il fut convenu que les deux témoins arriveraient le lendemain matin, à sept heures précises, à l'hôtel de la rue Culture-Sainte-Catherine, pour de là se rendre à Vincennes dans le carrosse de Philippe Talbot.

Il fut convenu en outre que le comte de Guibray amènerait avec lui son chirurgien, qui se trouverait ainsi sur le terrain, prêt à faire un premier pansement en cas de blessure grave.

Monsieur de Guibray prit ensuite congé du vieillard, qui dit à Roland :

— Mon cher baron, si rien ne vous presse, voulez-vous me consacrer une heure encore?..

— J'allais vous demander la permission de ne pas vous quitter si vite... — répondit Lascars.

— Ah ! — murmura Philippe — vous êtes bien un ami véritable ! — pourquoi vous ai-je connu trop tard !..

Les deux hommes passèrent dans la chambre à coucher du vieux Talbot, qui se laissa tomber sur un siége avec accablement et reprit, au bout de quelques minutes de silence :

— Vous voyez combien j'avais raison de vous dire, au moment de votre arrivée, que ce chevalier de La Morlière m'était grandement suspect et qu'il me semblait voir en lui un ennemi... — Ce n'était que trop vrai, vous venez d'en avoir la preuve... — mais d'où provient sa haine?.. voilà ce qu'il m'est impossible de m'expliquer !.. — j'ai beau chercher... ma raison s'y perd...

— Vous comprenez, mon ami — répliqua Lascars — qu'il m'est parfaitement impossible de vous venir en aide sur ce point... — il est certain pour moi, d'après votre conduite, que les paroles du chevalier renfermaient une insulte bien grave et bien impardonnable, mais je ne puis deviner quelle est cette insulte...

— Parce que vous ne savez rien du passé... — dit Philippe Talbot — vous ignorez même, peut-être, que j'avais un frère...

— Je l'ignorais, j'en conviens... — mais je serais tout prêt à jurer sur l'honneur que vous n'avez point eu, vis-à-vis de ce frère, la conduite... un peu cruelle, dont a parlé le chevalier...

— Ne jurez pas ! — répondit Philippe d'une voix sombre — les accusations de ce misérable La Morlière ne sont point sans fondements... — ma conscience m'a reproché plus d'une fois d'avoir été, sinon cruel, du moins inexorable... — Je fus coupable, peut-être, mais je puis faire valoir pour ma défense des excuses qu'aucun homme juste ne refusera d'admettre...

Un étonnement très-bien joué se peignit sur le visage de Lascars.

— Mes paroles vous surprennent — continua le vieilard — elles vous alarment sans doute et déjà vous craignez d'avoir prêté trop légèrement votre appui à une mauvaise cause...

Lascars fit un geste pour protester. — Philippe Talbot reprit vivement :

— Je ne veux pas qu'il reste dans votre esprit un soupçon, un doute, un nuage... je vais me confesser à vous... écoutez-moi, mon ami, et soyez mon juge...

— Je serai pour vous l'auditeur le plus attentif... — murmura le baron — mais je n'ai ni le droit, ni la volonté de juger vos actions...

Philippe Talbot, sans tenir compte de ces derniers mots, commença le récit des faits que nous avons entendu Pauline raconter à Lascars pendant la promenade nocturne à laquelle nous avons assisté.

— En m'enlevant le bonheur de ma vie, mon frère George n'avait-il pas brisé lui-même les liens qui nous unissaient ? — n'étais-je pas délié de tous devoirs vis-à-vis de ce frère devenu mon ennemi ?..

Telle fut la conclusion du récit de Philippe... — Telles furent les interrogations adressées par lui à Lascars.

Ainsi mis en demeure, ce dernier évita de se prononcer d'une façon formelle en ces questions délicates. — Sa réponse, volontairement un peu vague, ne fut ni une absolution ni un blâme.

— Si les torts que vous vous reprochez sont réels, — dit-il en terminant — ils ne relèvent que du tribunal de votre conscience, et personne au monde n'a le droit de vous les jeter au visage... — l'agression du chevalier de La Morlière est donc inqualifiable, et le châtiment de ce lâche insulteur sera juste...

— Ainsi — demanda Philippe Talbot, presque avec hésitation — vous m'estimez encore ?..

— En pouvez-vous douter ?

— Vous ne regrettez pas d'être mon témoin ?..

— Je considère comme un honneur la marque de

confiance que vous m'avez donnée en vous adressant à moi...

— Ah! s'écria le vieillard — vos paroles me font du bien !.. — elles me soulagent d'un grand poids !.. — j'étais découragé tout à l'heure... sans espoir et sans volonté... maintenant la confiance et l'énergie me reviennent... je veux vivre !.. je défendrai ma vie, et je la défendrai bien, je vous jure !.. — Savez-vous si le chevalier de La Morlière est un adversaire redoutable ?..

— Je l'ignore... — répondit Lascars avec un merveilleux aplomb de mensonge.

Et il ajouta :

— Selon toute apparence il possède la fougue de la jeunesse, mais l'expérience et le sang-froid doivent lui manquer absolument...

— J'étais jadis un brillant tireur... — reprit Philippe Talbot — l'épée à la main je ne craignais personne et je l'ai prouvé dans plus d'un duel... mais, depuis ce temps, les années sont venues...

— Elles ont glissé sur vous sans laisser leur empreinte... répliqua Lascars — vous êtes fort et droit comme un chêne et vos muscles sont plus que jamais d'un acier de fine trempe...

— C'est vrai — fit le vieillard en souriant — la machine est solide encore, mais faute d'exercice la main se rouille, vous le savez aussi bien que moi...

— Il est facile de la dérouiller... — vous avez des fleurets, à l'hôtel, sans doute...

— J'ai des fleurets et des épées de combat...

— Je vous propose un assaut de quelques minutes...

— J'accepte avec empressement.

Philippe Talbot passa dans un des cabinets de toilette attenant à sa chambre à coucher. — Il en revint avec deux fleurets qu'il prit par la lame pour les présenter à son témoin par la poignée.

Le baron se mit en garde. — Philippe Talbot engagea le fer.

Au bout de cinq minutes le vieillard s'arrêta.

— Ah çà mais, mon cher baron — dit-il — il me semble que voilà qui ne va pas mal, et je suis content de moi !.. franchement, que vous en semble ?..

— Vous avez, mordieu, grandement raison !.. répondit Lascars — vous n'avez rien perdu... — vous êtes au moins de ma force, et j'ai la plus parfaite conviction que le chevalier de La Morlière recevra demain matin la sévère leçon qu'il mérite... maintenant, mon ami, ma présence vous est inutile, et je vais prendre congé de vous...

— Déjà ?..

— Dans votre intérêt même, il le faut... couchez-vous et dormez... — une nuit de calme sommeil, en reposant vos nerfs, vous donnera le coup-d'œil juste et la main ferme.

— Avant de songer à dormir — murmura Philippe Talbot — j'ai à m'occuper de choses graves...

— Ces choses, ne pouvez-vous les remettre à plus tard ?..

— Non, mon ami, car demain, peut-être, il serait trop tard...

— De quoi s'agit-il donc ?

— De mes dispositions dernières... — il faut que j'écrive mon testament...

— A quoi bon ? — vous n'avez rien à craindre, j'en réponds sur ma vie... — vous sortirez vainqueur du combat...

— Je l'espère comme vous, mais la vie de l'homme est entre les mains de Dieu... à tout événement, il est bon d'être prêt...

Lascars ne pouvait insister à ce sujet.

Il embrassa très-affectueusement Philippe Talbot et il se retira, en lui disant :

— A demain... — j'arriverai le premier...

Dans le petit salon qui précédait la chambre à coucher, il trouva Sauvageon qui, tenant un flambeau à deux branches, se mit en devoir de le précéder à travers la longue enfilade des appartements de réception.

— Je ne puis te parler ici ; — lui dit-il tout bas — je vais t'attendre dans la rue, à cent pas de la porte de l'hôtel, à droite... viens me rejoindre le plus tôt possible...

Sauvageon répondit par un signe de tête affirmatif, et Lascars alla se mettre en faction à l'endroit désigné.

Il n'attendit pas longtemps.

Au bout de cinq minutes à peine, Sauvageon arrivait auprès de lui et murmurait :

— Me voici aux ordres de monsieur le baron...

La rue était sombre ; — Lascars, par un coup-d'œil rapide, s'assura qu'elle était déserte, et que par conséquent personne ne pourrait surprendre le secret de son entretien avec le valet de Philippe Talbot...

— Tu sais ce qui s'est passé ce soir à l'hôtel ?... — lui demanda-t-il.

— Oui, monsieur le baron, à peu près... j'étais dans la salle à manger, pour le service, quand l'événement est arrivé... — mais on a fait sortir les laquais et je n'ai pas vu jusqu'à la fin...

— Monsieur de la Boisière se bat en duel demain matin...

— J'en ai connaissance, et, si je n'étais sûr de rentrer au service de monsieur le baron, après que ma fortune sera faite, j'aurais grand peur de me trouver demain sans place...

— Tu crois donc que monsieur de la Boisière succombera ?..

— Dam ! monsieur le baron, il est bien vieux, ce pauvre monsieur... son adversaire est tout jeune et paraît rageur comme le diable...

— Je suis l'un des témoins de ton maître... reprit Lascars.

— Est-ce que monsieur le baron tâchera d'empêcher le duel ?.. — demanda curieusement Sauvageon...

— Non. — Ce duel aura lieu, — il le faut. — Je viendrai demain, à sept heures, chercher monsieur de la Boisière... Ecoute-moi avec attention, car c'est à ce moment là que commencera ton rôle.

— Monsieur le baron, je suis tout oreilles...

— Aussitôt après notre départ, tu entreras dans la chambre à coucher... — tu verras selon toute probabilité sur quelque meuble, une enveloppe cachetée, mise bien en évidence, et portant ces mots : *ceci est mon testament*, ou toute autre suscription équivalente... peut-être y aura-t-il des lettres... — tu t'empareras de tout cela, en ayant soin de ne pas être surpris...

— Ce sera consciencieusement fait, monsieur le baron peut y compter... faudra-t-il brûler ces papiers ?..

— Non — tu les conserveras jusqu'à mon retour... — si par hasard monsieur de la Boisière rentrait avec moi, sain et sauf, tu remettrais toutes choses en place avant qu'il ait eu le temps de regagner sa chambre... si, au contraire, c'est son cadavre que l'on rapporte, tu quitteras l'hôtel sans rien dire et tu iras m'attendre dans mon logement que tu connais...

— Monsieur le baron n'a pas autre chose à m'ordonner ?

— Non. — J'ai seulement à te répéter une recommandation de la plus haute importance.

— Laquelle ?

— Ma fortune et la tienne dépendent de l'adresse et de la prudence dont tu feras preuve demain matin... — agis donc de manière à ne donner naissance à aucun soupçon, car, si tu te compromettais sottement, il me deviendrait impossible de rien essayer pour te venir en aide... je ne réussirais qu'à me rendre suspect, sans te tirer du mauvais pas, et cette fortune sur laquelle tu peux compter serait à tout jamais perdue...

LIV

AU BOIS DE VINCENNES.

Lascars désirait arriver à la rue Culture-Sainte-Catherine avant le second témoin, afin de se ménager, avec le vieux Talbot, un dernier entretien particulier, mais des incidents inattendus vinrent contrarier ses projets ; — le fiacre qui l'amenait se vit arrêté et retardé à deux ou trois reprises par des embarras de voitures, et au moment où ce fiacre entra dans la cour de l'hôtel, le carrosse du comte de Guibray s'y trouvait déjà depuis quelques minutes, à côté du carrosse tout attelé de Philippe Talbot.

Sous le vestibule, Sauvageon salua Lascars, et lui dit :

— Monsieur de La Boisière est dans sa chambre à coucher... — il attend monsieur le baron...

Roland traversa rapidement les pièces de réception et rejoignit le vieillard qui causait avec monsieur de Guibray et avec le chirurgien amené par ce dernier.

— Suis-je en retard ? demanda-t-il en serrant les mains de Philippe Talbot qui répliqua :

— Pas encore tout à fait, mon cher baron, mais nous avions hâte de vous voir, car il ne nous reste que juste le temps de nous rendre à Vincennes, et pour rien au monde je ne voudrais me laisser précéder, sur le terrain, par mon adversaire.

Lascars expliqua en quelques mots les motifs de son inexactitude involontaire ; tout en parlant, il promenait ses regards autour de lui avec une profonde attention.

Au bout d'une ou deux secondes d'examen, il eut à réprimer un léger tressaillement ; — il venait de découvrir, placée bien en vue sur un petit bureau de marqueterie, une large enveloppe portant, tracés d'une main ferme les quatre mots sacramentels :

CECI EST MON TESTAMENT.

— Messieurs, je suis à vos ordres... — dit Philippe Talbot — nous partirons quand il vous plaira... — les épées sont dans mon carrosse...

Lascars, monsieur de Guibray et le chirurgien sortirent les premiers ; — le maître du logis les suivit, après avoir refermé la porte de la chambre à coucher.

Sauvageon se trouvait sous le vestibule, comme au moment de l'arrivée. — Ses yeux interrogèrent Lascars qui lui répondit par un mouvement de tête tout à la fois affirmatif et impérieux.

Un valet de pied tenait ouverte la portière du carrosse.

— Montez, messieurs ; — reprit le vieillard.

Puis, avant de prendre place à son tour, il ajouta en s'adressant au cocher, ventru et rubicond, qui faisait ployer le siége sous le poids de sa rotondité imposante :

— A Vincennes, et brûle le pavé !

Les chevaux partirent au grand trot.

Le trajet, de la rue Culture-Sainte-Catherine à l'entrée

du bois de Vincennes, s'effectua avec une vélocité prodigieuse.

Au moment où le carrosse s'arrêta et où nos quatre personnages en descendirent auprès de la grille indiquée comme lieu de rendez-vous, le chevalier de La Morlière et ses témoins n'avaient point encore paru, d'ailleurs il n'était guère que huit heures moins un quart.

— Nous sommes les premiers, messieurs ; — dit Philippe Talbot en souriant — et j'en suis ravi, car en matière de duel, je pense qu'il vaut mieux attendre pendant une heure, que de se faire attendre pendant cinq minutes...

— Vous êtes dans les bons et vrais principes, monsieur... — répliqua le comte de Guibray. — Richelieu n'aurait, sans doute, ni mieux pensé, ni mieux parlé !..

Philippe Talbot salua le comte pour le remercier de la courtoisie et du bon goût de ce compliment, puis, prenant le bras de Lascars, il l'emmena à quelques pas, en murmurant à son oreille :

— Venez, mon cher baron, et causons à cœur ouvert, puisque mon adversaire a la galanterie de nous en laisser le temps. — J'ai beaucoup de choses à vous dire... et, d'abord, regardez-moi bien en face...

Lascars, très-surpris de cette prière, fit ce que lui demandait le vieillard.

— N'êtes-vous pas étonné, mon cher baron — continua ce dernier — de me voir un visage si calme et même, je crois, si joyeux, au moment où, peut-être, il ne me reste pas un quart-d'heure à vivre ?

La figure de Roland exprima, sans doute, quelque hésitation, car le vieillard se hâta d'ajouter :

— Surtout, parlez franchement et sans réticences...

— Non, je vous l'affirme — répondit Lascars — je n'éprouve aucun étonnement... — Si vous êtes calme et même joyeux, mon ami, c'est que vous avez la conviction, comme je l'ai moi-même, que la rencontre qui s'apprête ne saurait vous être funeste...

Philippe Talbot secoua la tête.

— Ce n'est pas cela — dit-il — vous êtes à cent lieues de la vérité...

— Alors, puisque je devine si mal, éclairez-moi, je vous en prie...

— J'ignore quelle sera l'issue du duel, reprit Philippe Talbot — et je ne préjuge rien... mais j'accepte sans effroi l'idée même d'un dénouement fatal pour moi seul, parce que, grâce à ce duel, je me trouve en ce moment plus heureux que je ne l'étais depuis bien des années... si brave que l'on soit, vous devez le savoir, on dort mal quand on va jouer sa vie... — Pendant la longue veillée de cette nuit, une révolution s'est faite en moi... — j'ai laissé parler la voix de ma conscience que j'étouffais depuis si longtemps... — j'ai écouté ce que me criait cette voix — j'ai suivi ses conseils et j'ai fait en sorte de réparer, autant que cela pouvait encore dépendre de moi, le mal dont je me suis reconnu coupable...

— Que voulez-vous dire ? — demanda vivement Lascars, très-agité par ces paroles dont il lui semblait deviner en partie le sens obscur et énygmatique.

— Je vais vous l'apprendre... — répondit le vieillard.

Lascars attendait, en proie à une émotion et à une anxiété prodigieuses.

Au moment de continuer, Philippe Talbot prêta l'oreille.

— Il me semble — dit-il — que j'entends le roulement d'une voiture.

— Vous ne vous trompez pas... — mais parlez... parlez vite...

— C'est sans doute le chevalier de La Morlière... — le temps nous manque en ce moment pour un plus long entretien... — si je survis, je vous expliquerai tout... — si je succombe, vous trouverez dans mon testament l'explication que je ne puis vous donner moi-même...

— Dans votre testament! — s'écria Lascars.
— Oui. — Vous le trouverez sur l'un des meubles de ma chambre à coucher. — Quoique je ne sois pour vous qu'un ami bien nouveau, j'ai cru pouvoir compter aveuglément sur la sincérité de votre affection... — C'est vous que j'ai nommé mon exécuteur testamentaire... — Vous acceptez, n'est-ce pas ?

— Certes, j'accepterais en cas de malheur... mais vous vivrez, mon ami! vous vivrez... j'en ai la confiance et la certitude...

— Je l'espère aussi, mais il faut tout prévoir... — le contenu de ce testament, augmentera, je l'espère, l'estime que vous m'accordiez... vous y verrez la réparation d'une grande et trop longue injustice.

— Une injustice! — répéta Lascars — de quelle injustice parlez-vous ?

Philippe Talbot n'eut pas le temps de répondre. — Un carrosse de louage s'arrêtait auprès de la grille, et La Morlière, descendant de ce carrosse avec ses témoins, se dirigeait du côté de son adversaire.

— Le testament éclaircira pour vous tout cela... — reprit le vieillard — allons au-devant de ces messieurs... — Un mot encore, cependant — ajouta-t-il — mais plus qu'un... — Prenez cette enveloppe, mon ami...

En même temps il tendait au baron une enveloppe cachetée, sans suscription.

— Que contient ceci ? — demanda Lascars.
— Un bon au porteur de cent mille livres.
— Que dois-je en faire ?
— Le remettre en mon nom à mademoiselle Hermine...
— La chère enfant compte sur une somme bien supérieure, et sans doute elle trouvera que c'est mesquin... — Hier j'aurais peut-être été de son avis, mais aujourd'hui tout est changé, j'ai fait de ma fortune un emploi plus digne, et cent mille livres me paraissent rémunérer très-largement la sincère affection d'une danseuse...

En prononçant ces derniers mots, et tandis que Roland serrait l'enveloppe dans sa poche, Philippe Talbot se mettait en devoir de franchir la distance qui le séparait de son adversaire.

Pendant ce temps Lascars se dit en lui-même :

— Philippe Talbot se repent d'avoir fermé son cœur et sa porte à son frère... — Sa haine implacable pour ce frère, l'abandon de sa nièce, voilà les crimes qu'il se reproche et qu'il veut réparer en laissant toute sa fortune à l'orpheline... — Puisqu'il en est ainsi, sa mort n'est plus nécessaire à mes projets... — Il sera trop heureux de voir en moi le mari de Pauline... Il n'hésitera pas à nous donner dès à présent la moitié de sa fortune... et, quant au reste, — il est vieux et je suis jeune... — J'attendrai...

Le chevalier de La Morlière et Philippe Talbot échangèrent froidement un salut, sans prononcer une parole, puis les deux adversaires, suivis de leurs témoins et du chirurgien, s'engagèrent dans le bois afin d'y chercher un endroit, bien disposé par la nature, pour servir de théâtre au drame sanglant qui se préparait.

Au bout de huit ou dix minutes, environ, Philippe Talbot, qui marchait en tête du premier groupe, atteignit une petite clairière entourée de grands arbres et dont le sol était parfaitement uni.

L'année précédente, plusieurs fours à charbon avaient occupé cette clairière et aucune trace de végétation ne se voyait sur le terrain noirâtre, calciné à une assez grande profondeur.

Les rideaux des grands arbres dont nous avons parlé arrêtaient au passage les feux du soleil encore très-bas sur l'horizon...

Philippe Talbot s'arrêta :

— Ou je me trompe fort, messieurs — dit-il — ou voici notre affaire... — Il me semble qu'on ne saurait nulle part trouver mieux... — Est-ce votre avis comme le mien?

LV

LE DUEL.

L'endroit était effectivement bien choisi et les témoins du chevalier s'inclinèrent en signe d'adhésion.

Philippe Talbot reprit, en s'adressant à ces derniers :

— J'ai apporté mes épées, messieurs, mais si mon adversaire préfère se servir des siennes, je déclare à l'avance que je les accepte...

— Ceci est un point qui doit être réglé entre les témoins des deux parties... — dit Lascars.

— Soit — répliqua le vieillard — occupez-vous de ce détail, mon ami... — Ce que vous ferez sera bien fait...

Et il s'éloigna de quelques pas.

Lascars s'approcha rapidement de La Morlière :

— Tout est changé depuis hier — lui dit-il à voix basse — contentez-vous de désarmer Philippe Talbot, ou de lui faire une légère blessure, mais ne le tuez pas... je veux qu'il vive...

— Le prix convenu tient toujours? — demanda le chevalier du même ton.

— Bien entendu...

— Dans ce cas, soyez tranquille, — le bonhomme en sera quitte tout au plus pour une égratignure...

La question des armes fut tranchée aussitôt après par le chevalier qui déclara ne point tenir à faire usage de ses propres épées ; — les adversaires mirent habit bas, ils se placèrent en face l'un de l'autre, et le combat commença...

Nous savons quelle en aurait été l'issue presque immédiate sans le contre-ordre donné par Lascars, mais La Morlière, peu désireux de venger son injure personnelle, et ne voyant au fond de ce duel qu'une question d'argent fit en sorte de ménager le vieillard et se proposa de le désarmer purement et simplement.

Philippe Talbot, dès les premières passes comprit qu'il avait à faire à un tireur d'une force exceptionnelle et, bien supérieure à la sienne ; — il n'en fut ni effrayé, ni découragé, et, sachant à merveille qu'en définitive la victoire n'est pas toujours au plus habile, il résolut de redoubler d'attention, de ne commettre aucune imprudence et de se couvrir sans cesse, de manière à ne livrer aucun passage à l'épée de son adversaire.

Cette tactique n'échappa point à La Morlière, qui s'étonna de trouver chez un vieillard un poignet aussi ferme et tant de rectitude et de précision dans la parade.

Les fers s'entrechoquèrent pendant près de deux minutes, sans que le chevalier put réussir à lier l'épée de son adversaire et à la faire sauter à dix pas.

— Il me semble, monsieur, que vous me ménagez... — dit tout à coup Philippe Talbot — c'est un jeu dangereux que celui-là, car, je vous en préviens, je ne vous ménagerai pas...

La Morlière ne répondit que par un sourire fortement empreint d'ironie, ou qui du moins parut tel au vieillard dont un vif mouvement de colère fit battre le cœur et rougir le front...

La colère est mauvaise conseillère. Philippe Talbot voulut prouver à l'instant même au chevalier qu'avec lui les ménagements étaient superflus ; — il cessa de se tenir sur la défensive, ainsi qu'il l'avait fait jusqu'alors, il prit une attitude agressive, et la pointe de son épée, touchant légèrement le poignet droit de son adversaire, déchira l'épiderme et fit jaillir quelques gouttes de sang.

La Morlière étouffa dans sa gorge un juron prêt à sortir et se dit :

— Vais-je me faire tuer par ce patriarche? — franchement ce serait trop sot ! — Allons !... allons !... il faut en finir !... — je vais lui piquer si bien le bras qu'il n'en demandera pas davantage et se tiendra pour satisfait...

Telle était la volonté du chevalier. — L'événement déjoua ses prévisions ; — au moment où ses muscles, se détendant soudain comme des ressorts d'acier, lançaient en avant son épée, Philippe Talbot essaya vainement d'arriver à la parade ; — cette parade funeste changea bien la direction de l'épée du chevalier, mais sans l'éloigner suffisamment de la ligne du corps, et le coup destiné au bras arriva en pleine poitrine...

L'arme traversa le cœur et ressortit entre les deux épaules. — La blessure était mortelle et la mort fut foudroyante... Philippe Talbot ne put ni prononcer une parole, ni pousser un soupir ; — une écume sanglante vint à ses lèvres ; il étendit les bras et son corps, changé en cadavre, s'abattit la face contre terre...

. . . .

Le comte de Guibray et les deux témoins du chevalier poussèrent une exclamation douloureuse... — Lascars saisit le poignet de La Morlière, et, se penchant vers son oreille, il murmura de manière à ne pouvoir être entendu que de lui seul :

— Malheureux, que vous avais-je dit?...

— Eh! mordieu! — répliqua La Morlière — c'est sa faute et non la mienne !... — j'ai fait ce que j'ai pu... — je l'ai ménagé même plus que de raison, puisque mon sang coule ! N'avez-vous pas vu qu'il s'est enferré lui-même ?...

— ne me reprochez donc rien car je ne mérite aucun reproche...

Lascars revint s'agenouiller auprès du cadavre, et, donnant à sa physionomie l'expression du chagrin le plus profond, il s'écria :

— Ne reste-t-il donc point d'espoir ? — Ne peut-on sauver monsieur de La Boisière ? Dieu m'est témoin que je donnerais sans regret la moitié de ma fortune pour conserver un tel ami...

— Hélas! monsieur le baron — répondit le chirurgien — tout est irrévocablement fini ! — la vie a quitté le corps au moment ou l'épée a touché le cœur !

Lascars cacha sa figure dans ses deux mains.

— Mon Dieu... mon Dieu... — balbutia-t-il d'une voix qui semblait altérée par les larmes — le plus noble, le meilleur des hommes devait-il finir ainsi ?...

La suite des événements engagés dans ce livre, sera l'objet d'un second volume, déjà sous presse chez le même éditeur, et qui aura pour titre :

LES PIRATES DE LA SEINE.

C'est là que nous prierons nos lecteurs de vouloir bien nous suivre, pour savoir comment **Lascars** exécuta les clauses du testament, et de quelle façon il rendit à **Pauline Talbot** l'immense fortune de son oncle.

Les deux valets de pied amenés avec le carrosse avaient suivi de loin les combattants et les témoins à travers le bois, et, obéissant à une irrésistible curiosité, s'étaient cachés derrière les arbres disséminés autour de la clairière, et de là ils avaient assisté aux péripéties du duel.

Ils se montrèrent après le dénouement fatal et Lascars ur donna l'ordre d'improviser une sorte de brancard avec es branches coupées dans le taillis, et de porter jusqu'à la oiture le corps de Philippe Talbot étendu sur un bran- rd.

Au moment où le lugubre cortége se mettait en marche, a Morlière s'approcha de Roland.

— Monsieur le baron — lui dit-il à demi-voix — j'ai fait e mon mieux pour vous satisfaire, et si je n'ai pas complète- ent réussi, je vous répète qu'il serait injuste de m'en accu- er...

Lascars répondit par un signe affirmatif.

— A quelle heure vous conviendra-t-il que je vous attende hez vous?... — continua La Morlière.

— Aujourd'hui?... — murmura Roland.

— Monsieur le baron, c'est chose depuis longtemps con- enue... et d'ailleurs, foi de gentilhomme, cela presse ! — epuis hier je n'ai plus un sou...

Lascars regarda sa montre. — Elle indiquait neuf heures oins un quart.

— Je serai chez moi vers midi... vous pouvez y comp- r... — dit-il.

— J'y compte...

La Morlière salua, et, ne voulant pas sans doute rejoin- re la grille du bois par le même sentier que le cadavre de a victime, il disparut dans le fourré.

La carrosse transformé en char funèbre ne pouvait mar- her qu'au pas.

Il mit plus d'une heure à franchir la distance qui sépare incennes de la rue Culture-Sainte-Catherine.

Le vis-à-vis dans lequel se trouvaient monsieur de Gui- ray et Lascars le suivait lentement.

La cour de l'hôtel était pleine de valets, et ces valets don- èrent de grands témoignages d'effroi et de douleur en oyant que le maître qu'il aimait avait cessé de vivre.

Roland les laissa s'empresser autour du carosse avec des

larmes vraies et des gémissements sincères, et après avoi
constaté que Sauvageon ne se trouvait point parmi eux, i
s'empressa de gravir les marches du perron et de se dirige
vers la chambre de Philippe Talbot.

Qu'on juge de sa surprise lorsqu'en franchissant le seui
de cette chambre, dont la porte était largement ouverte, i
aperçut les meubles dans un désordre qui témoignait d'un
lutte violente ; — en même temps il entendit des gémisse
ments sourds et des blasphèmes étouffés s'échapper du ca
binet voisin, où il avait vu Philippe Talbot, le soir précé
dent, aller chercher les fleurets pour faire assaut avec lui...

Le testament n'était plus sur le bureau...

— Que signifie cela ? se demanda Roland très-inquiet —
que se passe-t-il donc !...

Il traversa rapidement la vaste chambre à coucher, il entra dans le cabinet et le spectacle le plus étrange et le plus
inattendu s'offrit à ses yeux.

Sauvageon renversé, les pieds et les mains attachées solidement avec des serviettes tordues en façon de cordes, le
visage marbré de taches livides et sanglantes, se roulait sur
le tapis avec la violence convulsive de la fureur et de l'impuissance, et s'efforçait en vain, par des mouvements brusques et saccadés de briser les nœuds qui le retenaient cap-
tifs.

Loin d'y réussir il serrait ces nœuds davantage à chaque
secousse, et faisait pénétrer de plus en plus les liens dans
sa chair meurtrie...

De là ces gémissements, ces lamentations, ces blasphèmes, que Lascars avait entendus...

A quelques pas de Sauvageon se tenait debout le premier
valet de chambre de Philippe Talbot, une épée nue à la
main, dirigeant la pointe de cette épée vers le captif chaque
fois que ce dernier, dans ses contorsions de reptile, faisait
mine de se rapprocher de lui.

Pendant quelques secondes Lascars, pétrifié par la stupeur, resta muet.

Enfin il retrouva la voix et la présence d'esprit, et il répéta tout haut les paroles qu'un instant auparavant il venait de prononcer tout bas ;

— Que veux dire cela ? que se passe-t-il donc ici ?...

LVI

OU LA MAUVAISE ÉTOILE DE SAUVAGEON REPARAIT.

L'arrivée de Lascars produisit un effet immédiat sur les deux personnages de la scène bizarre que nous venons de mettre sous les yeux de nos lecteurs.

Sauvageon cessa ses contorsions et ses plaintes et demeura silencieux et immobile, attachant ses regards avec une ardente fixité sur le nouveau venu.

Le valet de chambre, reconnaissant en Lascars l'ami très-intime et l'un des témoins de son maître, le salua respectueusement, et répondit en désignant Sauvageon du bout de son épée :

— Il y a, monsieur le baron, que cet homme est un gredin...

Lascars fit semblant d'examiner attentivement le prisonnier.

— Il me semble — dit-il ensuite — que j'ai déjà vu cette figure... — l'homme que voilà ne faisait-il point partie de la maison de monsieur de La Boisière ?...

— Oui, monsieur le baron...

— Depuis longtemps?...

— Depuis quinze jours à peine..., — aucun de nous ne sait d'où il sort ni par qui il a été recommandé à notre maître... nous avons eu beau le questionner à ce sujet, comme cela se pratique entre camarades, le sournois n'a jamais voulu répondre...

— Ceci n'est point un crime... répliqua Lascars — et je ne suppose pas que ce soit en punition de son silence obstiné que vous l'avez attaché de cette façon...

— Oh! certainement non, monsieur le baron...

— Qu'a-t-il donc fait?...

— Il a volé...

— En avez-vous la certitude?

— Je l'ai pris en flagrant délit.

— Quel était l'objet de son vol ?

— Des papiers qui, sans doute, ont une grande importance...

— Où sont ces papiers ?..

— Les voilà ..

Le valet de chambre tira de sa veste et remit à Lascars l'enveloppe sur laquelle étaient écrits ces mots : — *Ceci est mon testament.* — Elle était étrangement fripée et déchirée à moitié.

Roland la saisit, et continua :

— Apprenez-moi, maintenant, de quelle façon les choses se sont passées...

— Monsieur le baron, c'est bien simple, répondit le valet. — Il y a une demi-heure, à peu près, j'étais dans le cabinet où nous voici, et je m'occupais de mon service, lorsque j'entendis ouvrir tout doucement la chambre à coucher... — Je me défiai de quelque chose, je m'apppro chai de la porte sans faire de bruit et je vis ce mauvais drôle de Jasmin qui se croyant seul se dirigeait à pas de loup vers le bureau, s'emparait de l'enveloppe que je viens de remettre à monsieur le baron et la subtilisait sans dire gare !.. — je sortis aussitôt de ma cachette et m'élançai

ur lui en criant : *Au voleur...* — il voulut fuir, mais je
e lui en laissai pas le temps et une lutte corps à corps
s'engagea entre nous... le gredin est fort comme un Turc,
quoique de chétive apparence ; — il se défendait mieux
u'un diable, et je n'aurais jamais pu venir à bout de lui
si deux ou trois camarades, attirés par mes cris, n'étaient
venus à mon aide... — nous l'avons alors garrotté et poussé
dans ce cabinet où nous le gardions à vue en attendant le
retour de monsieur de La Boisière... tout à l'heure, lorsque
le bruit des voitures s'est fait entendre, mes camarades m'ont quitté pour descendre dans la cour, et je suis
resté seul avec ce scélérat... — voilà toute l'histoire, et
monsieur le baron en sait maintenant aussi long que moi...

Le valet cessa de parler.

Lascars se tourna vers Sauvageon.

— Avez-vous quelque chose à répondre pour vous justifier ?.. — lui demanda-t-il.

Sauvageon fit un violent effort et parvint à se soulever
sur ses genoux.

— J'ai à répondre que je ne suis pas un voleur... balbutia-t-il d'une voix gémissante — et cela, monsieur le
baron, je le jure sur tout ce qu'il y a de plus sacré dans ce
monde...

— Il ment ! — s'écria le valet de chambre, il ment
comme un éhonté scélérat qu'il est.

— C'est possible — c'est même probable ; — répondit
Roland — mais il ne faut point l'interrompre... — laissez-le parler en toute liberté... — vous dites que vous n'êtes
pas un voleur — reprit-il en s'adressant à Sauvageon, et
cependant vous avez dérobé l'enveloppe que voici...

— Eh ! monsieur le baron, je ne songeais guère à la
voler... c'est par un pur et simple sentiment de curiosité
que je l'avais prise et que je la regardais, quand cette bête
farouche de Bourguignon s'est précipité sur moi en m'accablant d'injures et en s'efforçant de m'étrangler... —

n'est-ce pas une infamie de tordre le cou à un pauvre diable pour un peu de curiosité...

Bourguignon haussa les épaules.

— De la curiosité !.. — répliqua-t-il — ah ! par exemple, gredin de scélérat, tu veux nous la bailler belle !.. — il ne faut pas croire un mot de tout ce qu'il dit, monsieur le baron !.. l'enveloppe était déjà au fin fond de sa poche...

— C'est un mensonge !.. — cria Sauvageon — je ne songeais point à mal, et d'ailleurs je n'avais que faire de cette lettre qui ne me regarde ni peu ni prou... Pourquoi donc l'aurais-je prise ?.. — Bref, je me défendais de mon mieux quand ce capon de Bourguignon, qui est plus fort que moi, mais qui avait peur, poussa de tels cris que trois camarades lui vinrent en aide... ils se mirent tous les quatre contre un seul homme, chétif et petit comme je le suis... je fus roué de coups, assommé, meurtri, foulé aux pieds !.. — tout mon corps n'est qu'une contusion, et, non contents de me renverser à demi mort, ces bourreaux d'un innocent m'ont attaché les pieds et les mains ainsi que monsieur le baron peut le voir, avec des liens qui me brisent les os et qui m'entrent dans la chair, voilà la vraie vérité, je le jure, et il n'y en a pas d'autre...

Bourguignon allait répliquer, mais d'un geste Lascars lui imposa silence, et lui dit ensuite :

— La culpabilité de ce malheureux me paraît moins grande que vous me la faisiez d'abord, mais il ne m'appartient point de me prononcer en ces questions délicates, et la justice prononcera... — seulement, les lois de l'humanité sont imprescriptibles et doivent avant tout être respectées. Détachez les liens de cet homme...

— Mais, monsieur le baron... murmura le valet.

— Faites ce que je viens de dire, ajouta Lascars impérieusement, sinon, je le ferai moi-même...

Bourguignon n'osa point désobéir et il dénoua lentement et à contre-cœur les serviettes roulées en cordes qui comprimaient les membres de Sauvageon.

Ce dernier, une fois délivré, se mit sur ses jambes avec
e fort laides grimaces, et se maintint en équilibre, non
ns peine, car ses meurtrissures étaient douloureuses, ses
rticulations roidies, et la circulation du sang momentané-
ent interrompue.

— Maintenant — continua Roland en s'adressant à
ourguignon — courez sans perdre une minute au corps
e garde le plus proche et ramenez avec vous deux ou trois
oldats... ils emmèneront, pour le livrer à qui de droit, ce
rétendu voleur.

— Et pendant mon absence, s'écria le valet, monsieur le
baron restera seul avec ce scélérat !..

— Sans doute...

— Mais le danger...

— Je n'y crois pas... — vous avez mis le pauvre diable
en trop piteux état pour qu'il soit fort à craindre... —
d'ailleurs, voici des pistolets... — s'il faisait mine de m'attaquer, où s'il cherchait à prendre la fuite, je lui brûlerais
très-bien la cervelle...

A cela, il n'y avait rien à répondre. — Nous devons
ajouter que Lascars commandait d'un ton qui rendait nécessaire une obéissance immédiate et sans réplique.

Bourguignon s'inclina devant l'ami de son maître, il
sortit du cabinet et traversa la chambre à coucher pour aller
chercher la garde.

Roland et Sauvageon restèrent seuls.

— Ah ! monsieur le baron — balbutia le prétendu Jasmin — sans vous j'étais un homme perdu ! — le diable est
contre moi, ma mauvaise chance continue !.. — je suis en-
sorcelé ! — si des coups se distribuent quelque part, on
peut compter d'avance que je serai là pour les recevoir !..
— Ah ! les misérables !.. — les triples brutes ! — comme
ils frappaient sur ma pauvre échine !.. — j'ai vu de bien
près le moment où je ne sortais pas vivant de leurs
mains !..

— Tu es un maladroit !.. dit Lascars — récite ton *meâ*

culpa, je te le conseille, car l'unique auteur du mal qui vient de t'arriver, c'est toi-même!.. — ne devais-tu pas, avant de mettre la main sur la lettre, t'assurer que la solitude était bien complète autour de toi!..

— Hélas! monsieur le baron, ce n'est que trop vrai!... — murmura l'infortuné.

— Enfin, le moment serait mal choisi pour t'adresser des reproches, reprit Roland — d'autant plus que si tu as commis la sottise la punition ne s'est guère fait attendre... — il s'agit maintenant de te sauver...

— Oui, monsieur le baron... sauvons-nous... c'est-à-dire, sauvez-moi...

— Ce cabinet n'a-t-il d'autre issue que la chambre à coucher?

— Il possède, en outre, un escalier dérobé dont voici la porte...

— Où conduit cet escalier?..

— Dans la cour de l'hôtel...

— Elle est encombrée de valets... tu serais repris à l'instant même... — il n'y faut pas songer...

— Comment donc faire, monsieur le baron, et par où m'évader, car enfin je ne puis attendre ici le retour de Bourguignon et des soldats... — une fois en prison je ne saurais comment en sortir... ces messieurs les juges sont d'une curiosité révoltante, ils m'adresseraient toutes sortes de questions saugrenues qui me mettraient dans l'embarras... et qui, soit dit en passant, pourraient bien y mettre aussi monsieur le baron...

Tandis que Sauvageon parlait ainsi, Lascars s'approchait de l'unique et large fenêtre du cabinet et constatait avec une joie vive que cette fenêtre donnait sur le jardin complètement désert.

L'étage était peu élevé.

Immédiatement au-dessous de la fenêtre s'étendait une plate-bande amplement garnie de terreau et qui semblait disposée tout exprès pour amortir une chute et la rendre sans danger.

Au fond du jardin, entre les troncs rugueux d'une double rangée de tilleuls, se voyait une petite porte verte percée dans la muraille revêtue de lierre et donnant sur une ruelle écartée.

— Tout ceci est parfait ! — murmura Lascars.

Puis s'adressant à Sauvageon, — il reprit :

— Tu vas sauter par la fenêtre.

Sauvageon fit un geste d'épouvante et recula d'un pas.

— Par la fenêtre ! répéta-t-il.

— Naturellement, puisque c'est le seul chemin qui te soit ouvert...

— Mais, monsieur, en tombant de si haut, je me casserai les reins... balbutia le faux Jasmin.

— Pas le moins du monde... — répliqua Roland — la plate-bande est moëlleuse, fraîchement remuée, et jouera le rôle d'un matelas bourré de plumes placé là pour te recevoir.

— Hélas ! hélas ! monsieur le baron, les coups nombreux que j'ai reçu m'ont rendu le corps tout roide.

— Cette gymnastique t'assouplira !.. — allons, faquin, saute, et saute vite !.. — je n'ai pas envie qu'on te retrouve ici tout à l'heure... — Tu n'as pas une minute à perdre !..

Sauvageon ne se dissimula point que toute hésitation, tout retard, devenaient impossibles, et, malgré sa répugnance et son effroi, il prit le parti de s'exécuter.

— Monsieur le baron — demanda-t-il — une fois dehors, — que faudra-t-il faire ?..

— Va m'attendre au logis que tu connais — répondit Lascars, je t'y rejoindrai dans deux heures...

LVII

LE TESTAMENT.

Sauvageon voulut s'élancer, mais ses jambes meurtries et ses reins endoloris lui refusèrent véritablement le service. — Il lui fallut l'aide de Lascars pour grimper sur le rebord de la fenêtre ouverte.

Une fois-là, il ferma les yeux, fit le plongeon, et tomba lourdement dans la terre molle de la plate-bande.

Il se releva d'ailleurs sain et sauf, et pensant non sans raison que le plus fort était fait désormais, il traversa le jardin clopin--clopant et il atteignit la porte verte.

Aussitôt que Lascars le vit hors d'atteinte, il déchargea en l'air ses deux pistolets et se mit à crier de toutes ses forces :

— Le prisonnier s'échappe ! au voleur, arrêtez-le !

Ces cris d'appel furent entendus jusque dans la cour. Plusieurs valets accoururent ; — le baron leur expliqua de quelle façon ce scélérat de Jasmin s'était évadé par la fenêtre, et comment il avait fait feu sur lui sans l'atteindre, et il les engagea fortement à se mettre à sa poursuite, ce qu'ils firent à l'instant même, mais le fugitif avait sur eux une trop grande avance pour qu'il fut possible de le rejoindre, et les valets revinrent l'un après l'autre, aussi déconcertés que des chasseurs qui rentrent au logis les mains vides.

Tandis que ceci se passait, d'autres serviteurs de l'hôtel retiraient du carrosse le cadavre de Philippe Talbot, l'étendaient sur un brancard recouvert à la hâte d'un tapis de velours, l'apportaient jusqu'à la chambre à coucher à travers ces appartements de réception encombrés la veille au soir, d'une foule joyeuse et bruyante, et, après avoir enlevé les vêtements et lavé les blessures saignantes par où la vie s'était envolée, couchaient sur le lit le pauvre corps endormi d'un sommeil éternel.

Lascars donna l'ordre d'aller sans perdre une minute chercher des prêtres, il enjoignit de transformer la chambre à coucher en une chapelle ardente, et de prendre les mesures nécessaires pour que les cérémonies funèbres eussent lieu le lendemain avec l'éclat et la pompe que comportaient la position sociale et la grande fortune du défunt.

Puis, aussitôt ces ordres donnés, il retourna dans le cabinet voisin, où il s'enferma, et tirant de son sein le testament de Philippe Talbot, il rompit, d'une main tremblante d'émotion, le large cachet de cire noire.

Cette émotion se calma bien vite pour faire place à une satisfaction sans bornes. L'événement confirmait les dernières prévisions de Roland, et le testament du vieillard était tel, de tous points, qu'il pouvait le souhaiter.

Voici ce qu'il lut :

« A la veille d'un duel dont l'issue est incertaine et me sera sans doute fatale, je veux mettre mon âme en paix avec le Dieu de justice devant qui je paraîtrai peut-être demain, — je veux réparer, autant qu'il m'est donné de le faire, la seule faute vraiment grave, la seule action détestable qui déshonore ma vie et pèse lourdement sur ma conscience.

» Le gentilhomme avec lequel, dans quelques heures, je croiserai le fer, m'a nommé tout haut : CAIN ! c'était justice !.. je méritais cette sanglante injure, car si Dieu me disait : *qu'as-tu fait de ton frère ?*.. je ne pourrais que me taire, ou, comme le premier meurtrier, il me faudrait répondre : — *Seigneur, vous ne me l'avez pas donné à garder !*..

» Pendant la moitié de ma longue carrière je fus aveuglé par une injuste haine dont je reconnais trop tard aujourd'hui toute l'injustice, toute la cruauté, toute la folie !..

» Abandonné par moi, méconnu par moi, renié par moi, chassé par moi, Georges Talbot, mon frère, a vécu pauvre, il a connu toutes les douleurs de la ruine, toutes les angoisses d'une misère imméritée, quand je n'avais qu'à étendre la main pour le soutenir, et pour le relever !

» Il est mort misérable, tandis que j'étais riche !.. sans doute il m'appelait à son heure suprême !.. je ne suis pas venu !.. — Caïn, le meurtrier d'Abel, ne s'est pas montré cruel !..

» Je me repens de cette infamie... Je supplie mon frère de me la pardonner... Je lui demande à genoux d'implorer pour moi la miséricorde divine.

» Georges Talbot avait un enfant, une fille — Pauline Talbot, ma nièce. — Je lègue à Pauline Talbot ma fortune tout entière (Hélas ! réparation tardive !..) le détail et les titres de cette fortune, qui monte à près de trois millions de livres, se trouvent dans le troisième tiroir du meuble d'ébène incrusté de cuivre qui fait face à mon lit dans la chambre à coucher de mon hôtel.

» Et maintenant, oh ! comble de honte ! il faut bien que je l'avoue, j'ignore ce qu'est devenue Pauline Talbot, mon unique parente ! — je ne sais même pas si la pauvre et chère enfant a survécu à son malheureux père dont la mort, apprise par hasard il y a quelques mois, m'a laissé froid et insensible !..

» Je compte assez sur le caractère noble et généreux de

monsieur le baron Roland de Lascars et sur la sincère affection qu'il me témoignait, pour espérer qu'il voudra bien m'aider à réparer mon crime...

» Je le nomme, en conséquence, mon exécuteur testamentaire, et je le conjure de n'épargner ni l'argent, ni les démarches, pour retrouver ma nièce et mon héritière, Pauline Talbot et la mettre en possession de tous mes biens.

» Dans le cas où, ce qu'à Dieu ne plaise, la fille de mon frère n'existerait plus, mon hôtel de la rue Culture-Sainte-Catherine deviendrait une maison d'asile destinée à recevoir de jeunes orphelines, et tous les revenus de ma fortune serviraient à les élever, à les entretenir et à leur constituer des dots, quand viendrait le moment de les marier...

» Cet établissement de bienfaisance porterait le nom D'ASILE TALBOT, non pour éterniser ma mémoire, mais pour conserver et pour faire bénir le nom de mon frère et de sa famille.

» Je prie monsieur le baron de Lascars de vouloir bien accepter, comme souvenir de son vieil ami, le diamant monté sur émail noir que je porte au doigt anulaire de la main gauche, et les deux grands tableaux, l'un du *Titien* l'autre du *Luca Giordano*, qui se trouvent dans le grand salon de mon hôtel, et dont l'authenticité est reconnue.

» Enfin, je donne et lègue mon âme à Dieu, et je le supplie de la recevoir en sa miséricorde. »

. . . .

Suivaient la date, et la signature ; PHILIPPE TALBOT, DE LA BOISIÈRE.

Au moment où Lascars achevait la lecture de ce testament qui certes était remarquable malgré sa forme un peu emphatique, les rayonnements d'une joie infernale illuminèrent son front et ses yeux.

— Trois millions !.. murmura-t-il avec une indicible expression de cupidité, dans quelques jours j'aurai trois millions ! Allons, mon étoile est brillante et je dois la bénir !

Une heure après, les prêtres de la paroisse arrivaient ; — des cierges innombrables s'allumaient autour du cadavre, et les psaumes de la pénitence, lentement psalmodiés, remplissaient la vaste chambre d'un murmure solennel et monotone.

Lascars prit le chemin de l'appartement meublé où il avait donné rendez-vous à Sauvageon et à La Morlière.

Le chevalier n'était pas encore arrivé, mais Sauvageon accueillit son maître avec force gémissements et lamentations au sujet de la mauvaise chance qui le poursuivait d'une manière si acharnée, et qui se traduisait pour lui en horions de toutes sortes, au grand préjudice de son pauvre corps.

— Animal — lui répondit Lascars en riant — frictionne tes meurtrissures, cesse de te plaindre et réjouis-toi, car ta fortune est faite !

— Ma fortune est faite ! — répéta Sauvageon partagé entre le doute et l'espoir — monsieur le baron parle sérieusement ? — monsieur le baron ne se gausse pas de moi ?

— Foi de gentilhomme, je parle sérieusement... — te voilà riche, puisque je le suis.

Cette assurance si formelle, si positive, à laquelle il semblait impossible de ne pas croire, mit Sauvageon hors de lui-même.

A la fin il reprit son calme et discontinua ses évolutions chorégraphiques.

— Monsieur le baron veut-il avoir la grande bonté de me pincer le bras jusqu'au sang ! dit-il tout à coup.

— Te pincer jusqu'au sang ! s'écria Lascars, dans quel but ?

— Dans le but de me donner l'assurance que je ne rêve pas et que véritablement je suis riche...

— Epreuve inutile, mon garçon... tu es parfaitement éveillé... je te le certifie de nouveau.

— Dans ce cas-là, ma fortune, monsieur le baron, à combien ça peut-il se monter, s'il vous plaît...

— Quelle somme te semblerait nécessaire pour atteindre, pour dépasser, même, tes espérances les plus ambitieuses? demanda Lascars.

Sauvageon baissa la tête, ferma les yeux à demi, remua les lèvres, agita les doigts et parut se livrer pendant quelques secondes à des calculs d'une complication infinie.

— Eh! bien, fit Roland avec un sourire, ce chiffre est-il enfin fixé?

— Oui, monsieur le baron.

— Dis-le donc, alors.

— Je n'ose pas.

— Pourquoi?

— C'est qu'il s'agit de choses par dessus les maisons.

— Peu importe... — Voyons ces choses...

— Puisque monsieur le baron veut absolument le savoir, ça irait bien jusqu'à vingt mille livres... Mais c'est histoire de dire des folies!... — Je ne suis pas assez sot pour supposer que monsieur le baron me donnera de pareilles sommes.

— Suppose, mon garçon, suppose, et tu seras dans le vrai... — Tu auras tes vingt mille livres.

— Pas possible!..

— Tu les toucheras dès demain.

— Mais alors, monsieur le baron, je pourrai donc réaliser mon rêve!.. — mon beau rêve!.. — s'écria Sauvageon avec ivresse.

— Ce rêve, quel est-il?

— C'est de posséder sur le bord de l'eau, quelque part auprès de Paris, une petite maison, une vraie maison, bâtie en pierres, couverte en tuiles, avec une cave et un grenier.

— Tn posséderas la maison... — C'est convenu!.. Et, une fois propriétaire, que feras-tu de ta propriété?

— J'en ferai une petite guinguette, monsieur le baron, une vraie guinguette, avec du vin dans la cave et des jambons pendus dans la cheminée... J'aurai un bateau, un vrai bateau, qui ne devra rien à personne, et je pêcherai moi-même des goujons que ma petite servante fera frire... car j'aurai une petite servante... une vraie servante, monsieur le baron.

— Tu pourras même en avoir deux, si le cœur t'en dit... — répliqua Lascars en riant.

— Une suffira, monsieur le baron... seulement, je tiens à ce qu'elle soit de la Bourgogne... il vient de là de beaux brins de filles... ah! je serai un heureux gaillard... — Je prendrai pour enseigne, le Goujon Aventureux, et mes clients seront si nombreux que je ne saurai auquel entendre, de vrais clients, monsieur le baron... — pas des *Lapins*... — ah! non, par exemple!

Un coup de sonnette interrompit les extases de Sauvageon, et le futur propriétaire du *goujon aventureux* courut ouvrir au visiteur, qui n'était autre que le chevalier de La Morlière.

LVIII

LE RÊVE.

L'entretien du baron et du chevalier fut très-court. — Roland remit la somme promise à celui qui venait de lui servir de *bravo*, et s'engagea de nouveau à lui compter à l'époque convenue, c'est-à-dire un mois plus tard, le reste du prix du sang.

Il le congédia aussitôt après, et se rendit à l'hôtel de la rue Culture-Sainte-Catherine.

Le bruit de l'événement accompli dans la matinée s'était répandu rapidement. — Lascars trouva l'hôtel plein de gens de loi, venus, les uns pour prendre des informations au sujet de la mort violente de Philippe Talbot, les autres pour mettre les scellés sur tous les meubles et sur tout les papiers, dans l'intérêt des héritiers encore inconnus.

Le baron se mit en rapport successivement avec les uns et avec les autres.

Aux premiers il s'empressa de donner les détails relatifs au duel de Vincennes ; il leur certifia en outre que les choses s'étaient passées loyalement, d'une façon tout à fait irréprochable, et le comte de Guibray, présent à l'hôtel, confirma ce témoignage, que son honorabilité connue rendit d'un grand poids.

Aux gens de loi Lascars produisit le testament de Philippe Talbot ; — il leur déclara sa qualité d'exécuteur testamentaire, et en cette qualité il assista à l'apposition des scellés, formalité légale qu'il était impossible d'éviter, et qui d'ailleurs ne pouvait lui causer aucun préjudice, car c'est seulement comme mari de Pauline Talbot, légataire universelle, qu'il comptait rentrer en maître à l'hôtel.

Nos lecteurs se souviennent que peu d'instants avant le duel dans lequel il devait succomber, Philippe Talbot avait remis à Lascars une enveloppe sans suscription, renfermant un *bon au porteur de cent mille livres*, destiné à mademoiselle Hermine, de l'Académie royale de musique et de danse.

Roland, craignant sans doute que la nymphe d'opéra ne fît de cette somme un usage inconsidéré, jugea très à propos de la garder pour lui, et jamais la blonde danseuse n'entendit parler du *fidéicommis* confié à la loyauté du gentilhomme...

Cette déception fut tellement pénible à mademoiselle Hermine, qu'elle en faillit faire une maladie, et qu'après avoir maudit, avec une éloquence étonnante, la mémoire de son oublieux protecteur, elle se brouilla avec La Morlière.

Hâtons-nous d'ajouter qu'au bout d'un peu moins d'une semaine elle était déjà consolée, et qu'avant la fin du mois la protection d'un riche et galant étranger lui faisait oublier amplement ce qu'elle avait perdu.

. . . .

Le lendemain du duel eurent lieu les funérailles de Philippe Talbot. Elles furent magnifiques, et jamais obsèques de prince ne servirent de prétexte à d'aussi rares magnificences... — jamais somptueux cortège, accompagnant un cercueil au cimetière, ne se mit mieux en pleine révolte contre l'adage philosophique : *memento, homo, quia pulvis es!*

Les nombreux parasites des soupers et des fêtes de monsieur de La Boisière firent au char funèbre l'honneur de le suivre jusqu'au Père-Lachaise, mais ils trouvèrent convenable de charmer l'ennui du voyage en disant beaucoup de mal du défunt. — Ainsi va le monde ! — volontiers l'humanité prendrait pour devise : — *on ne doit la flatterie qu'aux vivants...* — et encore l'humanité ajouterait sans aucun doute : — quand ils sont riches...

FIN.

Wassy. — Imp. Mougin-Dallemagne.

EN VENTE à 3 francs le volume

A. DE GONDRECOURT

LE PAYS DE LA PEUR, 1 volume in-18 jésus.
LE PAYS DE LA SOIF, 1 volume in-18 jésus.

LOUIS NOIR

LES AVENTURES DE TÊTE-DE-PIOCHE, 1 volume in-18 jésus.
JEAN LE DOGUE, 1 volume in-18 jésus.

ERNEST CAPENDU

LE CHAT DU BORD, 1 volume in-18 jésus.
LE CAPITAINE CROCHETON, 1 volume in-18 jésus.
L'ÉTUDIANT DE SALAMANQUE, 1 volume in-18 jésus.
DOLORÈS, 1 volume in-18 jésus.

ÉLIE BERTHET

LE FERMIER REBER, 1 volume in-18 jésus.
LA MAISON DES DEUX-SŒURS, 1 volume in-18 jésus.

OCTAVE FÉRÉ ET D.-A.-D. SAINT-YVES

LES AMOURS DU COMTE DE BONNEVAL, 1 volume in-18 jésus.
LES QUATRE FEMMES D'UN PACHA, 1 volume in-18 jésus.
LES CHEVALIERS D'AVENTURES, 1 volume in-18 jésus.
UN MARIAGE ROYAL, 1 volume in-18 jésus.

PONSON DU TERRAIL

LES HÉRITIERS DU COMMANDEUR, 1 volume in-18 jésus.
LE CASTEL DU DIABLE, 1 volume in-18 jésus.
MÉMOIRES D'UNE VEUVE, 1 volume in-18 jésus.

XAVIER DE MONTÉPIN

LES PIRATES DE LA SEINE, 1 volume in-18 jésus.
LA MAISON MAUDITE, 1 volume in-18 jésus.
LE DRAME DE MAISONS-LAFFITE, 1 volume in-18 jésus.

H. DE SAINT-GEORGES

JEAN LE MATELOT, 1 volume in-18 jésus.
LE PILON D'ARGENT, 1 volume in-18 jésus.

EUGÈNE SCRIBE

NOÉLIE, 1 volume in-18 jésus.
FLEURETTE LA BOUQUETIÈRE, 1 volume in-18 jésus.

Paris. — Imprimerie de P.-A. BOURDIER et Cie, 6, rue des Poitevins.

www.ingramcontent.com/pod-product-compliance
Lightning Source LLC
Chambersburg PA
CBHW052037230426
43671CB00011B/1693